湖北省社会科学基金项目
“心学与晚明戏曲研究”
终期成果

心学与晚明戏曲研究

丁芳 ● 著

中国社会科学出版社

图书在版编目（CIP）数据

心学与晚明戏曲研究/丁芳著.—北京：中国社会科学出版社，2018.10
ISBN 978-7-5203-2563-9

Ⅰ.①心… Ⅱ.①丁… Ⅲ.①王守仁(1472-1528)—心学—研究②古代戏曲—文学研究—中国—晚明 Ⅳ.①B248.25②I207.37

中国版本图书馆 CIP 数据核字(2018)第108979号

出 版 人 赵剑英
责任编辑 郭晓鸿
特约编辑 席建海
责任校对 冯英爽
责任印制 戴 宽

出 版 中国社会科学出版社
社 址 北京鼓楼西大街甲158号
邮 编 100720
网 址 http://www.csspw.cn
发 行 部 010-84083685
门 市 部 010-84029450
经 销 新华书店及其他书店

印 刷 北京明恒达印务有限公司
装 订 廊坊市广阳区广增装订厂
版 次 2018年10月第1版
印 次 2018年10月第1次印刷

开 本 710×1000 1/16
印 张 22.75
插 页 2
字 数 265千字
定 价 96.00元

凡购买中国社会科学出版社图书，如有质量问题请与本社营销中心联系调换
电话：010-84083683

前　言

这本小书是在博士论文的基础上修订而成的，意在探讨心学对晚明戏曲的影响。心学是儒学的一部分，之所以单提心学：一是因为心学出现了一些不同于程朱理学的思想特征，且在明中后期影响甚巨，不断涌现的文人曲家均在其辐射之下；二是学界在讨论儒学与戏曲关系时，习惯于认为戏曲对忠孝节义、礼义廉耻等概念的阐释就是儒学对戏曲的影响，而心学则被视为明中后期程朱理学的反动。心学对晚明戏曲的影响则是戏曲中出现了反抗封建礼法、鼓吹个性自由的创作潮流，但大量传统哲学研究的成果告诉我们，心学要克服的恰是程朱理学成为科举工具后引发的弊端，即士人在科举之路中汲汲于功名而流为人欲泛滥、言行不一。一直到明末，这一点并未变化。心学对晚明戏曲的影响依然没有摆脱儒学的范畴，但值得关注和研究的是，心学的影响不是让戏曲沦为忠孝节义的传声筒，而是以思维倾向的变化自然波及戏曲，尤其是文人戏曲，使戏曲能够既承载儒学相关理念，又能实现自身艺术上的发展，由教化世人变为感化世人。

因此，笔者在写作过程中尽可能查阅了学界同人的相关著作，他们的论述与成果给了笔者很多启发和助益。但笔者认为，晚明戏曲的深入研究离不开对晚明儒学的把握，这是由晚明曲家的士人身份与儒学教育背景决定的。换言之，如果我们对阳明心学及其后学没有全面了解，我们对于晚明戏曲的研究很可能会出现偏差。当下学者往往将晚明戏曲视为当时人欲解放潮流的一部分，毕竟在晚明戏曲文本中，学者足以找到支撑这一观点的材料；但是，令我们疑惑的是，推翻这一观点的材料在晚明曲家的著作与作品中也同时存在。笔者以为，当同一位曲家笔下毫不避讳地出现“进步的”“反封建礼教”的言论与“保守的”“捍卫封建伦理”的主张时，我们应该细致追问其背后的思想原因，而不是简单地将这一看似“矛盾”的现象归结为时代造成的曲家本人的落后性。从阳明心学出发，研讨心学与程朱理学在思想观念上的变化及其对晚明曲家的影响，可以使我们对晚明曲家及其创作有更精确的把握。

因此，笔者通过比照阳明心学与程朱理学的差异，认为阳明心学对晚明戏曲影响最大的思想倾向包括泛道德主义、反智识主义、理气一元论（详论见后文），虽然心学后学之间彼此颇多互相攻讦之处，但他们的思想基本都没有背离这三点，而这三点也在晚明产生了广泛影响。在此基础上，笔者较为全面地总结了心学泛道德主义对戏曲曲家、情节艺术、人物塑造、题旨的影响，并结合心学理气观、情性观的变化，分析了推扬至情、肯定人欲的代表性曲家。具体而言，全书由上下篇组成，上篇分析了阳明心学对晚明戏曲的整体影响，下篇对晚明推扬至情、肯定人欲的代表曲家作了个案研究。结语是对全书核心观点的总结。

上篇第一章总结了心学可能影响晚明戏曲的主要思想特征。笔者认为就对戏曲之影响而言，阳明心学的泛道德主义特征与力避支离的学术倾向值得重视：心学以与程朱完全不同的格物论为标志，凸显了德性的独尊地位，以伦理道德为最基本的价值和标准，在思维方式上有明显的泛道德主义色彩；心学对程朱的理气二元论倾向表示了明确的异议，强调气与理并非两物，气即理，并将其贯穿于整个理论中，形成力避支离、关注形而下日用的学术倾向，这一倾向对晚明文人的情性观、理欲观都产生了深刻的影响。除此之外，心学在工夫论上有针锋相对的两路：一路重视顿悟，即本体而工夫；另一路主张顿渐双修，即工夫而本体。这两种倾向日渐促进了心学的分裂与蜕变。

上篇第二章至第六章主要讨论了心学相对于朱子学的新思维倾向对晚明戏曲曲家人格、戏曲观、情节艺术、人物塑造、题旨的影响。上篇第二章认为，心学凸显道德价值，激发了士人探索心性大道的热情，但心学认为道在本心，注重个体内心的真实体悟，反对模拟、因袭前贤的言行。这激发了士人体悟大道的自得精神，使他们的人格更为舒展。第三章分析了阳明心学的文艺观，阳明学者对“文以载道”这一传统的儒学文艺观作了狭隘的界定，但与他们将心性之道的探求视为人生第一等事相关的是，心学学者又反对前后七子的复古主义文艺观，主张文体代兴论，强调只要能有利于道德心体的涵养，则文体没有尊卑之别。与之相关的是，他们高度强调戏曲的道德教化（或者说感化）功用，将戏曲纳入诗三百的儒学文艺体系，但同时对士人沉溺声伎、流连不返的可能性持高度警惕的态度。这种矛盾的心态投射到晚明曲家群体身上，使他们自觉地在剧作中贯穿了教化意图、寄予了心性之思，但他们同时丰富了“情”的概念，提升了戏曲的文体地位，推进了阳明学者的文艺观、戏曲观。第四章分析了心学对晚明戏曲情节艺术的影响。首先，泛道德主义思维深刻地影响了剧本的情节设置：首先，剧作者以伦理判断代替是非判断，剧作情节多围绕“家—国”范畴展开，形成以凸显主人公德性、重构社会道德秩序为线索的道德性结构。其次，阳明心学独尊德性的格物论削弱了程朱理学的智识主义，剧作者以表达主观情志为先，对宋儒的格物穷理抱消极态度，剧本情节设置不避奇幻，但奇幻之美总与具有伦理道德色彩的情理之真相结合。最后，与元杂剧的大团圆微有不同，晚明剧作的大团圆往往是世俗幸福与道德伦理的双重团圆。第五章总结了晚明戏曲受心学影响而出现的三种典型形象，首先，与心学自信本心的体道方式相关，晚明士人心目中的理想人格发生变化，他们认为狂侠之人更具有求道的真诚与勇力，而拘谨小儒则只会模拟因袭、虚伪不情。剧作者以冷嘲热讽的态度塑造了一些腐儒、俗儒、伪儒，亦以肯定的态度塑造了一些急人之难、仁义自足的狂侠形象。其次，对于下层的普通百姓，剧作者多侧重他们的伦理道德自觉，这尤其体现在“忠仆”的塑造上。心学对形而下情欲的肯定，并不曾体现在戏曲对细民百姓的形象塑造上。最后，与教化目标相关，鬼神形象在晚明戏曲中相当普遍且高度伦理化。第六章分析了心学泛道德主义对晚明戏曲题旨的影响，认为晚明士人以道德为根本价值标准，强调世人各安其位，但他们对失德之执政者的不满、对滋生不公与黑暗之等级特权的批评，亦暗示了一种富有意味的平等观，显示了纯真无伪的严格道德主义具有的延展性，这突出反映在水浒戏中。但令人遗憾的是，就晚明大部分爱情剧而言，“人欲解放”的背后是男尊女卑意识的膨胀，士大夫自得精神与个性的舒展，使男性在两性关系中更关注一己的欲望，强调女性须谨守女德。不过，这也引起了士人的反思。

下篇共三章，是以汤显祖、李贽、冯梦龙等为主的个案研究。在个案研究中，笔者结合晚明心学力避支离、关注形而下日用的学术倾向，探讨了情性、理欲等观念在晚明戏曲中的存在状态。下篇第一章重点分析了汤显祖《牡丹亭》中的情与礼。汤显祖在其剧作中寄托了心性之思，与心学关注形而下、避免使性理沦为空谈的倾向相应，汤显祖的《牡丹亭》从生生之仁出发，强调了男女大欲的不可遏制，而杜丽娘则是人类情欲不得舒展的寓言；但汤显祖是在儒家室家之愿的前提下肯定男女大欲的，肯定男女之欲与他对夫妇伦理的重视有重要关系；受汤显祖影响，晚明剧作者亦对强矫男女大欲的非礼之礼表示反感，重申了因情制礼的圣人本意。第二章探讨了李贽关于人欲的态度及其影响。李贽肯定人欲为人性所有，但并不否认道德伦理为人之天性，他发挥心学“无善无恶心之体”的思想，认为人欲具有合法性，进而肯定细民百姓追求个人欲望满足的正当性，强调士大夫须推己及人，善与人同，不可太生分别之心。李贽希望从士大夫身上看到的是真善合一、关注人情物理以成人济物、保育万物的至善。此外，李贽的确开出了不拘泥于善恶名色、超越善恶的审美境界，这一切都与“童心说”对“真”的强调相呼应。但由于晚明众声喧哗的接受语境，尤其是商业的介入，李贽被误读成放纵人欲的典型。一些士人在戏曲中抒发人欲之真，甚至走向人欲放纵、伦理缺位而不自知。第三章分析了明末心学最后一位大儒刘宗周的情性观，刘宗周将气一元论与性善论糅合在一起，认为合乎道德是情的本然状态。与其诚意论相应，刘宗周实际上暗示了情须受道德意志的约束，纯为仁义礼智而发。刘宗周对情的态度在明末极具典型性。明末剧作家冯梦龙、孟称舜对忠孝节义之情的抒发可视为对明末情性观的共鸣。

结语是对全书核心观点的总结。在晚明戏曲中，道德主义与重情思潮是共存的，重情思潮是心学推进理气观、情性观之后的必然结果。心学认为情与性处于为物不二的状态，真情即至性；心学学者关注细民百姓的人情物理，主张因情制礼，赋予理周流变动之义。因此，晚明的情具有浓厚的道德意味，情即理一直是晚明学者对待情理的基本态度及努力的目标，晚明文人可能会以情抗非礼之礼，但并不主张“以情抗理”。

目　录

下篇　晚明心学与戏曲分论

导　论

明代中后期，随着文人阶层越来越广泛地参与戏曲创作，文人阶层的思想变动对戏曲的状况产生了明显影响。事实上，中华人民共和国成立后的文学、戏曲研究皆将晚明杰出的戏曲剧本视为思想变动的后果与表现，尤其在研究以汤显祖及《牡丹亭》为代表的作家作品时，更是如此，当代学者通过泰州学派将其与阳明心学建立起直接联系，使之成为晚明肯定人欲、个性解放之呼声的代表。这种晚明戏曲研究的经典思路几乎从20世纪50年代一直笼罩到90年代末，直至现在在各种文学史、戏曲史中依然不绝如缕。在启发了几代学人的同时，这种思路也越来越显现出脱离中国哲学尤其是阳明心学最新研究成果的不严谨。众所周知，对晚明戏曲的研究无法离开对晚明思想界之变化的把握，尤其是对士人阶层思想变化的把握，毕竟由于戏曲的文体限制，晚明大部分水平较高的戏曲剧本都是由士人阶层完成的。“到了明代中叶，戏曲仍被部分儒士所轻看。而在万历之后直到明末，儒士甚至是有进士功名的儒士几乎统治了戏曲创作。”① 由于曲家与儒

① 边吴丽：《明代儒士创作戏曲现象及其原因》，《历史教学》2014 年第 8 期。

学的紧密关系，要深入了解晚明戏曲，我们必须细致研究阳明心学相对于程朱理学发生了哪些可能对戏曲创作产生影响的思维变化。

明初由于朱元璋确立的农耕和教化并行的治国思路，程朱理学得到了士人普遍而真诚的尊奉。但从明中后期开始，士人渐渐开始对程朱理学尤其是朱子学产生怀疑，朱子学日渐成为广大士人在科举考试中博取利禄的工具，兼其以繁杂的文字功夫使士人在研习中因无法直奔道德修养这一本质目标而苦恼，士人试图纠正朱子学之弊的思想倾向集中体现为阳明心学的出现与流行。虽然自产生之初阳明学的信奉者与批评者便比肩同行，但随着刻意压制阳明学说道统地位的嘉靖皇帝的离世，心学反而获得了进一步的传播，阳明学者虽然内部不无分歧，但他们在讨论中始终有意无意地遵循、传播了一些有别于朱子学的思想主张，甚至可以说阳明后学在晚明造成了以程朱理学为参照系的儒学内部的思想转向。从晚明的文人文集中，我们亦可以轻易发现心学思想新倾向被学者认同的大量例证，即使有的学者在态度上对心学或部分心学学者的某些观点不无微词。我们要研究晚明戏曲，不得不尽量去把握晚明士人儒学思想的新变，这是由晚明士人与儒学的天然联系决定的。

一　本课题研究的历史与现状

就心学与戏曲关系而言，虽然晚明曲家的戏曲创作中渗透了心学思想的影响，但明清以来的学者甚少将心学与戏曲直接联系起来进行论证，即使戏曲可以并承载了儒学价值观是一种越来越普遍的共识。士人最多是在提及曲家生平的时候，按照“知人论世”的传统思路言及曲家与某些心学学者的交往。曲家的创作虽然浸润了心学思想的影响，甚至刻意借戏曲来阐释个人对儒学相关命题的理解，但明清士人群体更关注戏曲作品体现的才思与情怀，对于戏曲作品中流露出的儒学旨趣则以“有裨风化”一言以蔽之。汤显祖因“忙处抛人闲处住”而作的《牡丹亭》，处处可见他对自然人性与后天儒学伦理之关系的思考，但他能够誉满士林终究是因为“四梦”彰显的文学才华，对他浪费才情的惋惜、蛊惑人心破坏礼教的指责几乎从未停止过，虽然一些酷嗜《牡丹亭》的士人也曾反复从儒学视角论证杜丽娘是礼教的拥护者而非破坏者。到了民国时期，将晚明戏曲与心学联系起来的依然少见，但是针对《牡丹亭》“诲淫诲盗”这类批评，一些知识分子的辩驳思路已渐渐脱离儒学话语系统，开始从解放人性的角度为杜丽娘辩护。以张友鸾为例，他以不屑的口吻总结了《牡丹亭》开罪于“道学家”的事实，肯定了《牡丹亭》在破除礼教上的大胆，他认为情感是自然的、性理是虚伪的观点，虽然没有完全摆脱明清学人关于《牡丹亭》的辩护方式，但他已不再将真挚的情感界定为礼教的天然形式，而是以情感的自然存在论证情感的合法性。“情，好像这个字很坏；性，这个字却冠冕堂皇得不得了了。如我们仔细的一想哩，所谓情，是先天的，是内心的，是自然的。性哩，有一大半是后天的，而且是假造的，人为的。……有人用‘理知’解释‘性’，用‘情感’解释‘情’，说是人类宜用理知克情感，不可因理知顺情感。此话也只有一半道理，而在事实上是难以办到的；所能办到者，那就不真诚了，全是些假话。”①

心学与晚明戏曲间清晰明确的关系，构建于中华人民共和国建立后的“十七年”，这一时期，不仅有戏曲学者，更有中国传统思想方面的资深学者对晚明戏曲给予了极大关注。《牡丹亭》因最契合中华

① 参见张友鸾《汤显祖及其〈牡丹亭〉》，上海光华书局1930年版，第26—27页。

人民共和国成立初反抗封建礼教、追求婚恋自由的时代话语，故被文学界推为晚明戏曲乃至文学之最高峰。学者们用时代落后性解释《牡丹亭》中杜丽娘维护礼教的言行，对《牡丹亭》中的“进步思想”予以高度赞美并对其追根溯源，于是阳明心学成了这一进步思想的源头。而阳明心学之所以能被视为晚明戏曲中人欲解放思潮的源头，又多少是因为学者们将阳明心学视为程朱理学的反动，并刻意忽略了二者本质上的共同点。从徐朔方先生20世纪50年代的相关论述中，我们可以清楚地看到新中国成立初学者阐释晚明“进步”剧作的思路。他在《汤显祖和他的传奇》中明确指出《牡丹亭》“以当时形成中的个性解放思想作为与封建思想对立的一种力量而出现，而且使它在传奇里占了上风”[①]，并认为汤显祖之所以能够如此，一个重要的原因是他与王学左派有极大的联系，罗汝芳是他的老师，李贽是他崇敬的人，达观与他相知极深。文史修养深厚的陈赓平先生在《论〈牡丹亭〉》中的相关论述更是具有20世纪50年代的时代色彩：

> 因为城市的工商业已很发展，所以那时就已有反对封建压迫的自由思想了，这表现在哲学著作里的是比汤显祖还早一些的王阳明的“致良知”以及王学左派王艮等所倡导的“人我互亲”“百姓日用即道”等不利于当时统治阶级的学说。……尽管王阳明是一个唯心的学者，而在当时思想界正笼罩着程朱学说的腐朽气氛中，他能大胆地提倡“致良知”学说，这不能不说是静寂中的雷声。不能否认，“致良知”学说是有很大的缺点的，但在当时保守的正统派学者看来，却已是了不起的叛逆思想；因为实际上它是思想解放的同义词啊！尤其是后起的泰州学派创始人王艮

① 徐朔方：《汤显祖和他的传奇》，《浙江师范学院学报》1955年第1期。

所倡导的“新良知学说”更曾作为提倡被压迫者应“互亲互爱”的所谓“异端”之徒的标帜。这是从王氏的门徒颜钧、梁汝元、李贽等人的被捕病死狱中等事件看来，更足以说明它所包含着的反抗性。①

陈赓平在《牡丹亭》与明后期“资本主义经济萌芽”、阳明心学间建立起明确的因果关系，这或许有为《牡丹亭》合法性作辩护的意味，因为他很久没有看到《牡丹亭》的舞台演出了，甚至连“惊梦”这样的经典折子戏也未曾见到，《牡丹亭》“全剧中既有远离现实的开棺还魂的情节，又加上阴间判官审问等极为荒唐的串插，难怪在现代舞台上要避免上演，就连戏曲评论家们也不敢动笔触及它了”②。在中华人民共和国成立后的“十七年”中，陈赓平式解读也是文学史撰写中的经典论述，如1962年《中国文学史》中的相关论述：“汤显祖政治上的开明是由于他思想上的进步。他的老师罗汝芳是左派王学的进步思想家，对汤显祖有较大影响。他很崇拜被封建统治阶级正统派视为洪水猛兽的进步思想家李贽，还和有名的以禅宗反对程朱理学的达观（紫柏）禅师有密切的交往。……李贽和达观的影响在很大的程度上构成了汤显祖在创作中所表现出来的反抗和蔑视权贵、揭露腐败的政治和要求个性解放的思想基础”③；“作者有进步的思想指导，有明确的反礼教的创作动机，剧本的思想内容更显得深湛。作者有意识地用‘情’与‘理’的冲突来贯穿全剧。‘情’，就是人们真正的感情，在《牡丹亭》里它表现为青年男女对自由的爱情生活的追求。‘理’，

① 陈赓平：《论〈牡丹亭〉》，《兰州大学学报》（人文科学版）1957年创刊号。

② 同上。

③ 中国社会科学院文学研究所中国文学史编：《中国文学史》，人民文学出版社1962年版，第955页。

是指以程朱理学为基础的封建道德观念，在《牡丹亭》里它表现为封建教义和家长的专横对青年人身心的束缚”①。类似的文字在后来的文学史、戏曲史中被一再重复。不得不提的是，“资本主义经济萌芽——阳明心学——王学左派——晚明进步剧作”这一因果序列的构建是比较粗糙的。比如《牡丹亭》中杜丽娘对爱情的渴望，是否一定要划入“资本主义萌芽”这一经济基础催生的思想解放潮流？毕竟越出“父母之命，媒妁之言”的男女情爱形式在封建礼教形成前就已经存在，在礼教形成后也从未灭绝，唐传奇、宋话本、元杂剧中处处皆是，甚至连儒学典籍《诗经》中也并不少见。再者，在汤显祖的本意中，《牡丹亭》中代表儒学思想正统的是否一定是杜宝、陈最良，而他们必然会充当杜丽娘人生大欲的剿灭者？因为在晚明时期，对封建腐儒的批评十分流行，但对封建腐儒的批评与对儒学的批评并不是同一件事，对晚明士人来说，批评腐儒的动机恰是为了维护儒学精义。又如，从王艮到罗汝芳，他们的思想在什么层面具有“叛逆性”并对汤显祖产生了影响？李贽、达观对汤显祖的影响是否被过高地估计了？汤显祖的思想波动，始终没有脱离儒学正统，他求观李贽的著作，是为了“寄我骀荡”，至于达观殷勤的期待和反复的接引，他虽然十分感激，但思想立场与达观相悖，自始至终对达观的佛教立场持质疑态度。“后二梦”中的确有向佛学寻求安慰的倾向，但并不能说明汤显祖接受了达观的接引（详见后文论述）。

如果我们把“十七年”时期有关心学与晚明戏曲关系的论断视为经典，那么这一经典论断的影响在“文化大革命”之后依然不容小觑，相当多的文学史、戏曲史仍将它视为不证自明、不容置疑的结

① 中国社会科学院文学研究所中国文学史编：《中国文学史》，人民文学出版社 1962 年版，第 956 页。

论。心学与晚明戏曲研究方面一直没有出现总结性的专著，不过从20世纪80年代起，学术界在探讨明代儒学与文学、艺术之关系时，往往会单独开辟章节或以集中的文字论述阳明心学对晚明戏曲的影响，对“十七年”的经典论断作各种补充、丰富、反思。这批专著值得一提的如李泽厚《美的历程》、马积高《宋明理学与文学》、韩经太《理学文化与文学思潮》、潘运告《冲决名教的羁络——阳明心学与明清文艺思潮》、赵士林《心学与美学》、周明初《晚明士人心态及文学个案》、左东岭《李贽与晚明文学思想》与《王学与中晚明士人心态》、许总《理学文艺史纲》、宋克夫与韩晓《心学与文学论稿》、黄卓越《佛教与晚明文学思潮》、周群《儒释道与晚明文学思潮》、吴承学《晚明文学思潮研究》、夏咸淳《晚明士风与文学》、张少康《中国文学理论批评发展史》等，这些著作往往开出章节集中论述了阳明心学对戏曲的影响。另外，博士学位论文如赫广霖《儒学与戏曲》、洪涛《晚明文学主情思潮研究》、储著炎《晚明戏曲主情思想研究》、刘志宏《明清传奇叙事艺术研究》等，亦有章节涉及本论题。其中有代表性的如《美的历程》，李泽厚先生在第十章“明清文艺思潮”中，将明代中后期的文艺分为现实主义思潮的通俗文艺与反抗正统古典主义诗文的浪漫主义文学艺术两个领域，认为“下层的现实主义与上层的浪漫主义彼此渗透，相辅相成”，他将李贽视为“浪漫洪流”的中心，认为李贽是“王阳明哲学的继承人”，但同时提出，李贽“自觉地、创造地发展了王学”“不服孔孟，宣讲童心，大倡异端，揭发道学”[1]，他以《童心说》为代表的（文艺）思想是“相当标准的个性解放思想”“对当时文艺无疑有振聋发聩的启蒙作用”，因此，

① 李泽厚：《美的历程》，文物出版社1981年版，第194页。

“当时文艺各领域中的主要的革新家和先进者，如袁中郎（文学）、汤显祖（戏曲）、冯梦龙（小说），等等，都恰好是李贽的朋友、学生或倾慕者，都直接或间接与他有关”①。李泽厚先生将李贽视为儒学的反叛者，但似乎将他的源头归结于阳明心学，并将晚明戏曲最杰出的代表汤显祖置于李贽叛逆思想的影响下，认为他是“李贽的敬佩者，徐渭的交往者，三袁的同路人”“《牡丹亭》直接提出了‘情’作为创作的根本，并有意地把‘情’与‘理’对立了起来。……这个爱情故事所以成为当时浪漫思潮的最强音，正在于它呼唤一个个性解放的近代世界的到来。”② 李泽厚先生对李贽与汤显祖关系的解读、对《牡丹亭》思想带有浪漫色彩与时代性的阐释，有继承前辈学者的地方，对后来晚明戏曲研究者的影响亦不容低估。20 世纪 80 年代的相关专著，在论及阳明心学与晚明“启蒙”思潮关系时皆强调了泰州学派的中间作用，将泰州学派视为肯定人欲解放的王学支派，并通过汤显祖与罗汝芳的师承关系将汤显祖纳入泰州王学的影响之下。例如，马积高的《宋明理学与文学》为凸显王学左派的进步性，重新界定了王学左派的定义，认为王艮、耿定向学术倾向十分保守，不可被视为左派，真正的左派王学乃是以李贽为代表的“异端”分子。马积高认为李贽虽未完全摒弃封建伦理道德，但他持自然人性论，肯定的是情欲、功利及建立在情欲与功利基础上的道德伦理，并以其文学评论实践推动了晚明戏曲小说创作的反理学潮流。在谈及理学与戏曲的关系时，马积高重点论述了晚明戏曲的反理学色彩，如汤显祖的《牡丹亭》对女性情欲的肯定；沈璟《博笑记》对人情世态的鞭策，反映的是伦理道德维系人性之力量的衰退。但马积高亦肯定汤显祖并非无限

① 李泽厚：《美的历程》，文物出版社 1981 年版，第 196 页。

② 同上书，第 200 页。

制的情欲鼓吹者，他不无遗憾地指出，“这正是汤氏的反理学的不彻底的一种表现。不过，这并不是汤氏所独有，包括李卓吾在内的一些晚明的进步思想家都不免在这里失足，它是当时的反理学思潮的经济基础还非常幼弱的必然的反映”①。这些专著明显是李泽厚先生的共鸣者，当然，也袭用了“十七年”时期学者的研究结论。

除专著之外，有关本论题尚有一批单篇论文。这些单篇论文主要是以汤显祖、李贽、冯梦龙、孟称舜等为对象的个案研究。涉及汤显祖与心学关系的论文如左东岭《阳明心学与汤显祖的言情说》、陈永标《汤显祖的戏曲观与晚明心学思潮》、叶长海《理无情有说汤翁》、刘冬颖《论杜丽娘习〈诗〉的反理学意义》、杨忠《汤显祖心目中的情与理》、黄万机《阳明心学与汤显祖“至情”说》、邹元江《汤显祖情至论对儒家思想的扬弃》，等等；涉及李贽与戏曲关系的论文如杜卫《从李贽到金圣叹：市民性的浪漫戏曲美学思潮》、田劲松《近代自然人性论的美学宣言——论明代童心说、性情论美学的思想方法》、左东岭《李贽文学思想与心学关系及其影响综述》、李克和《李贽的曲学贡献》、陈美珍《李贽“童心说”对俗文学的影响》、赵庆元《简论李贽对晚明皖南戏曲家的影响》；学者研究冯梦龙与晚明思潮之关系时，多侧重阐述冯梦龙的情教说，如李双华《论冯梦龙之情教思想》、赵维国《论心学思潮与冯梦龙的情教思想》、周群《冯梦龙的文学思想及其儒学根源》、曾礼君《从“性”“情”之辨探赜冯梦龙的“情教”说》等；讨论孟称舜与晚明思潮之关系的论文如王永恩《笃于其性，发于其情——试论孟称舜的真情观》、彭茵《孟称舜“传情”理论及其戏曲创作》等。一些学者亦在论文中论及了其他

① 马积高：《宋明理学与文学》，湖南师范大学出版社1989年版，第273页。

剧作家与晚明心学思潮的联系，如朱万曙《环翠堂乐府与晚明文学精神》、郑雷《从玉茗堂到咏怀堂——阮大铖与临川派》等。此外，有一些学者专门论述了阳明心学对晚明文学的影响，如蔡钟翔《对古典戏曲理论中主情说的评判》、邹自振《陆王心学对晚明文学的影响》、郭长保《王阳明“心学”与晚明及新文学的勃兴》等。

综观这些学者的成果，不难发现，虽然就“心学与晚明戏曲”而言，尚无专门的论著，但是，研究者已经在晚明戏曲与心学间建立了紧密联系，如何定位、阐释以心学为主体的晚明儒学，是晚明戏曲研究的基本逻辑起点。前文已经论述过，大约在新中国成立初期，学者在晚明戏曲与心学之间建构了一个重要的逻辑关系，这一逻辑关系明显被20世纪80年代以来的学者继承了，并在20世纪80年代以后长期笼罩着晚明戏曲研究。具体而言，包括以下三个方面。

首先，阳明心学发展至王学左派，动摇了程朱理学在思想界的一统地位，触发了晚明通俗文学尤其是小说与戏曲的兴盛。马积高在《宋明理学与文学》中提出，“王学对文学发生较大的影响主要是在左派王学形成之后，特别李卓吾的学术活动开始以后。其中诗文中的公安派受左派文学影响最大，一些戏曲小说作家也或多或少，或直接或间接同左派王学所代表的社会思潮有联系”①。邹自振亦认为，“陆王心学奠定了晚明思想解放的理论基础，而陆王心学在这一时期确立为文化宗主又是与晚明文学繁荣不可分割的”②。

其次，阳明心学对晚明剧作思想倾向具有的重要影响，是学者在研究晚明戏曲与心学关系时关注的重点。汤显祖、李贽则是研究的热

① 马积高：《宋明理学与文学》，湖南师范大学出版社1989年版，第180页。

② 邹自振：《陆王心学对晚明文学的影响》，《福州大学学报》（社会科学版）1998年第4期。

点，对于汤显祖、李贽的研究结论集中反映了学界对于心学与晚明戏曲之关系的基本定位。

20世纪80年代前，学者多认为，王学左派激发了通俗文学的反封建性，这一观点在80年代以后得到了继承。例如，潘运告将李贽放在阳明心学的谱系中，认为“李贽的基本思想是自然人性论，是带有近代人本主义特征的思想理论”①。季国平先生的《宋明理学与戏曲》以理学的兴衰对照戏曲的兴衰，传达了理学盛则戏曲衰、理学衰则戏曲盛的观点。值得指出的是，以“进步/落后”对应文学之反封建性/保守性，催生出情理二分的惯性思维，极为深刻地影响了学者的研究。虽然随着戏曲研究的日渐深入，学者早已认识到，在一些反理学、反封建的经典剧作中，同样存在对伦理纲常的肯定，但相当一部分学者依然沿袭了文学进化论的经典思路，将反封建、反理学视为剧作思想进步的表现，将对伦理、礼教的肯定视为时代局限与作家思想矛盾的表现。例如王永恩这样描述心学，“王学出现了，它对程朱理学产生了极大的冲击，使得人们长期压抑的情感得以释放。人的自觉意识开始复苏，世风为之一变，新的带有启蒙色彩的思潮打开了人的桎梏，人们对许多过去延续下来的观念提出了质疑。在这股新思潮中，‘情’被提高到一个有前所未有的高度”②。在肯定汤显祖将“情”推到极致的前提下，王永恩先生不无遗憾地指出，深受汤显祖影响的孟称舜“身上还残留着封建的道德观念”。许总主编的《理学文艺史纲》一书用“人情的高扬与理学的危机”一章专章论述了心学思潮对明代戏曲的影响，并以充满激情的语调指出，情的高扬作为一

① 潘运告：《阳明心学与明清文艺思潮》，湖南教育出版社2008年版，第84页。

② 王永恩：《笃于其性，发于其情——试论孟称舜的真情观》，《戏曲艺术》2001年第1期。

种解放力量，对理形成了冲击，“程朱理学的核心是‘存天理，灭人欲’，理学家视人的情感、欲望为洪水猛兽，认为只有根除一切情欲才能恢复人的至善本性，但是，喜怒哀乐，人之常情，是无法摒除的。当人的主体意识觉醒之时，人们势必要突破理学对人的情欲的禁锢，高唱‘情’的赞歌，进步的戏曲家们自然也不例外。他们在戏曲创作和批评上以‘情’破‘理’，挣脱程朱理学的束缚，横扫长期笼罩在剧坛的道学气和时文气”①。在关于汤显祖的研究中，学者一般将注意力集中于汤显祖的《牡丹亭》和“至情说”，认为汤显祖受王学左派尤其是罗汝芳的影响，而达观、李贽亦是汤显祖倾慕的对象，因此，汤显祖的“至情说”将情推到极致，以情反理，呼唤了人性自由时代的到来。傅晓航认为，“王阳明心学对明代戏曲创作影响最大的莫过于汤显祖的唯情论”②。龚重谟也认为，“汤显祖‘情’的思想直接导源于王学左派对‘嗜欲’的肯定”③。刘冬颖《论杜丽娘习〈诗〉的反理学意义》认为，杜丽娘解读《诗经》有反理学、张扬生命情欲的意味。徐大军《〈牡丹亭〉情理冲突的表现策略》亦持情理冲突论来阐释汤显祖的叙事策略。郭英德《明清文人传奇研究》基本持文学进化观，探讨了心学“进步性”对晚明戏曲的影响，作者在“明清文人传奇的历史演进”一章中说：“文人传奇被晚明进步文艺思潮推到时代思想文化的顶峰，是这一时期的第一件大事。”④ 后在《向后倒退的革新——论明末清初的求实文学观念》一文中，郭英德先生又进一步强调：“经过明末清初文学家的努力，‘情’终于争得了自身在文

① 许总：《理学文艺史纲》，江苏教育出版社 2001 年版，第 1055 页。

② 傅晓航：《理学的嬗变与元明清戏曲——对戏曲历史发展轨迹的再认识》，《文艺研究》1991 年第 1 期。

③ 龚重谟：《也谈汤显祖的“情”》，《海南师院学报》1993 年第 3 期。

④ 郭英德：《明清文人传奇研究》，北京师范大学出版社 1992 年版，第 14 页。

学观念、审美观念中的合法地位。从此以后，即使再顽固的封建思想家也不得不承认‘情’的客观合理性，尽管时或以其主观不合理性为前提，对其横加贬抑。但是，这并不意味着文学观念的真正进展，在实质上，毋宁说是文学观念的深层倒退——以牺牲对情理冲突的鲜明认识为代价。经由情的社会化、伦理化，换取情理和谐的廉价满足。这是何其得不偿失的兑换!"[①] 后来的研究者将不难发现，学者“情理对立”“以情抗理”等提法貌似辩证而全面，实则暗含了情理二分的思路，进一步割裂了情与理的关系，因为情理二分的思维方式本是晚明心学学者批评的对象。此外，在我们一再强调晚明爱情题材戏曲在肯定人欲上的启蒙性时，还必须充分考虑情欲作为人类永恒本能的一面。值得注意的是，晚明大部分有着良好社会地位的士人在创作爱情剧时，都流露了以才子风流解读男性情欲的立场，同时要求女性对自己由欲而情、从一而终。

20 世纪 80 年代以后，学者逐渐摆脱了以反理学、反封建的价值评判代替文学思想之细致探讨的不足，提出了一些富有启发性的创见。蔡钟翔在《对古典戏曲理论中主情说的评判》中认为，“王阳明的逻辑势必导致以情为性，情性不分”，并认为这一情性观对晚明戏曲有所影响，促使晚明士人不再讳言情字（不过蔡钟翔先生在分析戏曲中主情说时认为，晚明士人是以情反理的）。[②] 赵山林先生在《王阳明与戏曲》中，以客观的笔调描述了王阳明与戏曲的渊源，并指出阳明主张戏曲教化的观念对后人颇有影响。[③] 在李贽研究上，学者多将李贽视为上承阳明、王艮与“二溪”，下启汤显祖、公安三袁的重

① 郭英德：《向后倒退的革新——论明末清初的求实文学观念》，《湖北大学学报》（哲学社会科学版）1996 年第 6 期。

② 蔡钟翔：《对古典戏曲理论中主情说的评判》，《中国人民大学学报》1988 年第 2 期。

③ 赵山林：《王阳明与戏曲》，《中国典籍与文化》1997 年第 5 期。

要思想家。在研究心学对文学之影响时，李贽亦是研究的重点之一，《童心说》则是李贽研究的重点。学者普遍认为，《童心说》是自然人性论的代表，张中全于《李贽：晚明文化的裂变——评“童心说”与“适己论”》中提出，李贽“童心说”取消了良知说的道德意义，以私心为童心，追求人生的个体价值和自由。[①] 左东岭先生在《李贽与晚明文学思想》一书中以自然人性论界定“童心说”，进而引出文学上的自然表现论及李贽对公安三袁性灵文学的影响。在《顺性、自适与真诚——论李贽对心学理论的改造与超越》一文中，左东岭先生认为李贽综合了泰州之狂（亢与肆）与龙溪之圆，形成其超越放达（怪僻与悖乱）的独特品格。李贽抨击人性之假，建立了一套富有弹性的人性论，主张顺乎人情并将人的私欲纳入礼之范围，可谓对儒家传统思想既有承续又有背叛。周群先生在《儒释道与晚明文学思潮》中指出，“童心说”的思想既受到禅宗的影响，又受到心学中王阳明的“良知”、王畿的“真”、罗汝芳“赤子良心”的影响。但周群先生同时认为，李贽吸取王畿的“真”而摒弃了良知说的伦理道德因素，童心即“人的本能状态”。不过，亦有学者认为李贽的思想较为多面与复杂。王汎森先生富有启发性地指出：“在主张自然人性论的思想家的作品中，常能见到极为深刻的道德严格主义。”[②] 龚鹏程亦于《晚明思潮》中提出，李贽的学术主张并不异端，只因其言行颇多极端与偏激之处，才被目为异端。类似的观点，日本学者沟口雄三亦曾提出过。关于李贽既肯定人欲又常谈忠孝节义的矛盾之处，袁光仪在《“为下下人说法”的儒学——李贽对阳明心学之继承、扩展及其疑

---

① 张中全：《李贽：晚明文化的裂变——评“童心说”与“适己论”》，《船山学刊》2005年第4期。

② 王汎森：《晚明清初思想十论》，复旦大学出版社2004年版，第93页。

难》中富有新意地指出，李贽“所有对人欲的正视与肯定，都是为了接引‘下下人’所采的‘方便说’”①。作者认为，正因为李贽很多时候是针对上上人谈下下人的治理、疏导，导致其对士大夫极为苛刻，对下层民众则十分宽松，以致其思想学说呈现出异端与分裂的一面。洪涛在深入探讨儒学中情理对立的历史后，指出李贽等对人欲的肯定是为了弥补宋儒忽略感性生活的不足：“在心学与复古运动的影响下，晚明文学界李贽、袁宏道等人张扬性情，鼓动私欲，展开了一场情感解放的文学革新运动，对情进行了全新的诠释，确立了情的本体地位，突出了情的私欲内涵，对宋代理学忽略感性生活倾向有反拨之功。”②

关于汤显祖及其《牡丹亭》，学者们的研究视野亦日渐多元。叶长海的《理无情有说汤翁》虽然认为《牡丹亭》以情反理，但同时亦指出，汤显祖通过情欲的展示凸显了杜丽娘的个人自由意志。杨忠在《汤显祖心目中的情与理》一文中提出，就整体思想而言汤显祖并非以人情对抗天理，而是持情理兼顾的态度，并致力于以封建伦理道德的教化实现情与理的和谐。《牡丹亭》展示了封建礼教对妇女的压迫之深，但汤显祖在婚姻爱情上并不排斥“理”。刘小梅的《理学的“穷理尽性”与杜丽娘的游园惊梦》亦重申了这一观点。左东岭的《阳明心学与汤显祖的言情说》认为，“汤氏所言之情，乃是一种宇宙的精神，它生生不息，鼓动万物，使人无端而悲，无端而喜，它是一种自然的生机”③。郭英德先生在肯定晚明传奇中的以情抗理具有进步

---

① 袁光仪：《“为下下人说法”的儒学——李贽对阳明心学之继承、扩展及其疑难》，《台北大学中文学报》2007年第3期。

② 洪涛：《以情为本：理欲纠缠中的离合与困境——晚明文学主情思潮的情感逻辑与思想症状》，《南京大学学报》（哲社版）2009年第4期。

③ 左东岭：《阳明心学与汤显祖的言情说》，《文艺研究》2000年第3期。

性的同时，亦以精准的语言描述了晚明道德的特征："王阳明的'良知'、李贽的'童心'、汤显祖的'情'、都是浸透了感性经验的道德体验，或者说是积淀了道德内涵的感性经验。易言之，感性的道德取代了理性的道德，形成一种时代意识。"①"感性的道德"比较准确地指明了晚明情感、欲望与道德伦理在心学思潮中的关系。吴毓华的《情的观念在晚明的异变》亦认为，"性与情相一致的观点，来自晚明阳明心学的变种。阳明心学'心即理'的命题，促使理的感性化，使天道必须依赖于人心才能存在"②。程芸先生的《汤显祖与晚明戏曲的嬗变》在细致分析汤显祖与罗汝芳、李贽、达观等的思想关联后，富有启发性地指出汤显祖"既肯定个体在生物学意义上的物质性存在，张扬与生命本能、生理冲动相关联的'至情'，又重视个体之情的理性化与社会化，将'至情'最终的逻辑指向确定为个体的社会性存在"③。结言之，学术界以汤显祖的至情论、李贽"童心说"的自然人性论为轴线，勾勒出由心学思潮触发的以情反理、人欲解放的时代潮流。这一承载了时代主流价值的结论，作为学者戏曲研究的理论出发点，依然广泛存在于各种文论中。不过，随着时代的推移，学者对晚明心学、戏曲的探讨日渐深入，研究的视野更为开阔和多元，结论亦更为丰富和富有启发性。

最后，心学推崇主体精神，促使士人将个体之情志、精神视为文学的根本，促进了戏曲艺术形式的创新与戏曲文体地位的提高。

学者认为，汤显祖"至情论"凸显情的力量，"因情成梦、因梦成戏"成为汤显祖剧本情节架构的指导思想。因乎对至情的强调，汤

---

① 郭英德：《是"风教"还是"风情"？——明清文人传奇作家的文学观念散论》，《中州学刊》1990年第4期。

② 吴毓华：《情的观念在晚明的异变》，《戏剧艺术》1993年第4期。

③ 程芸：《汤显祖与晚明戏曲的嬗变》，中华书局2006年版，第91页。

显祖反对复古模拟，反对戏曲创作受音律束缚，其剧作亦呈现出浪漫主义风格。左其福提出，“汤显祖弘扬人的情感，视情感为文学艺术的生命这一总体性的文学观念，在使我国古典文学摆脱外在的道德伦理苛求，切实深入人们的心灵世界，服务于现实人生等诸多方面，都产生了十分深远的影响”[①]。邹自振亦指出，“汤显祖戏剧美学思想之核心，是属于与理学相对立的‘情’的范畴”“汤显祖正是以‘因情成梦，因梦成戏’的创作主张，构成了他的戏剧观与文学观之核心”[②]。夏咸淳在《晚明尊情论者的文艺观》中亦指出，晚明士人重情黜理，将情视为文学创作的原动力，并认为题材、风格、韵律等外在形式都必须服务于情的表现，“就体式而言，抒情文学如诗、词、散曲等固然缘情而发，叙事文学如小说、戏曲也因情而生”[③]。

李贽的“童心说”“化工说”亦显示了心学对戏曲艺术的影响。因对人欲的肯定，李贽被视为王学左派的集大成者，成为戏曲汲取心学思想、歌咏人欲之私、走向个性自觉的桥梁。学者认为，持自然人性论的李贽，亦主张士人自由真实地抒发内心郁结的情感与欲望。马积高认为李贽“童心说”标举的是人的自然情性，它要求士人在文学创作中力求创新，直抒感性之真，避免蹈袭前人。李贽在“童心说”中将戏曲与儒家经典并列的言论，集中体现了晚明士人对戏曲歌咏人情之真的肯定，提高了戏曲的文体地位。陈美珍认为，“童心说”提高了戏曲的文体地位，“化工说”则为戏曲构建了重要的审美标准。[④]李克和在《李贽的曲学贡献》中指出，“在‘百姓日用即道’的旗帜

---

① 左其福：《汤显祖“唯情”文学观的文学史意义》，《求索》2004 年第 9 期。

② 邹自振：《“因情成梦，因梦成戏”——试论汤显祖的戏剧观》，《福州师专学报》（社会科学版）2001 年第 4 期。

③ 夏咸淳：《晚明尊情论者的文艺观》，《天府新论》1994 年第 3 期。

④ 陈美珍：《李贽“童心说”对俗文学的影响》，《延安大学学报》（社会科学版）2007 年第 1 期。

下，人们开始肯定饮食男女的合理性，公开强调情欲和功利思想是社会活动的原动力，从而对程朱鼓吹的‘存天理，灭人欲’展开猛烈的批判。……文艺界也出现了崇尚自然、尊重情感、肯定人性、强调自我的创作主张，而李贽则是开风气之先的代表人物”①。田劲松则认为，李贽、汤显祖等人的童心说、性情说，是中国近代自然人性论的美学宣言，它们凸显了日常物质欲望的合理性，是晚明市民审美趣味的代表。②

结言之，晚明的戏曲作品往往被视为思想解放潮流的一部分而获得在戏曲史乃至文学史上的地位，与之相应的是，娱乐性、商业性较重的作家作品则遭到与其艺术水平不相称的评价。要还原晚明戏曲作为戏曲艺术的本来面目，笔者以为还是必须从思想史角度切入，认真探讨晚明戏曲作品与阳明学之间的关系，进而探究晚明戏曲作品的艺术特征与成就。事实上，对于新时期晚明思想研究的新成果，戏曲方面的学者或者囿于积习，或者由于学科局限而不具备20世纪50年代学者文史哲兼通的功底，并未对其加以有效吸收，这必然导致文人传奇占据主导地位的晚明戏曲的研究难以深入。另外，学者在研究阳明心学对晚明戏曲的影响时，往往较少关注戏曲的艺术层面，晚明戏曲中的浪漫主义之所以被反复提及，也只是因为汤显祖《牡丹亭》中杜丽娘为爱情“生者可以死，死者可以生”的离奇情节，为20世纪50年代学者构建晚明戏曲提倡人欲解放、反抗封建礼教的“进步性”提供了方便和支撑。

① 李克和：《李贽的曲学贡献》，《武汉大学学报》（人文科学版）2005年第4期。

② 田劲松：《近代自然人性论的美学宣言——论明代童心说、性情论美学的思想方法》，《五邑大学学报》（社会科学版）2001年第1期。

二 选题缘起与创新

郑传寅先生曾指出，儒家文化作为传统文化中占主导地位的文化成分，对封建社会的文学艺术必然要发生巨大影响。儒家把道德政治化，又把政治道德化，伦理中心主义成为儒家文化的突出标志。在儒家思想统治下的封建社会的文学艺术，不可避免地染上了伦理中心主义的色彩。[①] 这有助于提醒我们在将晚明戏曲视为进步思潮一部分的时候，尽可能持审慎的态度。事实上，肯定百姓之公欲与推崇伦理道德一直并存于阳明心学内部。晚明心学引发并催生了一个众声喧哗的时代，在批判继承前贤的基础上，它将心性之学推进到精妙的地步；它对朱子学不乏继承之处，但在继承的基础上改写了朱子学的格物论，将伦理中心主义推到顶峰，并以严格的道德主义为基点，衍生出被学者视为具有启蒙性质的倡扬人欲真情、批评极权专制；它不满宋儒的理气观，以孔孟真脉自居，反对宋儒理气观的二元论倾向，主张气即理，认为形而上之理应从形下之百姓日用中推出，从而催生了士人关注人情日用的热情。当学者秉持情理二分的观点，去心学及被心学影响的剧作中寻找“人欲解放”时，不难得到自己所欲得到的观点，但亦可能在毫厘之间割裂心学内部极富辩证性的思想观念。

笔者尝试以“心学与晚明戏曲”为题，是基于这样一个认识，即晚明心学与戏曲这一论题还有可为的空间，现有研究存在以下三个需要拓展深入的地方。

---

① 郑传寅：《儒家文化的历史地位及其对古典戏曲的影响》，《戏曲艺术》2003 年第 4 期。

首先，关于心学对戏曲之影响，学者的研究往往暗含了情理二分的前提，侧重心学对人性解放的促进、对伦理的冲击，这并不完全符合心学事实，而且可能导致我们在研究中出现遗漏和难以解释的困惑。“当心学被界定为人欲解放的催化剂后，戏曲研究中却出现心学教化功能与戏曲反礼教的自相矛盾。”①

情理的对立、冲突与和谐，曾是学者解读晚明小说、戏曲通用的核心概念，其潜在的意义是，情是先进的，而理是落后的。学者普遍认为，情对理的冲击暗示了时代进步思潮的涌动。20 世纪八九十年代以来，从侧重阐释晚明优秀剧作中的重情倾向，进而发现晚明戏曲中情理同在、并重是不可避免的事实，学者对晚明戏曲中的情理关系研究亦日渐深入与全面。然而情理二分乃至对立的思维模式，始终是多数学者阐发剧作情理蕴含的出发点。学者在研究阳明心学对晚明戏曲的影响时，亦将晚明戏曲中的重情倾向归于心学尤其是王学左派的影响。“宋明理学研究的根本问题就是情与理的关系问题，无论是道学家的天理与人欲之辩，还是道学家与心学家的心、理之争，总是以情附理的。这是王学左派从心学出发，强调主体意识，以情为载体，最终走到了以孔孟为主体的封建思想的对立面。”“王阳明心学对明代戏曲创作影响最大的莫过于汤显祖的唯情论。”② 因乎情理对立的二元观，学者往往认为明末清初情对理的妥协，暗示了进步思潮在清朝程朱回流前的消退，并将重视伦理道德的明末戏曲视为晚明重情思潮戛然而止的佐证。

如果考虑到晚明剧作者多为具有儒学教育背景的士人，这一情

---

① 左东岭：《20 世纪以来心学与明代戏曲小说的关系研究综述》，《首都师范大学学报》（社会科学版）2004 年第 5 期。

② 傅晓航：《理学的嬗变与元明清戏曲——对戏曲历史发展轨迹的再认识》，《文艺研究》1991 年第 1 期。

理对立的命题可能不仅不符合心学对“情”的观点，也不符合戏曲创作的实际。以情理对立来按图索骥，往往会使我们对优秀爱情剧得出既“进步”又难脱“时代局限”的结论。实际上，因心学思潮的推进，晚明士人重申了圣人因情而制礼的原则，强调理不可拂逆人情，须由形而下之人情而来，并具备变动周流的特点。晚明曲家在戏曲创作中讴歌至情的目的，也不是为了冲击封建伦理与礼教，强调的不是情与理的对立性，他们津津有味地歌咏情的真挚、美好，一方面因为真情丰富了人生的感性经验，另一方面则是因为他们坚信这种真情带来人生体验，天然地与礼教的本来面目相一致，毕竟，明代士人对礼教相关典籍的准确性是倍感焦虑的。一个值得注意例子是，如果要论爱情对礼教的冲击，张凤翼的《灌园记》无疑最为彻底，但晚明士人最推崇的是写情深入骨髓而不肯否定礼教的《牡丹亭》。这不仅是因为后者无与伦比的才情，也是因为后者“为情而死又为情而生”的深情天然显现了礼教的“本来面目”。但当今多数学者在论及晚明戏曲中的情、理关系时，往往忽视了“理”的丰富性与内在张力，使情理、理欲关系的探讨失之粗糙。当今学者受“进步/落后”的文学进化论的制约，对“封建思想家”难免产生误会，进而误解晚明士人的情理观，人为割裂晚明重情思潮中情与理的关系。在本书中，笔者将通过总结心学对理学的创新之处，指出晚明理气、情性观与程朱的不同，并论证重情思潮并非建立在情理对立的前提下，也并非以反理为旨归，“情”在晚明具有浓重的心性意味。而明末对道德伦理的重视，亦非对重情思潮的反叛，而是重情思潮本身在时代危机下可能引发的理论结果。可见，晚明情与理的矛盾不宜被人为夸大，今天为我们津津乐道的晚明重情思潮中的“以情抗理”，本身实有不耐推敲之处。

其次，涉及心学对晚明通俗文学的影响，学者多强调心学促进了通俗文学的兴盛，“左派王学‘百姓日用即道’的平民意识，促成了明代中叶以后的文学艺术由雅而俗的转变，促进了戏曲、小说、民歌等通俗文艺的兴盛”①。左东岭先生认为，“心学与理学的重要区别之一是，理学基本在士大夫中流行而心学则深入至普通民众层面。心学的所谓‘满街都是圣人’虽系夸大之辞，但也说明了其教化对象之广泛。正是这种平民化的特征使心学能够对通俗文学产生比理学更为复杂的影响”②。但是这种情况在戏曲中表现得并不明显，戏曲不仅不如小说通俗化、平民化，而且注重文辞甚至使剧本沦为案头之作的倾向，几乎与晚明戏曲相始终。

笔者将在文中论证，心学“通俗化、平民化”对戏曲的影响似乎止于道德教化意识的发达。“满街皆是圣人”意在强调人皆有良知，从本体论上肯定圣人与愚夫愚妇是平等的；但这一说法的另一面是士人精英意识的膨胀，在上智下愚不移的前提下以道自任，并殷殷劝诱细民向善。晚明戏曲剧作者多是有儒学教育背景的士人乃至士大夫，他们从不曾在戏曲中塑造真实的平民世界。关于心学对戏曲艺术的影响，笔者将重点紧扣剧作者的士人身份，总结心学泛道德主义对戏曲人物形象、情节设置等的影响。

最后，笔者将努力结合晚明心学背景，对被视为推扬至情、肯定人欲的代表性曲家进行个案研究，并提出个人的思考。例如对李贽《童心说》一文及其影响，笔者作了进一步的探讨，力求结合李贽的思想整体来理解“童心说”，避免先入为主。因为如果先行认定“童

① 许总：《理学文艺史纲》，江苏教育出版社2001年版，第1068页。

② 左东岭：《20世纪以来心学与明代戏曲小说的关系研究综述》，《首都师范大学学报》（社会科学版）2004年第5期。

心说”摒弃了道德本体，促进了个性、情感解放，再去寻找李贽的相关言论来证明这一论断（由于李贽比较偏激的表述方式，他肯定人欲的言论并不罕见），势必会出现削足适履的弊端，从而割裂李贽的思想，使一个复杂的思想问题简单化。

三 相关问题说明

本书研究对象为心学与晚明戏曲的关系，侧重于心学对戏曲的影响。心学虽然自陆九渊时便已肇始，但正如阳明所言，陆九渊虽然提出了“心即理”“吾心即是宇宙”等观念，但所见虽“大”却有“粗”的一面。今天看来，与阳明心学相比，陆九渊的整体学术思想有不够圆融之处，尤其是他的格物论与程朱没有本质区别，因此，即使他和朱熹就“尊德性”与“道问学”何者为先作了激烈的争辩，但他在客观上并不能完全规避“道问学”中包含的智识主义对道德心性功夫的干扰甚至危害。因此，本书标题中的“心学”主要指“阳明心学”，包括从创始者王阳明直至晚明刘宗周等心学学者的哲学思想。虽然以王畿、罗汝芳、王艮等为代表的阳明后学诸子之间颇多互相矛盾、彼此攻讦之处，但是在阳明一生心血凝成的“格物论”上他们出奇地一致，以至我们几乎可以通过“格物论”来判断明后期某一位学者是否是阳明学的信徒。与之相应的是，阳明学派诸人掀起的并不是破除礼教的滔天巨浪，而是高涨的道德激情。在这股风潮的影响下，晚明士人普遍将探究心性之学视为人生第一等事，他们着力穷索的是，如何筑起抵抗人欲泛滥的围墙。这是我们着力论证，同时也是我们研究晚明戏曲的一个理论基点。

这里需要说明两点：其一，由于笔者关注的是心学对戏曲的影响，因此，笔者对心学的研究不可能面面俱到，而是只能侧重阐述心学最可能对戏曲产生影响的思想倾向。其二，心学属于儒学的一部分，也属于理学的一部分，但心学的确有自己的理论特点。关于儒学、理学对戏曲的影响，学界已有珠玉在前，不过这些著作强调最多的是，儒学、理学导致了戏曲在思想倾向上对忠孝节义等伦理纲常的概念化阐释。笔者将尽量避免在戏曲作品与伦理道德间的直接比照，从而既不脱离心学对伦理道德的重视，亦不遗漏心学具有自身特色的理论与思路，以便更好地探讨阳明心学对晚明戏曲创作的独特影响。如此，我们的研究结论将显示，晚明心学对戏曲的影响，与明前中期儒学对戏曲的影响有着明显的不同。

关于晚明这一概念，不同学科学者的界定微有不同。黄仁宇先生在《万历十五年》中，将万历十五年（1587）视为晚明的开始，左东岭先生在《王学与中晚明士人心态》中则以万历十年（1582）张居正去世为晚明之始，樊树志《晚明史》则以万历元年（1573）至1644年明亡为晚明。由于文化、文学研究涉及时间概念时很难采取一刀切的方式，因此，多数学者在使用“晚明”一词时并无精确的时间界定，而是带有约定俗成之意味，将“晚明”视为一个带有文化色彩的时间概念。概言之，“晚明”的标志是阳明心学引发的以泰州学派、李贽、何心隐等为代表的人欲解放、个性觉醒之思潮，这一思潮在文学界表现为以汤显祖《牡丹亭》为代表的歌颂至情的主题选择，以公安派为代表的独抒性灵、反对复古蹈袭，以“三言二拍”为代表的市民情趣，等等。就本书的论题而言，关于“晚明”的时间界定，笔者采用通行的自万历伊始至明亡的70多年，一方面，这70多年是明代戏曲创作最为繁盛的时段，按照郭英德先生《明清传奇史》的总结，万历十五年是文人传奇勃兴的开始；另一方面，因以圣人自居的嘉靖帝对于创立学说的王阳明、湛甘泉等颇为反感，阳明直到万历十二年（1584）才得以在心学后学的争取下从祀孔庙，获得官方认可。由于著名的心学学者如王阳明、王畿，活动时间多在万历之前或者有部分在万历之前，故不受这一时间限制，而仅以之来限制戏曲作品（个别剧作者的戏曲创作横亘万历前后，则不受这一时间限制）。

上篇

晚明心学与戏曲总论

第一章　心学思维转向

阳明心学取得官方认可的过程一波三折，但它对晚明的深刻影响不容否认，顾宪成曾以不乏讽刺的口吻承认："正、嘉以后，天下尊王子也甚于尊孔子。"① 而根据黄文树对阳明后学的统计和分析，"阳明后学率多硕彦有爵位，全数一四六人中，官吏有一一九人，占百分之八十一，布衣二十人，占百分之十四；身份待考者七人，占百分之五。……阳明后学一四六人中，进士八十二人，占百分之五十六；举人二十人，占百分之十四；无科举功名者二十四人，占百分之十六；科名待考者二十人，占百分之十四。足见阳明后学多为科举出身。"② 阳明学者在科举考试中更容易获得考官的青睐，并遍布官场，从一个侧面说明，明后期阳明心学正日渐主流化。阳明心学学者步入仕途或致仕之后，对传播阳明心学有着极大的热情，毕生以讲心学、兴师道为己任，张居正在万历初年的禁讲学毁书院也从侧面说明了阳明心学的影响力之大。不过，阳明心学在晚明思想界的扩张一直伴随着外部

---

① （明）顾宪成：《日新书院记》，《泾皋藏稿》卷一一，四库全书本。

② 黄文树：《阳明后学的成员分析》，《中国文哲研究集刊》第十七期（2000年9月）。

的批评，如东林学派对无善无恶说的抨击；另外，心学自阳明去世之后，内部的争论从未消歇且大有愈演愈烈之势，正如邓定宇所言："阳明必为圣学无疑，然及门之士，概多矛盾。"① 有鉴于此，笔者将尝试总结出心学有别于程朱并在心学内部各派学者间普遍流行的思想观念与思维方式，这将是我们讨论心学影响晚明戏曲的理论基础。

第一节　泛道德主义的流行

在谈及心学对晚明文学尤其是通俗文学的影响时，学者往往认为，与程朱理学相比，心学具有注重主体精神、肯定情感欲望的特点，这在大部分文学史、戏曲史书写中都是不容置疑的基调。但无论是王阳明，还是后来被我们视为开启晚明人欲解放思潮的王学左派诸人，甚至在晚明引起诸多非议的李贽，他们的笔下都充满了对道德的信仰、对言行不一者的抨击。翻阅他们的论著，我们很容易得出一个基本的判断：心学包含了泛道德主义的倾向，且这种严格的道德主义倾向伴随心学始终。

王阳明曾言良知学是自己从"万死千难"中获得的，在贬谪龙场、历经磨难的人生困顿中，阳明顿悟出"圣人之性，吾心具足"的道理，这一顿悟几乎成为阳明心学理论体系的基础。《传习录》中有这样一段对话：

先生曰："心即理也。天下又有心外之事，心外之理乎？"

① （清）黄宗羲：《明儒学案》（一），浙江古籍出版社 1992 年版，第 448 页。

爱曰："如事父之孝，事君之忠，交友之信，治民之仁，其间有许多理在。恐亦不可不察。"

先生叹曰："此说之蔽久矣。岂一语所能悟？今姑就所问者言之。且如事父，不成去父上求个孝的理。事君，不成去君上求个忠的理。交友治民，不成去友上民上求个信与仁的理。都只在此心。心即理也。"①

这段话有多重意蕴，但是结合阳明的人生遭际看，似乎表达了这样一层意思：从君臣的伦理层面看，如果依照孔子"君使臣以礼，臣事君以忠"的教诲，则阳明数次都有放弃忠君信念的理由。但是，在经历万死千难之后，阳明的选择还是无条件地忠君，这种选择与外在的功利诉求无关，只与个体内在的道德圆满相关。在阳明看来，忠孝节义的伦理道德，是人之所以为人的根本原因，良知本心万理毕具，个体不可因处境的变化而改变本心；个体因不公、挫折、困顿等遭际而改变初心，是因为念头从个体自身的荣辱出发，起了私意，使良知这面明镜蒙上了私欲的灰尘。这也是王阳明多次强调个体须"立志"、须对良知"信得及"的原因。可见，阳明已将道德上升为一种信仰，阳明心学亦带有宗教色彩。阳明"心即理"之命题的本意并非如当下学者所言，是为情欲、个性争得一席之地，恰恰相反，阳明是为了强调众生在本体论上都有成圣的可能，意在促进个体的道德自觉，使"满街皆是圣人"，诱使世人立志"破心中贼"，从而进入"此心纯为天理"的道德境界。中华人民共和国成立初，很多晚明文学与戏曲方面的学者认为阳明是朱子学的反对者，阳明反对程朱理学主张的存理灭欲、道德伦理，但实际上阳明丝毫没有攻击朱子的意味，就提升个

① 陈荣捷：《王阳明传习录详注集评》，台湾学生书局1983年版，第30页。

体道德标准、淑世化俗的目标而言，阳明甚至比朱子更为急切。“朱子学的‘性即理’和陆王学的‘心即理’的对立、抗争。毋庸说，这并不是说一方是维持体制的思想，另一方是反体制的思想。体制的维持、名教的维护，这是两方面同样高唱的大理想。两者都同样地把‘理’的存在作为前提，把‘理’的死守作为使命的理想主义。他们抗争这件事，总而言之不过是基于同一立场的霸权的争夺战，此说是有充分道理的。否则，岂止那样，甚至确立非官学的陆王学的方面，更彻底地拥护体制，对体制具有更彻底的奴隶性这样的说法，也是可能的。”[①] 岛田虔次比较准确地指出了心学与朱子学的关系。需要进一步说明的是，阳明“心即理”的命题并非为了争夺某种“话语霸权”，他曾反复申明与朱子的分歧是不得已：“吾说与晦庵时有不同者，为入门下手处有毫厘千里之分，不得不辩。然吾之心与晦庵之心未尝异也。”[②] 他真诚地认为，朱子在本体论上有瑕疵，进而导致工夫论的谬误。

因乎“破心中贼”的目标，阳明对程朱理学中“尊德性”与道问学的关系作了调整。朱熹论述“道问学”远多于“尊德性”，因为他认为“尊德性”尽管是第一位的，但难以直接言说，“在他看来，‘尊德性’主要指的是建立并保持一种道德的心境，它可以用程颐所说的‘敬’来表示”[③]。因此，朱熹关注道德的智识主义，主张“敬”与“致知”的同时进行，“知”先于“行”，没有“致知”，“涵养”或“行”都将是盲目的。朱熹“力图使儒家之‘道’智识化。在很大程度上是由于他的巨大影响，‘闻见之知’与‘德性之知’之间的

---

① ［日］岛田虔次：《朱子学与阳明学》，蒋国保译，陕西师范大学出版社1986年版，第106页。

② 吴光等编校：《王阳明全集》，上海古籍出版社2012年版，第24页。

③ 余英时：《宋明理学与政治文化》，广西师范大学出版社2006年版，第63页。

差别几乎被人遗忘，直到王阳明出现”[①]。

阳明突出“尊德性”，使德性之知在心性之学中占据了绝对的主导地位。他从本体层面贬低道问学的价值，视道德性的良知为心体的本质内容，而经验性质的知识、闻见则显得无关紧要。“先生悯宋儒之后学者，以知识为知，谓‘人心之所有者不过明觉，而理为天地万物之所公共，故必穷尽天地万物之理，然后吾心之明觉与之浑合而无间’。说是无内外，其实全靠外来闻见以填补其灵明者也。”[②] 阳明并非不谈道问学，但是他对道问学与“尊德性”的关系，作了有别于朱子的界定：

> 以方问尊德性一条。先生曰：“道问学即所以尊德性也。晦翁言‘子静以尊德性诲人，某教人岂不是道问学处多了些子’，是分尊德性、道问学作两件。且如今讲习讨论，下许多工夫，无非只是存此心，不失其德性而已。岂有尊德性，只空空去尊，更不去问学？问学只是空空去问学，更与德性无关涉？如此，则不知今之所以讲习讨论者，更学何事！”[③]

在朱子那里，格物的目标是经由“今日格一物、明日格一物”最后“一旦豁然开朗”，由博而约，领会“理一分殊”之旨。道问学与“尊德性”之间，属既平行又互相助益的关系。而在阳明看来，道问学与尊德性不可以分为两件，道问学的目的是“尊德性”，否则道问学便失去意义，这使道问学的对象变得狭隘。不可否认的是，阳明对道问学与“尊德性”之间的关系，比较急功近利，他没有耐心让个体

---

① 余英时：《宋明理学与政治文化》，广西师范大学出版社 2006 年版，第 74 页。
② （清）黄宗羲：《明儒学案》，沈芝盈点校，中华书局 1985 版，第 181—182 页。
③ 陈荣捷：《王阳明传习录详注集评》，台湾学生书局 1983 年版，第 374 页。

在各类事物上穷理，或者说他没有信心，个体能够不由朱熹的格物沦为遗忘道德追求的逐物。据《传习录》记载，阳明与友人曾为格竹子而病。如果此事不是阳明的虚构，则可从侧面说明，阳明认为个体的精力是有限的，一旦沦为对无穷尽的外在事物之理的研究，很可能往而不返。明确而又急切的伦理教化目标，使阳明与朱子的格物说也不相契：

> 众人只说格物要依晦翁，何曾把他的说去用？我着实曾用来。初年与钱友同论做圣贤，要格天下之物，如今安得这等大的力量？因指亭前竹子，令去格看。钱子早夜去穷格竹子的道理，竭其心思，至于三日，便致劳神成疾。当初说他这是精力不足，某因自去穷格。早夜不得其理，到七日，亦以劳思致疾。遂相与叹圣贤是做不得的，无他大力量去格物了。及在夷中三年，颇见得此意思乃知天下之物本无可格者。其格物之功，只在身心上做，决然以圣人为人人可到，便自有担当了。这里意思，却要说与诸公知道。①

因此，阳明一再申明工夫当有益于德性的涵养，圣人以德性的纯粹为标志。因学者少有朱子那样广博的精力，如果将无所不知视为圣贤人格的必要条件，那么大部分学者将注定不可能成为圣人。为达到破世人“心中贼”的目的，阳明将识见的广博降到次要位置，坚决宣称，德性才是决定人之所以为人的根本原因，圣人指德性纯粹完美之人。因此，涵养心性以成贤成圣，才应是士人的当务之急和毕生追求。当阳明觉得无论贤愚皆须“破心中贼”时，道问学更加不可能与

① 陈荣捷：《王阳明传习录详注集评》，台湾学生书局1983年版，第370页。

“尊德性”处于同等地位，事实上，道问学如果无助于“尊德性”，甚至将失去在心性之学中的合法地位。

> 又问：“心即理之说，程子云‘在物为理’，如何谓心即理？”先生曰：“在物为理，在字上当添一心字，此心在物则为理。如此心在事父则为孝，在事君则为忠之类。”先生因谓之曰：“诸君要识得我立言宗旨。我如今说个心即理是如何，只为世人分心与理为二故，便有许多病痛。如五伯攘夷狄，尊周室，都是一个私心，便不当理。人却说他做得当理，只心有未纯，往往悦慕其所为，要来外面做得好看，却与心全不相干。分心与理为二，其流至于伯道之伪而不自知。故我说个心即理，要使知心理是一个，便来心上做工夫，不去袭义于外，便是王道之真。此我立言宗旨。”①

朱熹从程颐那里继承了“理一分殊”的著名命题，强调学者应努力穷尽各类事物之理，“天地万物莫不有理。手有手之理，足有足之理，手足若不举行，安能尽其理！格物者，欲究极其物之理，使无不尽，然后我之知无所不至。物理即道理，天下初无二理”②，朱熹的“理”，虽偏向于道德层面，但亦重视自然物理。而阳明则煞费苦心，以“心即理”将心与理合二为一，实际上几乎偷换了由程朱而来的“理”之概念。与一些学者对阳明不乏乐观色彩的想象不同，阳明“心即理”的本意并不是说人心的私情私欲就是天理，恰恰相反，他认为人心的私情私欲是不真实的妄念，“心即理”指真实的人心应纯为天理，不应有人欲之私，“心之本体，原只是个天理，原无非礼。

---

① 陈荣捷：《王阳明传习录详注集评》，台湾学生书局1983年版，第372—373页。

② （宋）黎靖德编：《朱子语类》，王星贤点校，中华书局1986年版，第294页。

这个便是汝之真己"[1]。阳明弟子所言的"在物为理"，沿袭的是程朱之理，"理"具有客观事物之理的内涵，并非全为道德伦理，而阳明的"理"则完全指向道德层面。人心应纯为天理，是阳明"心即理"命题内含的道德期望。所以，当有门人难以领会阳明之苦心，依然对与身心道德修养无直接关系的一草一木之理持有兴趣时，阳明便直言不讳地予以否定。

（梁日孚）问："穷理何以即是尽性？"曰："心之体性也，性即理也。穷仁之理，真要仁极仁，穷义之理，真要义极义：仁义只是吾性，故穷理即是尽性。如孟子说充其恻隐之心，至仁不可胜用，这便是穷理工夫。"日孚曰："先儒谓一草一木亦皆有理，不可不察，如何？"先生曰："夫我则不暇。公且先去理会自己性情，须能尽人之性，然后能尽物之性。"日孚悚然有悟。[2]

一草一木皆有理，正是朱熹的观点，"上而无极、太极，下而至于一草、一木、一昆虫之微，亦各有理。一书不读，则阙了一书道理；一事不穷，则阙了一事道理；一物不格，则阙了一物道理"[3]。在凸显德性之知的前提下，阳明不认为士人当务之急是去格一草一木之理，对于知识才能上的无所不能，阳明持消极的态度：

后世不知作圣之本是纯乎天理，却专去知识才能上求圣人。以为圣人无所不知，无所不能，我须是将圣人许多知识才能逐一理会始得。故不务去天理上着工夫，徒弊精竭力，从册子上钻研，名物上考索，形迹上比拟，知识愈广而人欲愈滋，才力愈

① 陈荣捷：《王阳明传习录详注集评》，台湾学生书局1983年版，第146页。
② 同上书，第138页。
③ （宋）黎靖德编：《朱子语类》，王星贤点校，中华书局1986版，第295页。

多，而天理愈蔽。[①]

正如学者彭国祥所言，“传统儒家的圣人观包含德性与知性这两个方面的话，在阳明学的视域中，圣人则成为摆脱了知性向度的纯粹德性人格”[②]。结言之，工夫只在身心上做，是阳明为达到“破心中贼”而极力强调的，知被狭隘化为德性之知，“天下之物，本无可格者。其格物之功，只在身心上做。决然以圣人为人人可到，便自有担当了”[③]。

阳明对道德价值的极度强调在阳明后学那里得以延续，一个显著的例子是，阳明关于格物的新解被有效继承，“自阳明致良知之说一出，近世但是谈学者都知驳刺朱子即物穷理之说之为支”[④]。虽然阳明后学中颇多再度阐释“格物”的尝试，但基本都未脱离阳明格物说的范畴。闻见道理依然遭到排斥，阳明单提德性之知的倾向，得到进一步发挥。尤其是泰州学派与王龙溪，他们将作为本体的良知推进一步，强调德性之知具有灵明的特征，个体一旦悟入良知本体，便可以虚而应万物，自然也就能对各类现象、事件作出正确的判断、处理。

在王门有颜子之称、虽好高自许却影响巨大的王龙溪，他针对学者质疑之声的驳斥，与王阳明可谓如出一辙。在他看来，阳明直承了孔孟之道，德性之知高于闻见之知乃是孔孟的本意：

> 处滨张子曰，今日诸公皆说致良知。天下古今事物之变无穷，若谓单单只致良知便了，当得圣学，实是信不及。先生曰：

---

① 陈荣捷：《王阳明传习录详注集评》，台湾学生书局1983版，第119页。

② 彭国翔：《良知学的展开——王龙溪与中晚明的阳明学》，生活·读书·新知三联书店2005年版，第374页。

③ 陈荣捷：《王阳明传习录详注集评》，台湾学生书局1983年版，第370页。

④ 傅秋涛编校：《耿定向集》，华东师范大学出版社2015年版，第243页。

此非一朝夕之故，不但后世信此不及，虽在孔门，子贡、子张诸贤，便已信不及，未免外求，未免在多学多闻多见上凑补助发。当时惟颜子信得此及，只在心性上用工，孔子称其好学。只在自己怒与过上不迁不贰，此与多学多闻多见有何干涉？孔子明明说破，以多学而识为非，以闻见择识为知之次，所谓一，所谓知之上，何所指也？孟子愿学孔子，提出良知示人，又以夜气虚明发明宗要。只此一点灵明，便是入圣之机；时时保任此一点虚明，不为旦昼牿亡，便是致知。只此便是圣学，原是无中生有。颜子从里面无处做出来；子贡、子张从外面有处做进去。无者难寻，有者易见。故子贡、子张一派学术，流传后世，而颜子之学遂亡。学者沿习多学多闻多见之说，乃谓初须多学，到后方能一贯，初须多闻多见，到后方能不藉闻见而知。此相沿之弊也。初学与圣人之学，只有生熟不同，前后更无两路。若有两路，孔子何故非之，以误初学之人，而以闻见为第二义？在善学者默而识之。①

王龙溪明确指出，道问学与“尊德性”绝非平行并重的关系，他否定了多识多闻以达一贯之旨、将闻见作为致良知途径的观念。良知万理毕具，本不需要外在闻见的凑补；良知亦能自然发用，个体循良知一念灵明，做好慎独工夫，自然即可入圣。良知不仅是至善的道德本体，更是世间万理的本源，且具有虚而应万物的灵明特性，只要良知本心不被私欲私念遮蔽，个体便如执镜而照世间万事万物，自然无不了了。若个体将格物致知视为探究各类事物之理，不仅会沉溺于外物，更会不自觉地以闻见之知遮蔽本心，就如将颜色涂于镜面之上那

① 吴震编校：《王畿集》，凤凰出版社2007年版，第93页。

样，使心体失去灵明的特征。可见，王龙溪沿袭了阳明对良知本心的自信，对闻见之知更为排斥，“赵子问良知知识之异。先生曰：知一也，根于良则为本来之真，依于识则为死生之本，不可以不察也。知无起灭，识有能所；知无方体，识有区别。譬之明镜之照物，镜体本虚，妍媸黑白，自往来于虚体之中，无加减也。若妍媸黑白之迹滞而不化，镜体反为所蔽矣。镜体之虚无加减，则无生死，所谓良知也。变识为知，识乃知之用；认识为知，识乃知之贼。回、赐之学所由以分也”①。以“知”（良知）——具有灵明特征的德性本体为镜，以“识”（闻见之知）为镜体所映照的颜色，是晚明心学中的经典比喻，这一比喻意在说明良知万理毕具，自能发用，无须倚傍闻见之知的凑补，这也是阳明心学与程朱理学区别甚巨之处。因此，学者万不可沉溺于闻见之知，而应在身心上做工夫，方有可能达到德性的纯粹完美，“德不可以伪为。若论事，小人有才者皆能办。观人者不于其德，徒在事上绳检，是舍本而逐末也”②。德性之知涵摄闻见之知，经龙溪再推进一步，便是以德性之知代替闻见之知。对于朱熹比较持平的“以尊德性为存心，以道问学为致知”的内外交养的工夫论，龙溪当然不认同，他认为：“知是心之虚灵，以主宰谓之心，以虚灵谓之知，原非二物。舍心更有知，舍存心更有致知之功，皆伊川之说误之也。”③

心学学者以德性之知为大本，的确有片面的深刻性，但他们独尊德性，赋予良知心体神秘的认知能力，在面对社会问题时，便一律从道德层面进行解释并开出药方，强化了以伦理道德的视角打量与解释

① 吴震编校：《王畿集》，凤凰出版社 2007 年版，第 65 页。
② 同上书，第 24 页。
③ 同上书，第 98 页。

一切的思维模式。才华、事功被明确置于德行之下，从伦理道德层面考察各种社会问题并寻求解决之道的思维方式十分流行。黄绾便认为，“知人之要，只观其志。如志专富贵，但能谋身谋家而在于得失，虽有事功风节、忠厚委曲及标致文艺之美，只是小人之流、有为之为，恶可望共经纶之业？如志专道艺，但以为君、为民、为天下而不在于富贵得失，而有事功风节、忠厚委曲及标致文艺之美，则皆君子之道，可共经纶之业矣”①。对于道德的苛求，几乎已到论心不论迹的地步。

第二节　反智识主义的暗涌

阳明学派普通流露出一种反智识主义的倾向，部分原因是阳明对儒学“格物论”别出心裁的解释、对“尊德性”与“道问学”关系的重新界定，动摇了程朱理学影响下明中前期学者对“闻见之学”的信心，淡化了他们对圣人无所不知这一命题重要性的认知。更重要的是，阳明对宋儒的认知论作了修改，否定了之前程朱理学的求知路径，曲解并割裂了道德与知识之间的关系：

> 问：“知识不长进如何？”先生曰：“为学须有本原，须从本原上用力，渐渐盈科而进。仙家说婴儿，亦善譬。婴儿在母腹时，只是纯气，有何知识？出胎后方始能啼，既而后能笑，又既而后能认识其父母兄弟，又既而后能立能行、能持能负，卒乃天

① 张宏敏编校：《黄绾集》，上海古籍出版社2014年版，第178页。

下之事无不可能：皆是精气日足，则筋力日强，聪明日开，不是出胎日便讲求推寻得来。故须有个本原。圣人到位天地，育万物，也只从喜怒哀乐未发之中上养来。后儒不明格物之说，见圣人无不知无不能，便欲于初下手时讲求得尽，岂有此理？”①

阳明将学者的所有注意力收拢到了心性工夫之上，他认为只要做好心体的涵养，此心万理毕具，自然可以无所不知、无所不能。这明显是一种先验论，与朱子经验论色彩的认知论截然有别，客观上的确为明末阳明后学的自信本心、不学无术埋下隐患。事实上，当时阳明就招致过“除了‘致良知’一句，更无伎俩”的批评，阳明的回答是“我原只有这些伎俩。”② 阳明的认知论在后学诸子处得到了共鸣和发挥，而与阳明“独尊德性”一脉相承的是，阳明后学在强调德性重要性的同时，往往伴随着对与德性“无关”的知识的否定。还是以王龙溪为例，良知本体以虚应物，无知而无不知，故致得良知，则无所不知。在致良知的途径上，探究外在事理来帮补本心的外求路径被否定，他主张向内求，因良知万理毕具，个体只需以“日减法”去除心中的私欲私智、闻见道理，直至本心呈露。“唐虞之时，所读何书？危微精一之外，无闻焉。后儒专以读书为穷理之要，循序致精，居敬持志，隔涉几乎程途？揣摩依仿，将一生精神寄顿在故纸堆中，谈王说伯，别作一项伎俩商量，机何由神？性何由尽？命何由至？此古今学术真假之辨，不徒毫厘而已也。”③ 这一点在心学学者中并没有什么大的分歧，钱德洪所持的“四句教”与龙溪的“四无说”针锋相对，他坚持意念有善有恶，主张为善去恶的格物工夫，与龙溪不同，但钱

① 吴光等编校：《王阳明全集》，上海古籍出版社 2012 年版，第 13 页。

② 吴震编校：《王畿集》，凤凰出版社 2007 年版，第 17 页。

③ 同上书，第 498 页。

德洪同样认为个体的良知本心先天具足、虚灵至善，可以自然发用，对外在各类事物之理的探究反而可能遮蔽良知的灵明。他对良知至善心体的理解，与龙溪颇有相似之处："至善之体，恶固非其所有，善亦不得而有也。至善之体，虚灵也，犹目之明、耳之聪也。虚灵之体不可先有乎善，犹明之不可先有乎色，聪之不可先有乎声也。目无一色，故能尽万物之色；耳无一声，故能尽万物之声；心无一善；故能尽天下万事之善。今之论至善者，乃索之于事事物物之中，先求其所谓定理者，以为应事宰物之则，是虚灵之内先有乎善也。虚灵之内先有乎善，是耳未听而先有乎声，目未视而先有乎色也。塞其聪明之用，而窒其虚灵之体，非至善之谓矣。"① 聂豹是归寂派的代表人物之一，与龙溪在工夫论上不乏针锋相对之处，但论及良知，亦曰："先师以世之学者，率以无所不知、无所不能为圣人，以有所不知不能为儒者所深耻，一切入手，便从多学而识，考索记诵上钻研，劳苦缠绊，耽搁了天下无限好资质的人，乃谓'良知自知致而养之，不待学虑，千变万化，皆由此出'。孟子所谓不学不虑，爱亲敬长，盖指良知之发用流行，切近精实处，而不悟者，遂以爱敬为良知，着在支节上求，虽极高手，不免赚入邪魔蹊径，到底只从霸学里改换头目出来。盖孩提之爱敬，即道心也，一本其纯一未发，自然流行，而纤毫思虑营欲不与。故致良知者，只养这个纯一未发的本体。本体复则万物备，所谓立天下之大本。"② 在聂豹看来，仁义道德乃人性之自然，如果个体之心不被物欲、私智遮蔽，纯为本心的发用，则个体之言行自然合乎伦理道德的要求；个体若本心有亏，只知依靠博学多识的填补、先贤行迹的模仿来实现"爱敬"，则会沦为不自然、不真

① （清）黄宗羲：《明儒学案》，沈芝盈点校，中华书局1985年版，第235页。
② 同上书，第385页。

诚的“行仁义”。世人追求无所不知、无所不能，内含了炫耀之心，已流为讨好世情，是谓“从霸学里改换头目出来”。可见，聂豹对道问学持消极态度，他认为对闻见之知的沉溺可能不利于个体对至善本心的体悟。指责阳明之学亡在龙溪的罗念庵亦认为，“良知原是无知而无不知，原无一物，方能类万物之情。或以良知未尽妙义，于良知上掺入无知意见，便是异学。或以良知不足以尽天下之变，必加见闻知识补益而助发之，便是俗学”[①]。薛侃对于朱子的认识论也是否定的，“道以本然为至，学以复其本然为主。后儒求诸事物，以添为学，以添上底为见，此已沦人之肤，浃人之髓，以故搅扰而难明”[②]。所谓“本然”便是阳明学的本心，“学以复其本然为主”重复的正是阳明的认识论，对朱子的认识论作了全盘否定。阳明后学并非没有遇到过质疑的声音：“学所以率性也。横渠云‘今且只将尊德性、道问学为心。每日求多少益，改多少不善，此德性之益；读书求义理有归着否，编书勿徒写过，又多识前言往行，此问学之益。’其言何如？”虽然这一提法中的功夫基本是围绕道德心性展开，薛侃还是重申了理只包含德性的心学观念，对“观书求理”中可能包含的智识主义作了限定，“此以问为学，以德性之外别有学也。后儒之误，正由于此。夫改过迁善，德性事也。改之迁之，非学乎？观书求理，问也，理非德性之理乎？”[③] 因此，毫不奇怪的是，即使焦竑那样的博学之士，也批评宋儒错解了格物致知，“孔孟之学，自宋儒而晦，盖自伊川元晦误解格物致知，至使学者尽其精力旁搜物理，而于一片身心反置之不讲”[④]。

---

① （清）黄宗羲：《明儒学案》（一），浙江古籍出版社 1992 年版，第 476 页。

② 陈椰编校：《薛侃集》，上海古籍出版社 2014 年版，第 142 页。

③ 同上书，第 115 页。

④ （明）焦竑：《焦氏澹园集》，伟文图书出版社有限公司 1977 年版，第 391 页。

经龙溪等心学学者如此一发挥，闻见成了遮蔽良知的云翳，追求闻见之知则是认错路头的追逐外物。在不断的质疑声中，阳明学者通过辩驳一再阐明、坚持了心学认识论。他们既在儒学层面否定了客观物理的价值，缩小了认知范畴，也就非常自然地否定了朱子认识论确立的格物、致知、穷理次序，将朱子的由末而本倒置为由本而末，主张先做心体工夫，心体万理毕具，自然能临事发用；就像阳明学者反复提及的一个比喻：心体如镜，镜子上不应涂抹颜色，而应先将镜面擦拭光明，镜面自然能照出万物的颜色（这个比喻的逻辑虽然没有问题，却并不适用复杂的个体认知问题）。在胡直的《大理卿宋华阳先生行状》中，有一段文字很集中地反映了阳明学与程朱理学在认知论上的异趣，以及阳明学认知论激起争辩和最终占据上风的过程：

> 时廷议王阳明先生从祀事，议者拘牵旧文，不能究竟其学，至为聚讼。公曰："是未可以口舌争也。"乃著为《或问》一篇，反覆数千言，大意谓尧舜开道心精一之传，未尝求理于物，梏心于外。孔门《大学》一书首言"明明德"，明德者，即吾道心之灵觉不昧者，而知识其末焉。故明明德之功，要在致知。后儒误训"致知"为推极其知识，殊失《大学》知本之旨。阳明则指示之曰："是致知者，乃致吾之良知，而非以知识先也。"以是见阳明实本尧、舜、孔门正旨，从祀允当。①

阳明学者的认识论，最初必然会激起有着程朱理学教育背景的士人的普遍性质疑，因此，阳明学者的论著中几乎处处可见对阳明认识论的辩护，与阳明"格物论"一脉相承，他们几乎把孔子关于探究物

① 张昭炜编校：《胡直集》，上海古籍出版社2015年版，第742—743页。

理的言论都重新阐释了一遍，以使其心学化。“夫子因子贡平日只在闻见上做工夫，欲其如颜子反之于德性也，故有‘汝与回孰愈’之问。子贡仍落在闻见上较多寡，而以知十、知二答之，真不逮颜子矣。”[①] 胡直在面对“‘博文约礼’，何谓也”的质疑时，为消解“博文”二字所含的穷究物理之意，对其作了全新的阐释：“昔者我业举，尝从事先儒之训矣。然私窃疑之，意者以博文为穷至物理矣。然约礼之礼亦理也，其亦在物乎？若约礼为在物，则人心竟无一理，恐必然，此一疑也。……若礼为在物则性亦为在物，仁、义、智皆当为在物矣。孟子言‘仁义礼智，我固有之’，又曰‘仁义礼智根于心’，谓礼为在物亦必不然……若以博文为穷诸物理，以约礼为归诸人心，则理自理，礼自礼，内自内，外自外，既截然二段矣，乃欲先博而析之于外，后约而合之于内，吾惧二段之不相为用也。”[②] 因此，胡直的体悟是，“孔子教颜子若曰：夫今为学，不必求之高坚前后也，但日用事物变化云为，皆吾心之文也，而学之事在焉。事，至不一者也，故曰博文。……有是文则有是礼，非文外而礼内也。博之文必约之礼，非博先而约后也，故博文为约礼之事，约礼为博文之功”[③]。通过这一番阐释，胡直将“博文”限制在“日用事物”之上，变为纯社会学、伦理学的“博文”，穷究物理自然也就在儒学理论体系中失去了立足之地。通过对孔孟相关命题的新解，胡直更是明言，“孔子之书具在，未见有言物理者也；孔门之学较著，未闻有穷物理者也”[④]。“孔门之学不在物理也，不尤彰彰哉？”[⑤] 类似的质疑和辩论在阳明学

---

① （明）孙应鳌：《孙应鳌文集》，龙连荣等点校，贵州教育出版社 1996 年版，第 206 页。

② 张昭炜编校：《胡直集》，上海古籍出版社 2015 年版，第 610 页。

③ 同上书，第 610—611 页。

④ 同上书，第 612 页。

⑤ 同上书，第 613 页。

者的文集中可谓俯拾即是，黄绾在《裘汝中赠言》中面对“良知之知不足以知道，良知之良不足以尽道，必益闻见而后尽也”的发问时，便言辞激烈地指出这是背离孔孟儒学正宗的观点，“昔者告子见孟子道性善而疑之，以为性无善无不善。孟子乃指人心之至善、尧舜途人之皆同者喻之，曰：‘乃若其情，则可以为善，乃所谓善也。若夫为不善，非才之罪也。’故告子之说破而斯道之传赖以明也。其所谓情者，即恻隐、羞恶、辞让、是非之四端，就其本心而言之，则曰仁义礼智；就其知觉言之，则曰良知。今反谓非人之固有而必欲外铄哉！夫欲以外铄为者，盖由后世以来，人以功利为习，不务天理之纯，以要本心之安，惟欲博求闻见之似，以遂其速化之私，习之既久，不复能反，虽有明知，亦为所迷，故有此说”①。秉承阳明对“格物”的重新解释，阳明后学对朱子的穷究物理几乎发展出“仇视”的态度，他们认为穷究物理无补身心故不属于孔孟之学的必有之意，故处处排斥宋儒关注物理的苗头，以致堕入反智识主义而不自知。

阳明放弃了圣人无所不知的观点，阳明后学同样持这一观点。阳明反复强调过，“除了人情事变，则无事矣”②。不过，阳明对于人情事变之外的客观物“理”，并不是绝对排斥的，当弟子询问“名物度数，亦须先讲求否”时，他的回答是“人只要成就自家心体，则用在其中。如养得心体，果有未发之中。自然有发而中节之和。自然无施不可。苟无是心，虽预先讲得世上许多名物度数，与己原不相干，只是装缀，临时自行不去，亦不是将名物度数全然不理，只要知所先后，则近道”“人要随才成就。才是其所能为，如夔之乐，稷之种，是他资性合下便如此。成就之者，亦只是要他心体纯乎天理。其运用

① 张宏敏编校：《黄绾集》，上海古籍出版社2014年版，第174页。
② 吴光编校：《王阳明全集》，上海古籍出版社2012年版，第14页。

处，皆从天理上发来，然后谓之才。到得纯乎天理处，亦能不器，使夔、稷易艺而为，当亦能之。”[1] 阳明曾对朱子的格物说非常反感，但他在这里的态度又变得比较暧昧，个体应先做心体工夫，“先立乎其大者”，但“名物度数”并不是完全不需要讲求，此外，个体的才能有区别，因此个体探究名物度数不妨有所侧重。这都是非常稳妥的提法，但势必与“此心万理毕具”“先立乎其大者”的本体、工夫论相矛盾，以致产生以子之矛攻子之盾的尴尬，所以王阳明还是强调，如果能使心体圆满，“到得纯乎天理处”，自然个体无所不懂、无所不能。阳明应该早就察觉了自己学说理论上的圆满无法克服实践上的弊端，他的弟子则较少这种担忧，因为他们大大缩小了士人的认知范畴，将阳明心学的“理”限定为伦理之学（从某种意义上说，这并没有脱离阳明的思路），全盘否定了儒学的汉学、宋学路数。“三代之学，皆所以明人伦，上以此为教，下以此为学，而无有外物之迁、多岐之惑，所以人人亲其亲、长其长，而天下自平也。教驰学绝，民不与行，虽以明伦名堂，学者迁于外物，惑于多岐，惟务于记诵词章之习，以梯进取、媒利禄，名与实相悖而驰，漫然以为学止此矣，而不复知有明伦之事、心性之求。”[2] 在他们看来，“圣门之学，只是身心之学”[3]，“吾心就是物理，物理就是吾心。原不待多学而识，而实无所不通，总只是一以贯之。……若不识得这个一，只在事物头绪上穷索，逐件记验，是离约以求博、离内以求外、离吾心以求物理，而去道愈远矣”[4]，“立志以圣贤为归，学道以伦理为准”[5]，“意之所用为

---

① 吴光编校：《王阳明全集》，上海古籍出版社2012年版，第19页。

② 吴震编校：《王畿集》，凤凰出版社2007年版，第158页。

③ （明）孙应鳌：《孙应鳌文集》，龙连荣等点校，贵州教育出版社1996年版，第254页。

④ 同上书，第270页。

⑤ 同上书，第338页。

物，物即事也”[1]，“古人之学惟在理会性情。性情者，心之体用，寂感之则也。然欲理会性情，非可以力制于中，而矫饰于外，其要存乎一念之微”[2]，“吾人今日之学，亦无庸于他求者，其用力不出于性情耳目、伦物感应之迹”[3]。可以说，阳明后学将“格物”的“物”收归内在精神层面，在精神层面又收归道德层面，从而彻底失去探讨自然世界乃至人类社会客观规律的兴趣。在心学学者看来，即使孔子也不可能无所不知，为了成为无所不知的圣人而穷究物理是对孔孟之学的误解，因为个体不可能穷尽物理，虽圣人亦然。“农圃之役，太庙之事，孔子且不能兼知，况学者乎？……子思子曰：‘虽圣人，有不知不能。’此非独才质殊也，势力弗兼也。而后之儒者惑穷理之误训，则谬悠其说，曰：‘一物不知，儒者所耻。’夫既耻一物之不知也，于是焉骛知所不能知，骛能所不能能，骛兼所不能兼。辟之临海算澌而欲以穷源，登岳辨枝而欲以探本，非独失其源、本，其疲天下后世不可知也。”[4] 虽然阳明学者用个体不可能无所不知来否定群体求知的意义，是犯了明显的逻辑错误，但这并不妨碍他们最终走向反智识主义。“天之为体也，尤不可推测求也。宋儒者或言如弓，或言如盖，或言如硙，或言如卵，而皆未可知。晚宋儒者必曰有天壳，吾未知壳之外又孰物也，亦孰从而觇知之也？嗟乎！宋儒者何其好博哉！孔子曰：‘知之为知之，不知为不知，是知也。’若宋儒则几于不知为知矣。虽然，俾宋儒者诚知之，则亦可谓博物，而未可谓博学也。”[5] 黄绾几乎将宋儒探究物理的智识主义一笔抹杀，其背后正是阳明学者对

① 吴震编校：《王畿集》，凤凰出版社 2007 年版，第 170 页。
② 同上书，第 476 页。
③ 同上书，第 51 页。
④ 张宏敏编校：《黄绾集》，上海古籍出版社 2014 年版，第 583 页。
⑤ 同上书，第 584 页。

穷究物理的质疑与敌意。阳明学者坚信客观物理与心性之学没有关系，关注物理只会耗散个体探究心性之学的精力。在他们看来，孔门圣学所言的“理”并不包括朱子所言的自然物理。“多闻多见，圣贤不废，然谓之学，则是多学而识之学，非孔门一贯之学也。”①

值得指出的是，阳明心学言“心即理”，认为心外无物、心外无理，理是心体先天具足的，认为朱子的即物穷理失于支离。这一命题对个体的知识积累持怀疑态度，它的悖谬之处并不难发现，恰如清人但衡今所言：“阳明学术，主心外不物，心外无理。心外无事，何有乎名物度数？而名物度数在其中。何容乎预先讲求，而预先讲求在其中。在学理上有其独特之见，亦有其盛义。若必以即物穷理为支离，则心与凡物，了不相涉，安能免于物自为物，我自为我之失？”② 朱子要穷究的物理是否真的与心性之学两不干涉？只要略诉诸平时生活经验，便不难发现，个体对客观物理的认知程度必然在某些情境中影响他的判断、情感、态度，进而左右他的道德信念、行为。可惜道德与知识的紧密关系是晚明心学学者完全忽略的，他们割裂了道德与知识的关系，认为道德的纯粹与知识毫无关系。阳明的学说之所以在明中期引起一代学者的强烈共鸣，是因为阳明在道德范畴的观念具有片面深刻性，这种片面的深刻性在接受了程朱理学教育的士人那里，能起到振聋发聩、激人猛醒的效果。但他们没有意识到的是，被他们认为走错了路头的程朱理学，是他们吸收阳明心学的最重要的基础，没有程朱理学以及各种闻见、物理方面的博采杂收，则阳明心学必然成为无源之水，学者的心性功夫也会流于躐等与空虚。关于伦理与知识、智力的关系，先儒董仲舒已经有过“仁而不智，则爱而不别；智而不

① 陈椰编校：《薛侃集》，上海古籍出版社 2014 年版，第 113 页。

② 陈荣捷：《王阳明传习录详注集评》，台湾学生书局 1983 年版，第 97 页。

仁，则知而不为”的精彩论述，可惜阳明学者将儒学往圣的言论一笔抹杀。且不论自然物理种种庞杂的知识，即使在现实社会问题面前，缺乏王阳明才智的阳明后学也是捉襟见肘、颇为尴尬的。“聂贞襄任本兵，曲庇分宜孙严鹄冒功，为时所薄。及罢官南远，遇倭乱暂留吴门，人问何以御倭，则曰‘壮者以暇日修其孝弟忠信。’闻者窃笑。如此经济，何以支俺答哉!”[①] 泰州王心斋（艮）立论甚高，但同样以伦理道德为关注中心，因此开出的救国之方亦不切世用，“先生拟上世庙书，数千言佥言孝弟也。江陵阅其遗稿，谓人曰：‘世多称王心斋，此书数千言，单言孝弟，何迂阔也!’罗近溪曰：‘嘻！孝弟可谓迂阔乎?’”[②] 曾对罗近溪（汝芳）颇有好感的张居正，终弃近溪不用，个中缘由耐人寻味，但恐怕并非全是因为张居正对罗近溪的好讲学怀有偏见。迂腐无用与空疏猖狂如影随形，于阳明后学处愈演愈烈。顾炎武的批评，比较集中地反映了心学在“尊德性”与道问学关系上的失当之处：“昔之清谈谈老庄，今之清谈谈孔孟，未得其精而已遗其粗，未究其本而先辞其末。不习六艺之文，不考百王之典，不综当代之务，举夫子论学论政之大端一切不问，而曰一贯，曰无言，以明心见性之空言，代修己治人之实学”[③]，“彼章句之士，既不足以观其会通，而高明之君子，又或语德性而遗问学，均失圣人之旨矣”[④]。阳明学者以直承孔孟自居又不断曲解孔孟，因此，阳明心学的悖谬之处终将在心学内部培养起瓦解心学精髓的支脉。明末学者主张学问务为有用的经世之学，正与他们对心学弊端的抨击同步进行，而心学内部亦积极吸收了外部的批评进行自我修正。

---

① （明）沈德符：《万历野获编》，中华书局1959年版，第59页。

② （清）黄宗羲：《明儒学案》，沈芝盈点校，中华书局1985年版，第718页。

③ （清）顾炎武：《日知录集释》，黄汝成集释，花山文艺出版社1990年版，第310页。

④ 同上书，第318页。

第三节　理气一元论的泛滥

朱熹认为理气不可分，理需要依靠气来显现，但他同时坚持理与气终是两个事物，其理气观具有二元论的倾向，“形而上与形而下之分为两橛，每易趋于两元论或导致孰为主从。于二程学说中尚未见显明。而于朱子，此种两橛渐较显著，因而两难之困局，亦至迫切”①。这种倾向在明前中期朱子学的传播中愈演愈烈，因为士人孜孜于科举，朱子学越来越成为无关于身心的名利阶梯。阳明对程朱理气观可能使理气沦为两橛的倾向十分警惕，“性善之端，须在气上始见得，若无气，亦无可见矣。……气即是性，性即是气，原无性气之可分也”②。阳明的“良知”亦是理气兼备、彻上彻下的概念，诚如刘宗周所言，阳明致良知之说乃“即知即行，即心即物，即动即静，即体即用，即工夫即本体，即下即上，无之不一，以救学者支离眩骛、务华而绝根之病，可谓震霆启寐，烈耀破迷，自孔孟以来，未有若此之深切著明者也”③。蒙培元先生对陆九渊心学的总结，同样适用于阳明的学说，“他不喜欢也不主张作形上与形下的严格区分，并由此造成人心的‘分裂’，学问的‘支离’，在他看来，人的存在是‘完整’的，关于人的学问是‘浑全’的”④。力避“二”的支离，也是阳明

① 陈荣捷：《朱学论集》，台湾学生书局 1982 年版，第 9 页。

② 陈荣捷：《王阳明传习录详注集评》，台湾学生书局 1983 年版，第 210 页。

③ （清）黄宗羲：《明儒学案》（一），浙江古籍出版社 1992 年版，第 14 页。

④ 蒙培元：《情感与理性》，中国人民大学出版社 2009 年版，第 108 页。

后学普遍的学术倾向。“自后儒分内分外，分始分终，而学始二而杂也。”① 对于程朱理学可能滋生“支离”之弊的理气二元论倾向，相当一部分心学后学提出了批评（阳明反对支离的本意在强调“此心纯为天理”，阳明后学则对人心中的情感、欲望与道德伦理的辩证关系作了更精微的探讨），他们的观念后来在刘宗周、黄宗羲那里得到进一步的发挥。笔者兹举几例为证。

阳明的及门弟子、粤闽学派的薛侃认为，“后儒纷纷理气之辩，为理无不正而气有不正，不知以其条例谓之理，以其运用谓之气，非可离而二也”②。

浙中王门的董萝石（澐）认为“道器无两，费隐一致”，并对朱子的理气观提出非议：“朱子析理气为二物，以性之不善归咎于气质，而不知气质之不美，性实为之。全体皆是性，无性则并无气质矣，况美恶乎？性之体，虚而已，而万有出焉。”③

王龙溪亦认为，气质与性本是一物，不可将二者相对而言。在他看来，孟子从不离开气质而言性，性实即气质之精华，不可能离开气质单独存在，“孟子言性，亦不能离气质。盖性是心之生理，离了气质，即无性可名。天地之性，乃气质之精华，岂可与气质之性相对而言！”④

江右王门的王塘南（时槐）曰：“若谓‘别有先天在形气之外’，不知此理安顿何处？盖佛氏以气为幻，不得不以理为妄，世儒分理气为二，而求理于气之先，遂堕佛氏障中。”黄宗羲对王塘南的理气观

---

① 吴震编校：《王畿集》，凤凰出版社2007年版，第48页。

② 陈椰编校：《薛侃集》，上海古籍出版社2014年版，第33页。

③ （清）黄宗羲：《明儒学案》，沈芝盈点校，中华书局1985年版，第294—295页。

④ 吴震编校：《王畿集》，凤凰出版社2007年版，第19页。

赞誉有加，认为“非先生岂能辨其毫厘耶?”①

刘师泉（邦采）亦认为：“立本致用，特异其名耳。然工夫终是两用，两用则支离，未免有顾彼失此之病，非纯一之学也。总缘认理气为二。造化只有一气流行，流行之不失其则者，即为主宰，非有一物以主宰夫流行。”②

南中王门的唐凝庵（鹤徵）主张：“盈天地间一气而已，生生不已，皆此也。乾元也，太极也，太和也，皆气之别名也。自其分阴分阳，千变万化，条理精详，卒不可乱，故谓之理。非气外别有理也”③“盈天地之间，只有一气。”④ 唐凝庵认为，不作理气二分，是先儒孔孟的思想特点，程朱在这一点上实则背离了孔孟，“自古圣人论学，惟曰心、曰性、曰命，并未有言气者。至孟子始有养气之说，真见得盈天地只有一气。其所谓理，所谓性，所谓神，总之是此气之最清处”⑤。楚中王门的蒋道林认为，将理与气相对并不合适，不符合先秦儒学的原意，“《六经》具在，何尝言有个气，又有个理？凡言命、言道、言诚、言太极、言仁，皆是指气而言。宇宙浑是一块气，气自於穆，自无妄，自中正纯粹精，自生生不息，只就自心体认”⑥。可见，纯粹的元气，本身便是理，并没有与之对应存在的“理”，宋儒的提法，实则会造成理气的支离，“先儒谓阴阳是气，所以然者是理。阴阳形而下，太极形而上，谓有气别有理，二之矣”⑦。

北方王门的杨晋庵（东明）亦有相似的理气观，“盈宇宙间只是

---

① （清）黄宗羲：《明儒学案》，沈芝盈点校，中华书局1985年版，第469页。
② 同上书，第439页。
③ 同上书，第606页。
④ 同上书，第607页。
⑤ 同上书，第609页。
⑥ 同上书，第628页。
⑦ 同上书，第634页。

一块浑沦元气，生天生地，生人物万殊，都是此气为之。而此气灵妙，自有条理，便谓之理”①。他进而认为，由于气的杂糅，理亦随之昏暗，人性自然不能纯善，“夫惟理气一也，则得气清者，理自昭著，得气浊者，理自昏暗。盖气分阴阳，中含五行，不得不杂糅，不得不偏胜，此人性所以不皆善也”②。杨晋庵的理气观深得黄宗羲推许，虽然他人性不皆善的观点让黄宗羲颇为失望。

贵州王门孙应鳌也指出，朱子的理气观可能衍生出理气二分倾向，“‘一阴一阳之谓道’，一阴一阳即道也。朱子曰：‘阴阳迭运气也，其理则谓之道。’不善观者，遂谓气不是理，遂谓气外有理，分理、气为二，如南宋以后议论之纷纷，而去《易》远矣。”③“‘形上谓道，形下谓器’，以道器而总之曰‘形’，见道、器总是这一个物事也。不言有无，但言上下，正为这一个物事不可离也。后世以理、气分言之，以形色、性命分言之，去圣人之论《易》远矣。孟子曰：‘形色，天性也，唯圣人然后能践形。’此乃真得《易》旨者也。形即道，不必曰‘形’，形色即道，不必曰‘色’，色费而万有隐而无臭，皆吾心也，一也。”④

阳明虽没有像罗钦顺、王廷相那样集中地表达对程朱理气观的批评，但阳明心学的学术精髓建立在反对程朱理气二元观的基础之上，这突出表现为阳明将心与理融为一物的努力。心学这一倾向在晚明影响非常大，并在明末刘宗周、黄宗羲那里得到总结和发挥，在晚明心学之外的学者中亦不乏共鸣者。甘泉一脉的王顺渠认为“盈天地间，

---

① （清）黄宗羲：《明儒学案》，沈芝盈点校，中华书局1985年版，第650页。

② 同上。

③ （明）孙应鳌：《孙应鳌文集》，龙连荣等点校，贵州教育出版社1996年版，第124页。

④ 同上书，第130—131页。

本一气而已矣”，并对晚明日渐精微的理气观有令人佩服的精彩总结：“‘理气不杂不离之说非欤？’曰：‘非也。黑白相入曰杂，彼已相判曰离，二也。气之脉络分明而不紊者曰理，其为物不二也。杂与离，不可得而言矣。’”[①] 晚明著名学者吕坤认为：“将性气作两项便不透彻。张子以善为天地之性，清浊纯驳为气质之性，似觉支离。其实，天地只是一个气，理在气之中，赋于万物，方以性言。”[②] 在吕坤看来，性气二分以性为纯善，可能导致士人专言德性，以生知圣人自居，从而忽略了在气质上作工夫。“生天、天地、生人、生物，皆气也。所以然者，理也。安得对待而言之？若对待为二，则费隐亦二矣。”[③] 曾泛滥禅宗的袁宗道，后重新研读孔孟经典，他亦对孔子《论语》语兼理气、气即理的特点感触颇深，认为程朱理学理气二分的成说有失孔子宗旨：“嗟夫，孟氏专言理以维世，扬、荀辈专言气以惑世，而孔氏则理气合一，一语而备性之全体矣。”[④] 正如明末清初陈确所言：“后儒口口说本体，而无一是本体；孔、孟绝口不言本体，而无非言本体。”[⑤]

沟口雄三认为，阳明心学“心即理”的提法，是为了建立一个适合明代人的“理”观。“良知之学在拒绝与自己的性情之自然（心）不相应的理这一点上，把理强烈地引向人的自然（气）的方面，使其有一个质的转换。”[⑥] 宋儒悬空而立、与形而下相对应的天理观有所改

① （清）黄宗羲：《明儒学案》，沈芝盈点校，中华书局 1985 年版，第 1039 页。

② （明）吕坤、洪应明：《呻吟语　菜根谭》，吴承学等校注，上海古籍出版社 2000 年版，第 10 页。

③ 同上书，第 77 页。

④ （明）袁宏道：《白苏斋类集》，钱伯城笺校，上海古籍出版社 1989 年版，第 82 页。

⑤ （清）黄宗羲：《黄宗羲全集》（第十册），浙江古籍出版社 2005 年版，第 365 页。

⑥ ［日］沟口雄三：《中国前近代思想的演变》，索介然译，中华书局 1997 年版，第 65 页。

变，理气关系随着晚明心学的讨论而更为辩证与深入，一系列原本处于形而上形而下之对立、对应关系的概念如情性、道器，演变为为物不二的关系，学者更注重它们之间的融通而不是差异。“天性与气质，更无二件。人此身都是气质用事，目之能视，耳之能听，口之能言，手足之能持行，皆是气质，天性从此处流行。”①

因晚明心学这一学术倾向的变化，晚明学者在心性问题上，一直致力于抨击空谈性理的口耳之学，主张从形而下的日用层面切实做道德践履之工夫。学者须正视世人的物质需求与形色情欲，使伦理道德由形而下出发，彻上彻下，避免沦为可资空谈的“理”，从而更具陶淑世风的有效性。这一学术倾向，使晚明心学学者十分重视个体之情欲、物欲，但是有社会责任感的学者，并不是主张自然人性论，而是一方面站在关注百姓日用的基础上，将个体之情欲、物欲视为人情物理的一部分，从而推己及人，使天下皆为饱暖之夫，“盖欲者，性之用。好货好色亦人情也，情岂非性乎？但将好色等欲直穷到根蒂处，原是人我一原。故充之以与民同好，即欲即理，于王天下乎何有？此便是明明德于天下，便是尽其性以尽人之性”②。另一方面，他们认为士人修身应从喜怒哀乐上做工夫，如此方可使心性工夫落于实处、贯穿于日用之中。标举孝弟的罗汝芳便曾言，“吾人此身，与天下万世原是一个，其料理自身处，便是料理天下万世处。故圣贤最初用功，便须在日用常行，日用常行只是性情喜怒，我可以通于人，人可以通于物，一家可通于天下，天下可通于万世。故曰：人情者，圣王之田也”③。当时王学弟子中号称“浙有钱、王，江有何、黄”，与钱绪

---

① （清）黄宗羲：《明儒学案》，沈芝盈点校，中华书局1985年版，第345页。

② 彭树欣编校：《刘元卿集》，上海古籍出版社2014年版，第543—544页。

③ 方祖猷等编校：《罗汝芳集》，凤凰出版社2007年版，第11页。

山、王龙溪齐名的黄洛村（弘纲）、何善山（廷仁）都指出了这一点。黄洛村曰："人心只此独知，出乎身而加乎民者，只此视听喜怒诸物，舍此更别无着力处矣。"[①] 何善山亦认为，情感念虑正是个体身心工夫的载体，"若果无意，孰从而诚？若果无情，孰从而精？是尧、舜不必惟精，孔子不必徙义改过矣。吾故曰：'学务无情，断灭天性；学务有情，缘情起衅。不识本心，二者皆病。'"[②] 聂豹在《答戴伯常》中，戴伯常便表达了类似观点，"性不可见也，即其喜怒哀乐之发见者而观之，有以知其性之所蕴也；理不可见也，即其视听言动之应用者而察之，有以识其理之所遇也。故因情可以见性，即气可以见理"。对此，聂豹虽然强调了要"性其情"，但并不反对戴伯常的观点，只是认为个体不可流于纵情恣欲，"因情可以见性，故性其情者，发而未发也；即气可以见理，故理其气者，动而不失其静也。约其情，使合于中；养其气，配义与道，非戒惧之学，不足以语之"[③]。心学学者认为理与欲、情与性的关系具有微妙而精密的辩证性，这可以说是阳明心学非常值得重视的一个理论创新。到明末刘宗周处，更是有精彩的总结，显示了理气一元论对情性观的影响，以及由理气一元论衍生的"情即性"之命题中包含了多么严厉的道德标准，"先儒之言性情者，大略性是体，情是用；性是静，情是动；性是未发，情是已发。程子曰：'人生而静以上不容说。才说性时，他已不是性也。'则性是一件悬空之物。其实孟子之言，明白显易，因恻隐、羞恶、恭敬、是非之发，而名之为仁义礼智，离情无以见性，仁义礼智是后起之名，故曰'仁义礼智根于心。'若恻隐、羞恶、恭敬、是非之先，

---

① （清）黄宗羲：《明儒学案》（一），浙江古籍出版社 1992 年版，第 521 页。
② 同上书，第 524 页。
③ 吴可为编校整理：《聂豹集》，凤凰出版社 2007 年版，第 350 页。

另有源头为仁义礼智，则当云心根于仁义礼智矣。是故性情二字分析不得，此理气合一之说也。体则性情皆体，用则性情皆用，以至动静已未发皆然”①。

但是，由于对阳明心学情性观的辩证性缺乏关注，当今相当一部分学者认为，晚明激进的学者持自然人性论，这多少有误读的成分在内。晚明心学学者经常发挥“百姓日用即道”这一命题，现今学者经常性地将之作为自然人性论的证明。笔者在此试以这一命题为例，说明当今学者对晚明心学学者的误会之深。心学学者对于百姓日用的关注，往往被当今学者理解为平民意识发达、人欲解放的表现，而李贽“穿衣吃饭即是人伦物理”的极端化表述，更被视为对物欲的直接肯定。在20世纪90年代，因为时代语境的诱发，这一观点更是风靡一时。在此，需要特别强调的是，晚明士人确实肯定了人欲的合理性、必然性，但他们对人欲的肯定始终与道德宗旨相结合，从而使“穿衣吃饭即人伦物理”一类命题具有一定的复杂性。

一方面，对百姓日用的强调，本非心学的独创，而是儒学一以贯之的基本思路，意在强调不可割裂体用，更不可单提本体，使性理成为悬空存在、不切身心的事物。不仅孔孟不曾单提形而上，所谓“夫子之言性与天道，不可得而闻也”②，明初的三部《性理大全》同样重申了儒学不可脱离日用的观点。心学反对宋儒的理气观，强调心性工夫不得间断，为学须关乎世用，是他们强调百姓日用或穿衣吃饭的根本原因。“程颐、朱熹、陆象山、王阳明或王夫之诸儒，何尝离日用饮食之间而言理?”③ 阳明也认可学生“声色货利，恐良知亦不能

① 吴光编校:《刘宗周全集》(第五册)，浙江古籍出版社2007年版，第629—630页。
② 金良年:《论语译注》，上海古籍出版社2004年版，第45页。
③ 陈荣捷:《王阳明与禅》，台湾学生书局1984年版，第5页。

无”的提法，但是阳明肯定的目的是指出，初学者必须以扫除心中的声色货利之念为目的，使心体不为物欲所累。故阳明更进一步曰，士人致良知亦须从声色货利上做工夫，如此方能真正将工夫用在当下：“良知只在声色货利上用功，能致得良知精精明明，毫发无蔽，则声色货利之交，无非天则流行矣。”[①] 王龙溪亦重申了阳明的观点：“今人讲学，以神明为极精，开口便说性说命；以日用饮食声色货利为极粗，人面前不肯出口，不知讲解得性命到入微处，意见盘桓只是比拟卜度，于本来生机了不相干，终成俗学。若能于日用货色上料理，时时以天则应之，超脱净尽，乃见定力。”[②] 心学学者对这一思路皆予以承继，如钱绪山所言：“格物之学，实良知见在工夫，先儒所谓过去未来徒放心耳。见在工夫，时行时止，时默时语，念念精明，毫厘不放，此即行着习察、实地格物之功也。于此体当切实，着衣吃饭，即是尽心至命之功。”[③] 将穿衣吃饭视为尽心至命之功，意在强调学者的心性工夫须对庸常日用一以贯之，正如阳明的“不离日用常行内，直造先天未画前”，都倡导由下学以上达，于一时一事中探求性命之源。[④] 及至明末，对王门末流谈虚说玄、玩弄光景之倾向，刘宗周作了明确批评：“认识终属想象边事，即偶有所得，亦一时恍惚之见，不可据以为了彻也。且本体只在日用常行之中，若舍日用常行，以为别有一物，可以两相凑泊，无乃索吾道于虚无影响之间乎？”“学者宜时时凛乎，若朽索之驭六马，说不得我且做上一截工夫，置却第二义不问，须看作一个工夫始得。”[⑤]

---

① 陈荣捷：《王阳明传习录详注集评》，台湾学生书局1983年版，第376页。

② （清）黄宗羲：《明儒学案》，沈芝盈点校，中华书局1985年版，第240页。

③ 同上书，第236页。

④ ［日］冈田武彦：《王阳明与明末儒学》，钱明译，上海古籍出版社2000年版，第156页。

⑤ （清）刘汋：《年谱上》，董玚编《刘子全书》（第四十卷），1839年版，第47页。

另一方面，心学强调“百姓日用即道”，是因为士人追求的忠孝仁义等品质，本就是具有新民功效的普世道德，是天下百姓日常生活中不可缺少的道德规范，因此士人必须体察百姓之情，了解他们的好恶喜乐，不可使道德规范脱离人情甚至与人情相对立，从而更有效地实现民胞物与的济世情怀。王阳明所言的“与愚夫愚妇同的，是谓同德；与愚夫愚妇异的，是谓异端”，正是此意。经泰州学派尤其是李贽等人的发挥，学者的确更关注百姓日用中“穿衣吃饭”的物质需求，但他们并未放弃心学强调“百姓日用”的初衷。之所以肯定“穿衣吃饭”的物质需求，是因为他们认为，士人的伦理道德追求必须建立在承认个体有物质需求并尊重他人合理物欲的基础之上，不应自私用智，显得与众不同。“凡事只平常去，不必惊群动众。才有丝毫奇特心，便是名根，便是无忌惮之小人，反不若好名利人，真实稳安，无遮拦，无委曲，于名利场中作大自在人也。”[①] 耿定向亦曰：“今之学者，谈说在一处，行事在一处，本体工夫在一处，天下国家民物在一处，世道寥寥，更无倚靠。凡道之不可与愚夫愚妇知能，不可以对造化通民物者，皆邪说乱道也。盖费中隐，常中妙，粗浅中之精微，本是孔、孟万古不易正脉。”[②] 应该说，这一观念的本意在避免士人将道德标准发挥过高，失去平实之旨趣，从而使道德伦理规范与细民百姓合理的物质需求相冲突。否则，道德伦理将失去普世价值而沦为假道学自我标榜、博取美誉的工具。冯梦龙的《智囊》记载了这样一则故事：

鲁国之法，鲁人为人臣妾于诸侯，有能赎之者，取金于府。

---

① 立人编校：《袁中郎随笔》，作家出版社 1995 年版，第 143 页。

② （清）黄宗羲：《明儒学案》（二），沈芝盈点校，浙江古籍出版社 1985 年版，第 72 页。

子贡赎鲁人于诸侯而让其金。孔子曰："赐，失之矣。夫圣人之举事，可以移风易俗，而教导可施于百姓，非独适己之行也。今鲁国富者寡而贫者多，取其金则无损于行；不取其金，则不复赎人矣！"子路拯溺者，其人拜之以牛，子路受之。孔子喜曰："鲁人必多拯溺者矣！"①

在严于义利之辨的后儒看来，子贡明显优于子路。但是在这则故事中，孔子则认为赎人而不取赎金，并非一般百姓有能力进行的善举，且损己利人，也是人情之难。为显示一己的崇高而无限度地牺牲，便有邀誉好名之嫌，且并不利于道德伦理的推广。正如高拱所言，儒家伦理道德本不出日用之常，"言曰庸言，行曰庸德，固不出乎日用之间也"②。在晚明士人看来，孔子从不曾脱离人之常情去谈论性理，而是将伦理道德建立在人之常情、公欲的基础上；宋儒将天理与人欲相对而谈，难免使后学要么沦为虚伪的空谈，要么流于不切实际、好名邀誉的自苦。这是晚明心学学者批评宋儒遗失孔孟精神血脉的重要原因之一。

结言之，所谓"百姓日用即道"，意在指出儒家圣人之道并不以耸人听闻、高玄深奥为特征，而是从不脱离衣食住行的庸常生活，具有须臾不可离的特点。心学学者强调这一点，意在劝诱士人在心性方面作不间断的体悟和修持工夫。儒家的心性之学本是就庸常的生活层面立论，赋予日常生活永恒的价值感。事实上，即使就李贽的"穿衣吃饭即是人伦物理"而言，其本意亦非仅为肯定穿衣吃饭的人欲需求，而一并含有从穿衣吃饭下手做道德工夫的意味（对于有圣贤之志

---

① （明）冯梦龙：《智囊全集》，中国文史出版社2003年版，第54页。
② （明）高拱：《高拱论著四种》，流水点校，中华书局1993年版，第108页。

的士大夫，李贽持的道德要求颇为严格，恰如他一再强调细民百姓的物质需求具有正当性一样）。

附：工夫论的割裂与流弊

“心即理”，传达了王阳明将伦理道德纳入心体，以先验道德本体界定人性的努力，而“知行合一”，则传达出阳明对切实之道德践履的重视。在这里，阳明表达了对道德高度自觉的期待，流露出希望个体所思所言所行“纯乎天理”的道德严格主义倾向。但是另一方面，阳明对良知心体的倡扬和自信，经由心学后学现成良知、无善无恶的发挥，极易产生“人病”，导致伦理道德标准的松动，掺入情识与欲望。

这两种倾向在阳明天泉论道时已经暴露无遗，作为心学中著名的公案，由于“天泉证道”本身蕴含的对心性之学的消极意味，后来刘宗周干脆否定了这一事实的可靠性。

关于这一公案，有两个区别较大的版本，在这两个版本中，阳明对王龙溪“四无说”的态度，不乏出入之处。《传习录》中黄省曾记录（黄省曾的记录经过钱绪山的编校）的“天泉证道”中，阳明并没有给“四无说”很高的评价，虽然他认为“四无说”适宜接引上根之人，但同时更不无忧虑地指出：“本体工夫一悟尽透，此颜子、明道所不敢承当，岂可轻易望人？人有习心，不教他在良知上实用为善去恶功夫，只去悬空想个本体，一切事为，俱不着实。不过养成一个虚寂。此个病痛不是小小，不可不早说破。”① 虽然他谆谆告诫王畿不可轻易以“四无说”示人，但是王畿似乎更注重阳明对其“上根

① 陈荣捷：《王阳明传习录详注集评》，台湾学生书局1983年版，第360页。

人”的赞许，从而加速了心学的分裂。

在黄省曾的记录中，“是日德洪、汝中俱有省”，龙溪与绪山并无高下之别。但是王畿门人辑录的天泉证道则突出了阳明对龙溪作为上根利器的推许，“汝中所见，我久欲发，恐人信不及，徒增躐等之病，故含蓄到今。此是传心密藏，颜子、明道所不敢言者。今既已说破，亦是天机该发泄时，岂容复秘！”[①] 阳明对龙溪“四无说”的赞扬，远远超过批评，甚至直接说是自己“久欲发”的，而对钱绪山的态度是：“德洪却须进此一格，始为玄通。”明确地在两个学生间分出高下，将“四无说”置于四句教之上。实际上，关于天泉证道的记录，如果记录人不是王龙溪，则记录虽有繁简之别，阳明对两种说法的态度却是一致的，对两名得意弟子的评价亦基本持平，“二君之见正好相资为用，不可各执一边。……汝中之见，是我这里接利根人的；德洪之见，是我这里为其次立法的。二君相取为用，则中人上下皆可引入于道。若各执一边，眼前便有失人，便于道体各有未尽”[②]。细细推究起来，阳明实则否定了龙溪“四无说”存在的必要性：“已后与朋友讲学，切不可失了我的宗旨：无善无恶是心之体，有善有恶是意之动，知善知恶的是良知，为善去恶是格物，只依我这话头随人指点，自没病痛。此原是彻上彻下功夫。”[③] 正如陈荣捷先生指出的：“王畿将四句教诠释为‘四无’，其中无善恶之区分，人可以直接透悟本体而成圣；另一方面，在钱德洪的诠释中，则有善恶之区分，成圣仅能由为善去恶之道德实践而至。诚如对话中所显示，阳明实是两者皆教。钱王二人代表了王门中两大歧趋，一重直悟，一重道德修持，实

---

① 吴震编校：《王畿集》，凤凰出版社2007年版，第2页。

② 陈荣捷：《王阳明传习录详注集评》，台湾学生书局1983年版，第359—360页。

③ 同上书，第360页。

则都是对阳明学说作了片面的解释。两人之中，钱德洪较接近师门，因为阳明言至善者心之本体。”[①] 阳明对“四无说”的态度如何，龙溪的记录实际上与黄省曾的记录针锋相对，之所以如此说，是因为王龙溪在与钱绪山争论伊始，便明言不肯对老师的“四句教”亦步亦趋。故自始至终，他的态度不曾发生变化。实际上，“四无说”虽不乏高明玄妙之处，但存在缺失工夫的明显漏洞，牟宗三先生亦指出，于心学理论而言，不可不有“四无”一说“以调试而上遂”，但是“四无说”绝不可作教法。

对“四无说”遗失工夫的批评，从龙溪之说风行之日起，便从未停止过。心学内外都有学者力图矫正龙溪学说引起的弊端，季彭山（明德）的“龙惕说”可视为代表：“汝中无善无恶之悟，心若无善，知安得良？故言无善不如至善。《天泉证道》其说不无附会，汝止以自然为宗，季明德又矫之以龙惕。龙惕所以为自然也，龙惕而不恰于自然，则为拘束；自然而不本于龙惕，则为放旷。”[②] 在胡今山（瀚）看来，无善无恶不如“至善”的提法来得妥当，而“自然”必须是工夫熟后、心有主宰的自然。颇重礼法的张元忭（阳和）亦曰：“近时之弊，徒言良知而不言致，徒言悟而不言修。仆独持议，不但曰良知，而必曰致良知；不但曰理以顿悟，而必曰事以渐修，盖谓救时之意。”[③] 主张顿渐双修、不废名检，是相当一部分重视心性工夫的王学学者的真实态度。黄宗羲继承刘宗周的观念，主张良知是至善心体，所以对顾宪成就“无善无恶”质疑阳明一事，干脆认为无善无恶之说并非出自阳明：“当时之议阳明者，以此为大节目。岂知与阳明绝无

---

① 陈荣捷：《中国哲学文献选编》，江苏教育出版社 2006 年版，第 570 页。

② （清）黄宗羲：《明儒学案》，沈芝盈点校，中华书局 1985 年版，第 330 页。

③ 同上书，第 328 页。

干涉。”此说不可靠，学者早已论述得十分清楚。但黄宗羲“《天泉证道》，龙溪之累阳明多矣”① 的观点，并非冤枉龙溪。

龙溪并非不讲工夫：“正心，先天之学也；诚意，后天之学也”“吾人一切世情嗜欲，皆从意生。心本至善，动于意，始有不善。若能在先天心体上立根，则意所动自无不善，一切世情嗜欲自无所容，致知工夫自然易简省力，所谓后天而奉天时也。若在后天动意上立根，未免有世情嗜欲之杂。才落牵缠，便费斩断，致知工夫转觉繁难，欲复先天心体，便有许多费力处。”② 但他倡言“现成良知”，主张从一念之微入手，即本体而工夫，直接达到先天正心的效果。作为上根人，只要悟得本心，则良知现成，自然发用，纯乎天则。龙溪坚持四无之说，由“无善无恶”而发，将人为的道德意志斥为伪作，使伪与恶相等同，从而必然导致脱略工夫、冒认情识的弊端。聪明如龙溪，亦不能免俗，难舍以“上根人”自居的自大心理，终使学问难免玩弄光景之嫌；不如龙溪、不曾亲炙阳明的后生晚学，又怎肯自认为“中下”之人，切实作为善去恶的格物工夫。作为对宋儒持一定好感的江右王门之代表，罗念庵曾极力批评阳明后学中王龙溪的先天正心说：“龙溪之学，久知其详，不俟今日。然其讲功夫，又却是无功夫可用，故谓之‘以良知致良知’，如道家‘先天制后天’之意。”③“终日谈本体，不说功夫，才拈功夫，便指为外道，恐阳明先生复生，亦当攒眉也。”④ 在罗念庵看来，王龙溪遗弃工夫，会对心性之学产生不利影响。“今之言良知者，一切以知觉簸弄，终日精神，随知流转，无复有凝聚纯一之时，此岂所谓不失赤子之心者乎？恐阳明公复出，

---

① 陈荣捷：《中国哲学文献选编》，江苏教育出版社 2006 年版，第 1379 页。
② 吴震编校：《王畿集》，凤凰出版社 2007 年版，第 10 页。
③（清）黄宗羲：《明儒学案》，沈芝盈点校，中华书局 1985 年版，第 407 页。
④ 同上书，第 403 页。

不能不矫前言而易之以他辞也。……自未闻良知之说以前，诸公之学，颇多得力。自良知之说盛行，今二十余年矣，后之得力较先进似或不勇，此岂无故耶?"[①] 对于“现成良知说”造成的工夫缺失，念庵颇为忧虑，耿定向亦有过类似言论：“吉水诸公之学，大率不欲享用现成良知，别寻主宰。此亦惩冒认良知、猖狂自恣者之过耳。”[②] 在及阳明之门的著名学者中，大概没有谁像龙溪那样饱受诟病，及至明末，他已被视为遗弃工夫、连累师门的始作俑者，“自来圣贤论学，未尝有不犯做手一言，未有学而不由做者，惟佛家则立跻圣位，此龙溪极误人处”[③]。

王心斋、罗近溪指童子之知为良知，王龙溪即本体而工夫，皆流露出对阳明所言良知心体的不切实际的推进。“我们可以这样概括儒家的矛盾之处：在本体论的意义上，每一个人都必然是圣人，然而在存在的意义上，没有人真的能成为圣人。”[④] 阳明提“知行合一”，正为了指明践履对至善心体的重要性，如果不能在身心上做切实工夫，也就无所谓本体。湛若水曾写信给阳明要他解释“良知”与“天理”的关系，被阳明委婉地拒绝，并非阳明拙于辩论，而是因为阳明认为对天理、良知的认知须建立在个人的心性体悟与道德践履上，学理探讨即使再深刻，也不一定能促成道德自觉：“既知致良知，又何可讲明？良知本是明白，实落用功便是。又不肯用功，只在语言上转说糊涂。”[⑤] 吕坤亦认为：“悟有顿修，无顿立。志在尧，即一念之尧；一语近舜，即一言之舜；一行师孔，即一事之孔。而况悟乎？若成一个

① （清）黄宗羲：《明儒学案》，沈芝盈点校，中华书局 1985 年版，第 398—399 页。
② 同上书，第 825 页。
③ 同上书，第 428 页。
④ 杜维明：《儒教》，陈静译，上海古籍出版社 2008 年版，第 106 页。
⑤ 陈荣捷：《王阳明传习录详注集评》，台湾学生书局 1983 年版，第 335 页。

尧、舜、孔子，非真积力久、毙而后已不能。”①工夫是永远必需的，没有人能在现实生活中一劳永逸地成为至善化身。然而，心学后学渐以理论的圆融与高妙，代替了平平常常但日常生活中一刻不应间断的道德工夫。

结言之，阳明注重道德实践的工夫论，在王学内外一直都有同调。在二溪（王龙溪和罗近溪）使阳明心学沿着不同的倾向推进时，相关批评亦一直没有停止过，这种谴责不仅来自以东林学派为代表的心学之外的儒家学者，更来自同时期心学内部如归寂派（主张“归寂以通感，执体以应用”，以聂豹、罗洪先为代表），而心学发展至刘宗周，不仅理论上更为圆融，而且在道德实践上更为严谨，王龙溪（畿）几乎被一笔抹杀（与王艮及其三传弟子罗近溪相比，龙溪自信本心而又指理为障、好发真言与高论的特点，无疑对理学更具破坏性，从这一点而言，李贽与龙溪更相似）。

笔者认为，心学一直具有内在的双面性：它可以由注重工夫践履发展出对天理伦常、道德礼法的恪守，也可以由遗弃工夫引发出对外在礼法的解构。这两面于心学而言，源于“心即理”命题中真与善之间的张力。有的心学学者力求强化世人的道德自觉，延续了阳明心学“破心中贼”、力求使此心纯为天理的一面；而有的学者则在对良知心体的推进中，一步步远离既有的礼法规范。这种两面性，不仅表现为心学时间上的前后蜕变，也表现为心学不同流派的对立。万历时期（1573—1619），李贽与耿定向的争执，可视为心学双面性对彼此的公开攻讦。耿定向一派指责李贽具有异端色彩的学术路径有悖儒家正统，对后学弟子产生不良倾向。按照李贽自己的叙述，“吴少虞曾对

① （明）吕坤、洪应明：《呻吟语　菜根谭》，吴承学等校注，上海古籍出版社2000年版，第83页。

我言曰：'楚倥（耿定向弟耿定理的别号——作者注）放肆无忌惮，皆尔教之。'我曰：'安得此无天理之谈乎？'吴曰：'虽然，非尔亦由尔，故放肆方稳妥也。'"[1] 而李贽则认为，耿定向未能抱有真正的求道之心，表面上以弘道的士大夫自许，实则言不顾行，多欲多私，以儒学理论为名利工具，谋取个人与家族的利益，并不能立足一体之仁真切感受世人的无奈与疾苦。在李贽看来，耿定向执定善恶的名相评判众人，必然以个人喜好代替真正的圣人之道，进而遗失孔孟之道的真谛。耿定向以自己的善恶标准强求他人，强要人同，自以为帮人改过，实则卑视他人之价值。"公今种种分别如此，举世道学无有当公心者，虽以心斋先生，亦在杂种不入公彀率矣，况其他乎！其同时所喜者，仅仅胡庐山耳。麻城周柳塘、新邑吴少虞，只此二公为特出，则公之取善亦太狭矣，何以能明明德于天下也？"[2] 而耿定向比李卓吾更注重既定礼法的价值，以免心性未稳的子弟流入轻慢礼教、故作洒脱甚至遗弃人伦的窠臼。耿定向师徒对李贽的批评并非全是污蔑之词，而李贽则沿袭了阳明"满街皆圣人"的思想，关于"天泉证道"他亦全取王龙溪之说，因而主张士大夫须破除格套，因情制礼，避免作好作恶、强生分别之心。耿定向大概批评了二溪现成良知缺失工夫，易生流弊；李贽则坚决认为二溪终身问道，肯定他们将全副性命付于体悟心性大道的精神。李贽将心学无善无恶之说作了进一步发挥，并将其与圣人万物一体相结合，因而坚持认为士人应善与人同，不可执定个人的善恶标准去强求他人，甚至以个人喜好去分别世人，从而使问道的真心流为邀好与趋附的心口不一。二人可谓代表了心学发展到后期的两个典型。李贽矫正道学弊

① （明）李贽：《焚书》，中华书局1975年版，第37页。

② 同上书，第34页。

端的言论颇为偏激，以致反弹的力量将他处于众矢之的位置，但必须指出的是，他的遭遇并非“伪道学”的刻意迫害，而是卫道者在虔诚于道学的自信之下，对他的苦心“挽救”。这说明晚明心学内部，不同甚至针锋相对的思想路向不仅真实存在且在激烈碰撞。在晚明语境中，笔者很难在耿、李之间作进步与落后、正确与错误的绝对区分，并进而作非此即彼的取舍。若徒以“思想解放”“战斗精神”之类标签贴于李贽之上，似乎有以颂扬代替真相的草率之处。耿定向本为王门中人，并非无耻之徒，其门下亦多道学之士，若我们将耿李之争解读为李贽一人的思想突围，将耿定向斥为假道学，也许会简化晚明思想的复杂性。李贽与耿定向的矛盾实则延续了王学内部自天泉论道时即已存在的内部矛盾：不废弃工夫、顿渐并重与轻视工夫、注重顿悟的分歧在心学后学处被激化。直至明末，这一分歧依然存在：“陶奭龄力主‘无善无恶心之体’，单提本体；刘宗周则揭‘知善知恶是良知’。两人的争论，似乎是往年阳明在天泉证道中王畿与德洪之争的再现。也就是说，陶奭龄只讲本体而不讲工夫，刘宗周则主张‘学者只有工夫可说……然言工夫，而本体在其中矣。’”①

可见，自阳明心学自兴起之日起，其信奉者便各执己见，互相争论不休。一部分学者重顿悟而不重工夫，对师说颇多发挥，力创新解，从而使心学一些概念发生了蜕变。这里笔者试以心学中“自然”一说为例，来考察心学蜕变的一面。

心体与自然，在多数心学学者那里，是不可拆分的一体两面。心学的自然，本来必然有一预设的“良知本来面目”为前提，在这一前

① 方祖猷：《黄宗羲长传》，浙江大学出版社 2011 年版，第 21 页。

提下，“自然”指个体工夫熟后的体用合一、动虑纯乎天则，个体既已良知本心无亏，便可静虚动直，言行、情感、意念皆纯为良知本体的发用，是谓个体的“自然”状态。这一“自然”状态以现成良知为代表，亦即真善合一、廓然大公的道德境界。但“现成良知”须士人即本体而工夫、本体工夫一悟尽透，一般学者很难达到，因此，士人若强求“自然”，极易产生弊端。“弟昔年自探本穷源起手，诚不无执恋枯寂。然执之之极，真机自生，所谓‘与万物同体’者，亦自盎然出之，有不容已者。非学有转换，殆如腊画阳回，不自知其然而然也。兄之学本从‘与物同体’入手，此中最宜精研，若未能入微，则亦不无笼统漫过，随情流转之病。”[①] 在王塘南看来，若想“随心所欲不逾矩”，达到道德意志的自然境界，必须以长久的心性工夫为前提。甘泉学派力避王学遗弃工夫的弊端，认为悟得良知后不应持一劳永逸的态度，还须以工夫涵养德性，不为无见。

在有遗弃工夫之倾向的学者那里，“自然”的内涵发生蜕变也就在所难免。泰州王心斋强调心体本乐，心体本是至善的，因私欲束缚而不乐，但良知随时自会察觉私欲，克去私欲，使个体之心恢复乐的状态。可见，心斋对阳明“心即理”的命题有所推进，不仅心体纯为天理，心体更因纯为天理而快乐。但心斋以童子捧茶即道阐释良知发用的自然而然，又混淆了知觉之知与德性之知。无论是说乐还是说良知，心斋的学说似乎都含有一丝矫强助长之弊。他极力强调心体纯为良知、纯乎天理，因此，德性纯粹、完美，个体自然会觉得快乐。但学者在心性体悟中，容易在心体本然之乐与克己复礼的束缚感之间感到困惑，“自然”之乐与至善本体之间因缺少工夫的过渡，难免生硬。

① （清）黄宗羲：《明儒学案》，沈芝盈点校，中华书局 1985 年版，第 471 页。

正如吕坤所言，“王心斋每以乐为学，此等学问是不会苦的甜瓜。入门就学乐，其乐也，逍遥自在耳，不自深造真积、忧勤惕励中得来。孔子之乐以忘忧，由于发愤忘食；颜子之不改其乐，由于博约克复。其乐也，优游自得，无意于欢欣，而自不扰；无心于旷达，而自不闷。若觉有可乐，还是乍得心；着意学乐，便是助长心，几何而不为猖狂自恣也乎？”① 同样的弊端，也存在于龙溪的理论中，龙溪“先天正心说”遗弃工夫而谈见在良知，在“自然”的蜕变中起了重要的推进作用，“忘好恶，方能同好恶；忘是非，方能公是非。盖好恶是非，原是本心自然之用。惟作好恶、任是非，始失其本心。所谓忘者，率其明觉之自然，随物顺应，一毫无所作、无所任之谓也”②。王龙溪提倡的自然，建立在无善无恶的理论之上，警惕的是拘泥于一善之名目的执而不化。龙溪谈至善心体的自然发用，却又忽略工夫，使学者可能将自我道德伦理层面的克制误认为“作好恶”，工夫没有下手处，工夫熟后的“此心纯为天理”也就渺不可期，从而为夹杂着情识与伦理的“自然”，打开了方便之门。倾慕“二王”的王学后学往往强调心体自然，士人不可作好恶而须克制私意，“无善无恶”的至善亦渐渐消泯了对善恶评判的自觉及对伦理规范的固守，更凸显廓然大公、与时并进的周流变动之意。这种思路似乎在李贽之处集大成。

结言之，在心学学者的论证中，本然之则的自然流行与良知本心的矛盾总是隐隐若现，善与真的矛盾始终存在，从理论上讲，心学学者论证了二者的合一状态。然而龙溪一路学者遗弃工夫，并极力抨击

---

① （明）吕坤、洪应明：《呻吟语　菜根谭》，吴承学等校注，上海古籍出版社 2000 年版，第 150 页。

② 吴震编校：《王畿集》，凤凰出版社 2007 年版，第 11 页。

义袭于外、模拟往圣的做法，极可能导致实践层面的混乱。就此而言，王门之外的东林学派对泰州学派与龙溪等所言之“自然”的批评，可谓颇中肯綮。“今时讲学，主教者率以当下指点学人，此是最亲切语。及叩其所以，却说饥来吃饭、困来眠，都是自自然然的，全不费工夫，学人遂欣然以为有得见。学者用工夫，便说多了，本体原不如此，却一味任其自然，任情从欲去了，是当下反是陷人的深坑。……夫学者求仁，居处而恭，仁就在居处了；执事而敬，仁就在执事了；与人而忠，仁就在与人了，此工夫即本体。是仁与恭敬忠，原是一体，如何分得开？此方是真当下，方是真自然。”①

纵观心学在晚明的流变，我们会发现一个比较吊诡的现象是，大多数否定程朱之学、转向心学而有所成就的学者，多半之前曾对程朱理学有较深的了解、研究，并进而在思想上产生困惑与迷茫，而王学则起了重要的启发作用，使他们以“悟”的方式在心性之学的研究上有一个质的飞跃。然而，部分心学学者由此否定之前的渐修工夫，以“上根人”自居，在为学路径上主张顿悟，他们勇猛精进的精神的确推进了心学的发展。但资质不佳或并非有志于问学修身的后学者，极可能“束书不观”，将习气、欲念误认为阳明标举的“良知本心”，把先儒关于心性工夫不可间断、圣学乃平常日用之学的告诫抛之脑后，以致流于张皇自恣。没有艰苦的道德修持，而奢望本体工夫一悟尽透、成圣成贤，必然走向空虚放纵、师心自用。因此，王学三传之后，基本即成式微之势。切实用功的心学大儒，最终在心学内部发现了心学的敌人。故而明末心学大师刘宗周不否定阳明，但亦兼采程朱，甚至在精神面貌上和宋儒更为神似。

---

① （清）黄宗羲：《明儒学案》，沈芝盈点校，中华书局1985年版，第1473—1474页。

第二章　心学对晚明士人人格的影响

心学凸显道德价值，激发了晚明士人探索心性大道的热情。但心学体道的方式与程朱有所区别，心学学者认为道在本心，注重个体内心的真实体悟，强调士人体悟大道的自得精神，反对模拟、因袭前贤的言行。这使晚明士人在将心性追求视为人生第一等事的同时，亦衍生出舒展的人格。因为凸显“尊德性”的独尊价值，将心性追求视为人生第一等事，晚明士人自觉地在剧作中贯穿了教化意图、寄予了心性之思，将性情视为文体的根本，从而提升了戏曲的文体地位。

第一节　学务“自得”的治学精神

明代从事戏曲活动的文人，其身份远高于元代文人。与元代文人“九儒十丐”的社会处境不同，晚明染指戏曲活动的文人不仅自幼接受正统的儒学教育，而且在正常稳定的科举制度下，始终不曾失去进身之阶。“据统计，在明代以进士及第而做官的戏曲家共有29位。”[①] 么书仪先生亦指出，从嘉靖到明末，出现了一大批戏曲创作者，他们“基本上可以说是文人作家，或是文人出身的封建官僚士大夫，或是与官僚士大夫来往密切的文人儒士”[②]。

有明建国伊始，便确定以程朱理学为科举考试的依据，确定了其官方地位。在为争得功名而磨穿铁砚之后，或发达或沦落的士人对枯燥而严谨的朱子学，难免会产生复杂的心理。在意识形态领域处于权威地位的程朱理学标举义利之辨，这与士人研习程朱理学以博取功名富贵的功利性目的形成了令人不悦的鲜明对比。程朱理学这一令人忧虑的处境，与当时社会秩序的种种变化紧密结合，促使学者对心性之学产生了更为强烈和真切的热情，为使伦理道德更好地挽救人心，他们作出了种种思考和努力。阳明心学的提出到大盛，都与士人对程朱理学日渐沦为口耳之学、富贵之具的不满紧密相关。阳明心学反对士人对程朱理学的模拟因袭，强调个体对心性之学的切实体悟，提倡学务“自得”的为学精神。这种对“自得精神”的标举，贯穿了从产生直至式微的晚明心学，并流行于晚明学者之中。笔者可稍举几例为证。王龙溪可谓晚明标举自得精神的代表人物，天泉证道中对“四无说”的坚持，说明即使师生关系亦不足以泯灭他的独立思考：“真为性命，时时刻刻只有这里著到，何暇陪奉他人，如此方是造化把柄在我，横斜曲直、好丑高低，无往不可。如今只是依阿世界，非是自由自在。”[③] 若能有助心性大道的追求，则外在毁誉、规范皆可视为眼中金屑而去除之。“吾人今日之病，莫大于意见。著于意，则不能静以

① 余秋雨：《中国戏曲文化史述》，湖南人民出版社1985年版，第333页。

② 么书仪：《铜琵铁琶与红牙象板——元杂剧与明传奇比较》，大象出版社1997年版，第121—122页。

③ （清）黄宗羲：《明儒学案》，沈芝盈点校，中华书局1985年版，第412页。

贞动；著于见，则不能虚以适变。不虚不静，则不能空。意见者，道之贼也。后儒尚以为，好意见不可无，将终身从事焉，反以空为异学，真所谓认贼为子，溺于弊而不自知也。”[①] 在自得精神的激励下，士人认为心性体悟不仅要扫空前贤往圣的陈说，直指孔孟经典的真谛与血脉，更须廓清内心陈见，破除理障，不拘泥于既定观念，使心体保持“虚”的状态。如此，士人才能在探究大道、归复本心的道路上奋勇前行，避免应物时的按图索骥、削足适履。“自信而是，天下非之而不顾，自信而非，得天下有所不为，集义也；不能自信，以外面毁誉为是非，义袭也。……苟不从一念入微处察识诚伪，求慊于心，求通于道，纵使拟议卜度，尽将古人行过好事辏贴身上行持，以为集义，正堕在义袭窠臼。”[②] “若要做个千古真豪杰，会须推翻篓笼，扫空窠臼，彻内彻外，彻骨彻髓，洁洁净净，无些复藏，无些陪奉，方有个宇泰收功之期。”[③] 类似的言论在晚明士人中十分流行，王塘南曰：“白手起家，勿在他人脚跟下凑泊。”[④] 吕坤的一段话，集中反映了明中后期士人学务自得的问道心态，“人问：‘君是道学否?’曰：‘我不是道学。’‘是仙学否?’曰：‘我不是仙学。’‘是释学否?’曰：‘我不是释学。’ ‘是老、庄、申、韩学否?’曰：‘我不是老、庄、申、韩学。’‘毕竟是谁家门户?’曰：‘我只是我。’”[⑤] 焦竑认为，无论学禅学儒，都不应照搬前人的思想，所谓“禅家亦不借禅家之路，吾儒亦不借吾儒之路”，学者有心求道，须树立学术自信、自立之精神，务求自得，“经颂云，彼既丈夫，我亦尔，何得自轻而退屈？学

---

① 吴震编校：《王畿集》，凤凰出版社 2007 年版，第 56 页。

② 同上书，第 190 页。

③ 同上书，第 206 页。

④ （清）黄宗羲：《明儒学案》，沈芝盈点校，中华书局 1985 年版，第 475 页。

⑤ （明）吕坤、洪应明：《呻吟语　菜根谭》，吴承学等校注，上海古籍出版社 2000 年版，第 82 页。

道者当尽扫古人之刍狗，从自己胸中辟取一片乾坤，方成真受用，何至甘心死人脚下”[①]。李贽亦曾在“感慨平生”中称自己因为不肯受“管束”[②]，以致一生受尽磨难。事实上，主流士大夫并不曾刻意迫害、排挤李贽，李贽与他们相抵牾的原因亦是他在追问心性大道中标举质疑的精神，不肯放弃内心创见，不肯盲从他人学说。这种拒绝做前贤传声筒、拒绝匍匐在任何权威脚下的学术自得精神，普遍存在于晚明文人之中。沈际飞在评汤显祖的《答岳石帆》时，便推许汤显祖为“只是个不依附人。临川脚跟站地”[③]。曾在思想上取益于李贽的袁宏道亦曰：“学道人得一疑情，如得一珍宝。何也？未有疑而不破，破而不悟者。”[④] 正如黄宗羲所言：“学问之道，以各人自用得着者为真。凡倚门傍户，依样葫芦者，非流俗之士，则经生之业也。”[⑤]

与标举“自得”相关，晚明心学学者往往对以程朱为代表的宋儒有一些非议（程颢因其学术思想的独特之处，得到晚明心学学者比较普遍的认可），他们认为，宋儒未能真正领会先秦孔孟儒学的真谛。在有选择地肯定一些宋代大儒的观点后，心学学者认为王阳明直接承续了孟子。回到孔孟，对孔孟经典作出自己的解读，成为晚明心学学者的风尚，虽然他们的阐述往往在细节上互不相同。王龙溪几乎将“三代以下”的儒士一笔抹杀，“三代而下，士鲜中行，得乡愿之一肢半节，皆足以取盛名于世，求其纯乎乡愿且不易得，况圣人之道乎？”[⑥] 据焦竑记载，在思想上颇得益于王龙溪的唐宋派代表人物唐顺

---

① （明）焦竑：《焦氏笔乘续》（卷二），1853 年粤雅堂丛书本，第 4 页。

② （明）李贽：《焚书》，中华书局 1975 年版，第 187 页。

③ （明）汤显祖：《汤显祖全集》（2），徐朔方笺校，北京古籍出版社 1999 年版，第 1334 页。

④ 立人编校：《袁中郎随笔》，作家出版社 1995 年版，第 123—124 页。

⑤ （清）黄宗羲：《明儒学案》，沈芝盈点校，中华书局 1985 年版，第 18 页。

⑥ 吴震编校：《王畿集》，凤凰出版社 2007 年版，第 127 页。

之，“于文称曾子固，诗称《击壤集》、黄山谷，学则笃信朱元晦。一日倏云：‘吾觉朱子所解书，无一句是者。’非有会于言语之外，胡以及此？学者不如此汗悟一番，与不读书何异？”[①] 因此，唐顺之主张为文当有一段“千古不可磨灭之见”。在画法上深受心学影响，主张师心不师法的董思白（其昌）亦曾言：“至我明，姚江出以良知之说，变动宇内，士人靡然从之，其说非出于苏，而血脉则苏也。程、朱之学几于不振。紫柏老人每言，晦翁精神止可五百年，真知言哉！”[②] 作为晚明最出色的戏曲作者，汤显祖对心性之学的态度，与心学学者非议程朱、直承孔孟的倾向甚为一致：“使大义不尽明于世者，诸儒牵合拟附之罪也。汉儒之失，在示天下后世之信而涉于夸；宋儒之失，在求圣人之精而流于过。”[③] 心学学者向以简易直截、直承孔孟血脉自居，同时指责朱熹学说支离繁复，汤显祖对宋儒的评价，正与心学学者极为相似。吕坤认为汉儒与宋儒在理解孔孟真谛上各有缺陷，虽然程朱理学是有明的官方意识，但吕坤提醒后学者：“学者若入道，且休着宋儒横其胸中。”[④] 直至明末清初，这一声音依然不绝如缕，“孔孟之心，讫诸儒而转晦”[⑤]。

这里需要强调是，晚明士人标举自得，与现代以人欲解放、个性自觉为内涵的“自我”“主体”意识有一定区别。晚明学者标举自得，其前提是“无我”，目的是扫空一切物欲羁绊与陈言格套，从而在个体之心中对不容言的“道”得出真切而富有新意的体悟。“细玩

---

① （明）焦竑：《玉堂丛语》，中华书局1981年版，第197页。

② （明）沈德符：《万历野获编》，中华书局1959年版，第689—690页。

③ （明）汤显祖：《汤显祖全集》（2），徐朔方笺校，北京古籍出版社1999年版，第1669页。

④ （明）吕坤、洪应明：《呻吟语　菜根谭》，吴承学等校注，上海古籍出版社2000年版，第233页。

⑤ （清）黄宗羲：《黄宗羲全集》（第十册），浙江古籍出版社2005年版，第371页。

先师之言，真是直从本心上发出，非徒闻见知识轮转。所谓百世以俟圣人而不惑者，乃知笃信圣人者，必反求诸己。反求诸己，然后能笃信圣人。故道必深造自得，乃能决古训之是非，以解蔽辨惑，不然则相与滋惑也已。"[①] 因为至善的良知心体，是个体先天具足的，故一切圣贤的教诲、外在的闻见都只能是体悟本心的工具，学者万不可沉溺于记诵圣贤经典、名家传注。王阳明曾曰："圣人之学，以无我为本，而勇以成之。"[②] 无我，被视为成就圣学的根本。魏良弼曰："养得此心，纯是天理，便自然见圣人之学莫大于无我。性之本体无我也，梏形体而生私欲，作聪明而生私智，于是始有我尔。去二者之累，无我之体复矣。"[③] 即使极为追求个人自得与洒脱的袁宏道亦曰："究竟到圣佛，亦只是无我。宣尼言四绝，而终之以无我，是儒家亦先度我也，《金刚经》言四相，而始之以无我，是诸佛亦只度得我也。……今人不达此理，故将济人利物，皆看作小事。"[④] 即以公认对汤显祖的"言情说"产生巨大影响的心学学者罗近溪而言，他将克己复礼之"克"，解释为"能"，克己即能己的意思，但罗近溪并非为主体自我争取位置，虽然他以能己强调了自信本心的重要性。在罗近溪那里，"能己"意指个体可以纯任良知本体、自然天则而行，"己"心的本真状态至善无伪，故能己与现成良知有相通之处。从理论上讲，能己的效果就是无我、泯灭主体的意见思为。毫无疑问，这与近代的主体意识尚有一定区别。结言之，抹杀前贤与旧我，目的是避免理障，避免执一不化，从而进入体悟本心、一过即化的至善境界，吕坤的话有助于我们理解晚明士人"自得"的深层意味："人欲扰害天理，众人

① （清）黄宗羲：《明儒学案》，沈芝盈点校，中华书局 1985 年版，第 452 页。
② 吴光等编校：《王阳明全集》，上海古籍出版社 2012 年版，第 196 页。
③ （清）黄宗羲：《明儒学案》，沈芝盈点校，中华书局 1985 年版，第 466 页。
④ 立人编校：《袁中郎随笔》，作家出版社 1995 年版，第 125 页。

都晓得；天理扰害天理，虽君子亦迷，况在众人！而今只说慈悲是仁，谦恭是礼，不取是廉，慷慨是义，果敢是勇，然诺是信。这个念头真实发出，难说不是天理，却是大中至正天理被他扰害，正是执一贼道。举世所谓君子者，都在这里看不破，故曰道之不明也。”① 结言之，自得精神的目的在于参证诸家之长，使自己在心性之学上获得真正属于自己的体悟与心得。正如黄绾在反驳时人邵思抑关于阳明心学有心立异的质疑时所云，“吾人学问惟求自得以成其身，故曰：‘诚者自成也，而道自道也。’实无门户可立，名声可炫，功能可矜。与朱陆之同异有如俗学者也，苟求之能成吾身而有益于得，虽百家众说皆可取也，况朱陆哉！苟求之不能变吾气质而无益于得，虽圣言不敢轻信，况其他哉！”②

学者锐志于道的自得精神，与晚明学者的人格养成是分不开的，自得精神使晚明士人更重视个人的尊严与价值，不肯拘谨畏缩、自我奴化。流连声乐成为读书人分内的排遣方式，尤其是致仕之后或入仕之前，乃至平日闲居，都需要声伎之乐。明初大儒不求富贵、躬行践履的谨严枯淡生活，虽为他们赢得了道德完人的赞誉，却不能解决晚明士人的精神苦闷；晚明士人问道的激情俨然可以比肩前贤，却不能从前贤的既有训诫中找到一把钥匙，解决深入体所遇到的种种困惑，乃至人生的精神苦闷与价值失落。晚明士人精神的压抑，与科举制度下程朱理学的危机有很深的联系。科举制度下的程朱理学，本是毋庸置疑的官方哲学，然亦因其权威地位而日趋僵化，甚至沦为谋取功名富贵的工具，与“尊德性”的宗旨自相矛盾。归有光曾殷殷告诫后学

① （明）吕坤、洪应明：《呻吟语　菜根谭》，吴承学等校注，上海古籍出版社 2000 年版，第 65—66 页。

② 张宏敏编校：《黄绾集》，上海古籍出版社 2014 年版，第 332 页。

者，从事举业虽有博取功名的动机，但身为士人须牢记研读圣贤书的根本目的是修齐治平、有用于世，须“以吾心之理而会书之意，以书之旨而证吾心之理”[①]。他感到忧虑的是，社会上已出现了一种俗学，急功近利的士人“终日呻吟，不知圣人之书为何物。明言而公叛之，徒以为攫取荣利之资”[②]。对于程朱理学日渐流为口耳记诵之俗学的不满，亦是阳明创立心学的动机之一。“学者溺于词章记诵，不复知有身心之学。先生首倡言之，使人先立必为圣人之志。”[③] 作为位高权重的士大夫，高拱亦对科举的弊端忧心不已。“科目以文艺取士，士只文艺是兢，父兄师友之所以督勉，惟此而已。而性命之理，礼乐之实，存心制行之方，事君泽民之术，漫然其不知也。遂使天下之人，惟务得官以为耀，积橐以自肥，始乎利，终乎利，寡廉鲜耻，患得患失，甘为鄙夫而不自知。”[④] 虽然阳明并不反对科举，但他亦不支持为博取功名富贵而应试的行为。有志于圣人之道的晚明文人对记诵程朱理学感到厌烦，却又不得不从事举业的研习。毁弃士子衣冠的激烈行为，被视为洒脱的名士行径，虽然大多数出此下策的文人是因为数次下第的激愤。阳明心学的应运而生，及时地安慰了士人的精神焦灼。

这里需要强调的是，心学部分学者自信本心、师心自用而疏于外在礼法、世用的探求，甚至放弃道德心性的日用工夫，最后由整日谈论心性沦为身心不修，亦是真实的存在。这与将自适放达与纲常大义结合在一起的人生观，区别只在毫厘之间。与自信本心相应的是，心学学者标举自得、好立门户的行为亦引发了晚明是非标准的混乱。晚明心学学者尤其是龙溪一脉，多以“上根人”自居，在争论中很少甘

① （明）归有光：《震川先生集》，周本淳校点，上海古籍出版社1981年版，第151页。
② 同上书，第151—152页。
③ 吴光等编校：《王阳明全集》，上海古籍出版社2012年版，第1005页。
④ （明）高拱：《高拱论著四种》，流水点校，中华书局1993年版，第59页。

拜下风，学术探讨沦为意气上的相持不下，在在有之。因此，晚明包括王学内部的部分学者，也一直在批评这种现象。罗念庵便曾不悦地指责龙溪学术论辩只为强迫别人听从自己的观点，缺乏对自身不足的自知之明。而心学在明末导致的标准混乱、权威缺失，无疑又使学术争论更为炽烈。① 到明末清初，尤其是明亡之后，士大夫对这种学无所窥却盲目自大的习气颇感厌恶，顾炎武在《日知录》中的批评便十分尖锐："嘉靖以后，从王氏而诋朱子者，始接踵于人间。而王尚书（注，即王世贞）发策谓，今之学者偶有所窥，则欲尽废先儒之说而驾其上。"②

第二节　视心性之学为第一等事的人生旨趣

王学并非对朱学的彻底背叛，阳明为消除这一误会，作《朱子晚年定论》，对自己崇仰朱子、大段同于朱子、有异乃不得已的心迹可谓三致意焉。阳明心学并没有抛弃朱子学的基本前提，虽然它对程朱理学作了修正。在以温故而知新为特点的儒学中，对前哲之见疾言厉色的抨击乃至推倒，从来都不是学术的主流。因此，在我们强调心学激发了近代意义上的进步思潮时，必须持审慎的态度。笔者在前文论证过，在晚明士人那里，自得的宗旨是为了更深切地体悟心性之学的真谛，契入大道，领悟至高的道德境界。儒家学说中，伦理道德居极其重要的地位，阳明心学为避免支离的倾向，反对朱熹的向外求理，

---

① （清）黄宗羲：《明儒学案》，沈芝盈点校，中华书局1985年版，第18页。

② 黄汝成集释：《日知录集释》，上海古籍出版社2006年版，第1065页。

强调理为心体所固有，程朱格物论的“今日格一物、明日格一物”被认为是无关大本的浪费，阳明本人格竹七日而病的例子，虽被如今的学者视为未能真正理解朱子的格物说，却集中反映了心学学者在格物论上与程朱的不相契合。阳明及其后学认为，朱子的格物不仅繁难，而且所得之物理亦难以对德性之知的悟入产生真切的帮助。虽然阳明亦提倡为学者须在事上磨炼，但是他明显放低了对经验知识的要求，一个直接的证据是，他的圣人观以道德的醇厚为唯一标准：道德高尚的人，虽然在能力上有高下之别，但是好比万斤的纯金与千斤的纯金，虽重量有别，却都有纯金的本质。阳明对门人提出的尧舜与孔子谁是万斤谁是九千斤的追问避而不答，因为他认为提出这样问题的人已然遗忘了求道的本质。尊德性的独尊性，得到进一步的强调，德性成为人之所以为人的根本原因。

除去因为父亲的状元身份而承受了更多的压力与期望外，早年的阳明和大多数普通文人一样，不得不为谋求功名而奔走在科举之路上，在经历了小小的挫折后，他终于成为进士。曾经泛滥于辞章，却中途放弃了这一条路径；曾沉溺于方外之学，却自觉不过是玩弄精魂；最终感于亲亲之情的无法割舍，阳明重燃少年时的成圣热情。龙场一悟，开启了阳明证就圣人之道的历程。阳明在证悟良知前的人生遭际，客观上暗示了儒家心性之学的优越性。而为了德性的精进，阳明并不主张过度沉溺诗文创作：“种树者必培其根，种德者必养其心。欲树之长，必于始生时删其繁枝；欲德之盛，必于始学时去夫外好。如外好诗文，则精神日渐漏泄在诗文上去；凡百外好皆然。”① 正如周群先生所言：“王阳明自己认为诗文词章之学，不是第一等德业，学

① 陈荣捷：《王阳明传习录详注集评》，台湾学生书局1983年版，第136页。

如韩、柳，不过为文人；辞如李杜，不过为诗人，只有有志于心性之学，以颜、闵为期者，才堪当为第一等德业。”[①] 他的学生王艮，同样是感于圣人之道的优越与神圣，燃起问道成圣的热情。

心性之学被视为与个体生命直接相关、刻不容缓的第一等事业。证悟心性，最低的层面可以使人与禽兽相区别，最高的层面可以指引个体了生死、成大道，这一观念弥漫于晚明文人之中。王畿亦认为，作为天地间第一等人的文人士大夫，应当从事天地间第一等事，“第一等事非待外求，即天之所以与我性命是也”[②]。如若不然，文人士大夫与农工商贾就没有任何区别，甚至不如他们。这种认识，在晚明心学内外，并无异议，“学如班、马，字如钟、王，文如曹、刘，诗如李、杜，铮铮千古知名，只是个小艺习，所贵在作人好”[③]。以思想的激进和异端色彩而闻名的李贽，坚决抛弃四品官不做，正是为了集中精力探求大道。与晚明学者探究心性大道的热情相应，学者普遍认为，文学创作应该关乎性情，不可徒逞渊博、玩弄辞藻。“公曰：‘后世学问，不在性情上求，终身劳苦，不知所学何事。比如作一诗，只见性情不见诗，是为好诗；作一文字，只见性情不见文字，是为好文字。若不是性情上学，疲神瘁思，终身无得，安得悦乐，又安得无愠？’”[④] “公”是湛若水（号甘泉），他师承白沙，又是最早与阳明相契的知音与挚友，虽然他的哲学思想与阳明有一些区别，但钱绪山对他的文学观是赞同的。性情成为文学作品的根本，正如黄宗羲概括的，“诗之为道，从性情而出”[⑤]。

---

① 周群：《儒释道与晚明文学思潮》，上海书店出版社 2000 年版，第 41 页。

② 吴震编校：《王畿集》，凤凰出版社 2007 年版，第 108 页。

③ （明）吕坤、洪应明：《呻吟语　菜根谭》，吴承学等校注，上海古籍出版社 2000 年版，第 92 页。

④ （清）黄宗羲：《明儒学案》，沈芝盈点校，中华书局 1985 年版，第 231 页。

⑤ （清）黄宗羲：《南雷文案》（上），浙江古籍出版社 1985 年版，第 46 页。

在心性的证悟中，王学学者反对对前贤既定教诲作不假思索的承袭、模拟，不再像明前期大儒那样从行迹与思想上依循与模拟程朱，而是从心性参求中推究圣贤创言礼法的真意。心性理论的推进，也对学者既不违背纲常大节又追求洒脱自适的生活态度作了有效的论证。一方面，阳明心学强化了士人的道德热情，即使放浪形骸的士人亦不肯违背基本的伦理大节，甘居下流。另一方面，他们主张从形而下的百姓日用中确立道德伦理规范，因而反对学者故意好高、炫人耳目以博取美名，主张平实地做身心工夫，不拘泥，不遗忘，也不助长，从而在心性修养中纳入了更多元和庸常的人生内容。吕坤曰："见是不贤者，就着意搜索，虽有偏长，都向恶边替他想，自宋儒以来率坐此失。大段都是个偏识见，所谓好而不知其恶，恶而不知其美者。惟圣人便无此失，只是此心虚平。"①

以"无善无恶说"为例，这一提法曾引起了晚明学者持久不休的争辩热情，也成为明末心学遭受訾议的渊薮。在王阳明那里，无善无恶的确指良知心体的至善特征，但阳明同时曰"无善无恶理之静"，主张心体不作好作恶，发挥明道不除庭草的精神，这种既不排斥善又不执着于具体之善的境界，对现实社会中具体的善恶伦理具有一定的超越性，从而客观上开出富有审美性、多面性的人生境界和价值标准。"不思恶，易也；至不思善，则近于大而化之境矣。昔人所谓'善且不可为，况于恶乎？'然方寸之中惟此一念，既不思善思恶，此心放顿在何处？此处尚有议论不得也。"② 这种"大而化"的境界，微妙难言，但在晚明士人中确是广泛的存在。在阳明后学关于人性日

① （明）吕坤、洪应明：《呻吟语　菜根谭》，吴承学等校注，上海古籍出版社2000年版，第239页。

② （明）谢肇淛：《五杂俎》，上海书店出版社2001年版，第161页。

渐深刻的讨论中，“无善无恶”的至善观念衍生出超越善恶又不违背善恶基本标准的价值观。“先生尝语学者曰：‘心体上着不得一念留滞，就如眼着不得些子尘沙。些子能得几多？满眼便昏天黑地了。’又曰：‘这一念不但是私念，便好的念头，亦着不得些子。如眼中放些金玉屑，眼亦开不得了。’”[①] 个体之心对纷杂的人事应力求一过即化，不可执着于具体的善念而障蔽至善。一个明显的例证是，心学推崇曾点之乐（朱子并不主张士人追求曾点之乐，在他看来，曾点之乐的境界因为过高而难以为士人把握）。虽然王阳明不赞同沉溺词赋，但有时又非常开明，主张个体之心的净化和道德境界的提升应循序渐进，不容勉强，在轻松自然的状态中达成。因此，与宋儒的谨严枯淡不同，晚明士人追求心性大道的修养，却并不认为自苦的人生方式一定能带来大道的透悟。在不违背伦理道德原则的前提下，他们能接受更开明与多元的价值观和人生方式。汤显祖认为，纲常气节的操守、心性大道的追问与拘谨自苦的生活方式并不具有必然的联系，因此士人一些高雅的情趣、爱好自可与圣贤之志向、德行并行不悖：“神丘火穴，无害山川岳渎之大观；飞墓秀萼，无害豫章竹箭之美殖；飞鹰立鹘，无害祥麟威凤之游栖，然则稗官小说，奚害于经传子史？游戏墨花，又奚害于涵养性情耶？东方曼倩以岁星入汉，当其极谏，时杂滑稽；马季长不拘儒者之节，鼓琴吹笛，设绛纱帐，前授生徒，后列女乐；石曼卿野饮狂呼，巫医皂隶从之游。之三子，曷尝以调笑损气节、奢乐堕儒行、任诞妨贤达哉？”[②] 袁中道亦认为，孔门学道之人本非枯槁拘谨的曲士俗儒，而是高明玄旷、富有韵趣的高士，曾点之乐

① 陈荣捷：《王阳明传习录详注集评》，台湾学生书局1983年版，第380页。

② （明）汤显祖：《汤显祖全集》（2），徐朔方笺校，北京古籍出版社1999年版，第1561—1562页。

深得孔子赞许便是明证，“昔夫子之贤回也，以乐，而其与曾点也，以童冠咏歌。夫乐与咏歌固学道人之波澜色泽也，江左之士喜为任达，而至今谈名理者，必宗之。俗儒不知，叱为放诞，而一一绳之以理。于是高明玄旷、清虚淡远者，一切皆归之二氏。而所谓腐滥纤啬、卑滞扃局者，尽取为吾儒之受用，吾不知诸儒何所师承，而冒焉以为孔氏之学脉也”①。袁中道对儒与二氏关系的定位，正是阳明学者一再重复的观点。明末东阁大学士范景文在甲申之变中投井殉国，更让黄宗羲印象深刻的是，范景文情趣高雅，蓄有家乐，风流洒脱，但又虚怀下士，节义凛然。在黄宗羲看来，能有勇力担当节义纲常的人士，往往并非谨小慎微的拘儒曲士。在《思旧录》中，黄宗羲不无感慨地回忆道：“公之虚怀下士，末世所仅见耳。余谒公，公出其书画赏玩终日，有宋刻《争位帖》，神宗赐阉人以抵俸禄者，公欲勾勒重刻。公有家乐，每饭则出以侑酒，风流文采，照映一时。由是知节义一途非拘谨小儒所能尽也。”② 明朝覆亡之际，一些士大夫还曾召集故旧亲朋、梨园优伶相聚，尽欢之后慷慨赴死。个人的游乐嬉戏只是“迹”而非心，不一定导致个体在纲常大节上的堕落，对外在规矩教条兢兢奉守的士人可能只是为了博取美誉，缺乏以身殉道的勇气。无关善恶的游乐行为本身，虽带有超越道德的审美意味，终究只是至善的另一种表达方式。

---

① （明）袁宏道：《袁中郎全集》，（台湾）伟文图书出版社有限公司 1976 年版，第 269—270 页。

② （清）黄宗羲：《黄宗羲全集》（1），浙江古籍出版社 1985 年版，第 342 页。

第三章　心学对晚明戏曲观的影响

明代中前期的文坛，很长时间都笼罩在前后七子“复古主义”的文学主张之下，所谓“七子五子赓且续，不放他人一头地”。[①] 前后七子将某一时代的诗文推为创作典范，强调对某一种风格的模仿、对某一些技巧的琢磨，客观上并不利于文学的发展。阳明心学力图以泛道德主义同化诗文创作，将心性学范畴的道德意志、道德情感等视作诗文的终极价值，甚至唯一的价值，这种带有极端色彩的“文以载道观”，却为抨击复古主义提供了思想基础，因为在心学学者看来，相对于心性大道而言，诗文自然是小道，诗文只有在士人心性修养中承担正面作用才有存在的价值，脱离了心性学内涵的诗文无论在艺术上多么杰出，也无可取之处。心学学者由此衍生出了明确的“文体代兴论”，虽然他们的文体代兴论必须与泛道德主义同行。降及戏曲，因为注意到戏曲在大众中的影响力及其转化为教化工具的可能性，心学学者并不认为戏曲在文体地位上低于诗文。晚明曲家在受心学文艺观、戏曲观影响的同时，也以实践弥补、发展了晚明士人的戏曲观。

① （清）黄宗羲：《黄梨洲诗集》，中华书局1959年版，第73页。

第一节　心学学者的文艺观

在梳理心学学者的戏曲观之前，我们有必要先梳理一下他们关于文学艺术的基本态度，虽然他们的态度可能与传统儒学教育背景下的士大夫没有本质区别。阳明虽然在科举之路上没有获得父亲王华的荣耀，但他在学而优则仕的道路上也没有受到太大的挫折，他一些有影响力的学生，多半是科举之路上一帆风顺的士人。因此，他们在诗文方面的修养，必然处于较高的水平，但阳明曾“沉溺词章”又幡然醒悟的经历，几乎奠定了阳明后学关于诗文艺术的基本态度，他们在复述阳明体圣悟道的经历时，无不津津乐道地将阳明的沉溺词章视为追问心性之学过程中一次小小的迷路。王畿在《曾舜征别言》中便以戏剧性的笔调，描述了阳明放弃诗文创作的过程：

> 弘、正间，京师倡为词章之学，李、何擅其宗，阳明先师结为诗社，更相倡和，风动一时。鍊意绘辞，寖登述作之坛，几入其髓。既而幡然悔之：“以有限之精神，蔽于无用之空谈，何异隋珠弹雀，其昧于轻重亦甚矣！纵欲立言为不朽之业，等而上之，更富有自立处，大丈夫出世一番，岂应泯泯若是而已乎?”社中人相与惜之：“阳明子业几有成，中道而弃去，可谓志之无恒也。”宪师闻而笑曰：“诸君自以为有志矣。使学如韩、柳，不过为文人；辞如李、杜，不过为诗人。果有志于心性之学，以颜、闵为期，当与共事，图为第一等德业。譬诸日月终古常见，而景像常新。就论立言，亦须一一从圆明窍中流出。盖天盖地，

始是大丈夫所为。傍人门户、比量揣拟，皆小技也。善《易》者不论《易》，诗到无言，始为诗之至。”①

阳明对儒学的发展，本身就带有对词章之学的反抗，在阳明心学的话语体系中，词章之学已被降到了不太重要的地位。阳明教育诸生时，亦从自己的经验出发，强调“只从孝弟为尧舜，莫把辞章学柳韩”。② 阳明人生选择以及他的文艺观，在阳明后学中产生了切实影响，事实上，阳明后学在诗文创作与心性工夫间建立了一种对抗关系：“种树者必培其根，种德者必养其心。欲树之长，必于始生时删其繁枝；欲德之盛，必于始学时去夫外好。如外好诗文，则精神日渐漏泄在诗文上去；凡百外好皆然。”③ 道学家的文学于是要远比文学家的文学有价值，甚至有心学学者认为，只有道学家才能创作出真正的文学。“文者，圣人不得已而用之，是故文非圣人不能柄也。自孟氏没，道术大裂，文王、孔子之文湮阏不著，百氏杂出，窜窃工巧，而文柄遂旁落于能言者之家。”④ 相对于儒学的心性大道而言，词章是微不足道的：“学，一也。有大人之学，有小人之学。大人者，先立乎其大者也，故能为天地立心，生民立命，继往圣之绝学，开万世之太平……三代而下，斯学不传。二氏迷之以高虚，五伯汩之以功利，宋人以助长害苗，病己而病天下。其他权术、刑名、词章、训诂之卑浅，又不足道也。”⑤ 甚至孔子口中所言的诗，也被心学学者刻意阐释为心性学的工具：“夫子教小子以学诗。夫诗者，所以淑身心、理性情、察伦物数者，皆自吾天性中来。学者，求以尽性耳，故教学诗，

① 吴震编校：《王畿集》，凤凰出版社 2007 年版，第 459—460 页。

② 吴光编校：《王阳明全集》，上海古籍出版社 2012 年版，第 653 页。

③ 同上书，第 29 页。

④ 张昭炜编校：《胡直集》，上海古籍出版社 2015 年版，第 176 页。

⑤ 吴可为编校整理：《聂豹集》，凤凰出版社 2007 年版，第 98 页。

教人尽性也。”①

随着阳明学在明后期的传播，一些原本沉醉于诗文创作的士人往往会遭到心学学者的“棒喝”，其中不乏从此对诗文创作产生矛盾心态甚至放弃诗文创作的士人。一个非常典型的事例是，阳明诸弟子中的董澐（号萝石）本是一位诗人，但是在68岁高龄的时候向比自己年轻的阳明执弟子礼，并将对诗歌的兴趣转移到心性之学上。阳明在为他的《湖海集》所作之序中，首先申明自己“不工诗，安敢序”，但还是用儒家传统的诗教观含蓄地批评了董澐，“诗三百篇，均写忠君爱国，缠绵悱恻之忱，而次及于山川鸟兽，君子所诏多识者。今观萝石诗，其于山川景物、草木鸟兽则多矣，言情之任则亦众矣，当于忠君爱国间求之，则更上层楼矣”②。董澐自己对文学艺术同样是不屑一顾的，“以雕虫之技相夸诩者，莫最于吴下”③。众所周知，“吴下”在明中后期是词曲、绘画、音律等文学艺术极为发达的地方，董澐几乎一笔抹杀了所有的文学与艺术，这与阳明心学的思想是一致的，毕竟阳明心学对博求物理都是警惕的，一切去取以是否有益道德之纯粹为标准，心体的光明也主要靠个人体悟、存养来实现。在“迷途知返”的董澐看来，自己在皈依阳明之前漫长的诗歌创作过程不过是不值一提的要弄小聪明，他在《自喻》中便坦白了这一心理：“古云老实打不坏，底事吾生不肯依。失尽□□还道是，落残毛发始知非。须将暗室金刚炼，何用浮词玉屑霏。只此良知能自致，孔颜乐地可同归。”④

---

① （明）孙应鳌：《孙应鳌文集》，龙连荣等点校，贵州教育出版社1996年版，第285—286页。

② 钱明编校整理：《徐爱　钱德洪　董澐集》，凤凰出版社2007年版，第280页。

③ 同上书，第272页。

④ 同上书，第362页。

不过，心学学者对文学艺术的态度是高度辩证的，一切从是否能“载道”、是否有利于士人“体道”出发，如果文学艺术有利于个体的道德涵养，自然可以存在；但倾注太多心血在文学艺术上的行为，则始终被认为是得不偿失的。阳明并不认为士人有离弃文学艺术的必要，但文学艺术必须对个人心体的收摄保养有作用，士人关于文学艺术的一切实践都应为体道而设，否则文学艺术也就成了无本之末，“譬如做此屋，志于道是念念要去择地鸠材，经营成个区宅。据德却是经画已成，有可据矣。依仁却是常常住在区宅内，更不离去，游艺却是加些画采，美此区宅。艺者，义也，理之所宜者也，如诵诗读书弹琴习射之类，皆所以调习此心，使之熟于道也。苟不志道而游艺，却如无状小子；不先去置造区宅，只管要去买画挂做门面，不知将挂在何处？”① 因此，诗文不必废，但士人大可不必对诗文倾注太多精力，阳明在给杨仕鸣的信中便认为，在诗文创作上耗费太多精力，其背后是求胜之心在作祟，士人当以追问心性大道为人生第一等事，故应迷途知返回头是岸，“诗文之习，儒者虽亦不废，孔子所谓‘有德者必有言’也。若着意安排组织，未有不起于胜心者……仕鸣既知致知之说，此等处自当一勘而破，瞒他些子不得也”②。董澐的《把卷录》中也有这样的言论，“夫道固不外于人伦日用，然必先志于道，而以道为主，则人伦日用自无非道。故‘志于道’是尊德性主意也，‘据于德’是道问学工夫也……‘游于艺’者精察于事为之末。游艺与学文，俱是力行中工夫，不是修德之外别有此用事也。盖心气稍粗，则非仁矣。故诗、书、六艺等事，皆辅养性情而成其道德也。以

① 吴光编校：《王阳明全集》，上海古籍出版社2012年版，第87页。
② 同上书，第158页。

志道为主，以修德为工，全体使之纯诚，纤悉不容放过，此明德之事也”①。而他的这一观点正是王阳明“面命”的。钱德洪也曾言，“后世学问，不在性情上求，终身劳苦，不知所学何事。比如作一诗，只见性情不见诗，是为好诗；作一文字，只见性情不见文字，是为好文字。若不是性情上学，疲神瘁思，终身无得，安得悦乐？又安得无愠？”② 钱德洪所言的性情，并非自然人性，而是有着明确的儒学意味在内，因此，他不仅主张文以载道，更主张诗以载道，诗歌原来用于寄托闲情的审美功能不再被重视，甚至被否定，文学艺术的社会教化功能得到进一步的强调。黄绾在《东冈诗集序》中正是持这一观点来评判诗作的优劣，“诗关人品，察其志之所安以求其性情，人莫能遁之矣。故曰：‘诵其诗，读其书，不知其人可乎？’余尝读《衡门》而知隐居者之无求也，读《伐檀》而知有志者之不苟食也，读《七月》而知有位者之尽其职也，读《陟岵》而知孝子之思也，读《黍离》而知忠臣之情也，读《伐木》而知朋友之笃也，读《抑戒》而知君子之进德也。即此以求后世之诗，然后优劣可辩也。东冈公（柯暹——作者注）以长厚之德、博达之思，出而为诗，简质精婉有余韵，岂兰茗翡翠、嘲风弄月可同论哉！”③ 黄绾从诗中感知的情感内容没有任何纯艺术、超功利的审美，而几乎全为与忠孝节义之类儒家伦理相关的道德情感、意志，在他看来，这是“兰茗翡翠、嘲风弄月”类诗作无法比拟的。将《东冈诗集序》与王阳明对董澐《湖海集》的委婉批评相比较，不难发现，阳明学者在文艺观上是极为功利的，而这正与阳明心学的泛道德主义倾向保持了高度一致。耿定向在给另

① 钱明编校整理：《徐爱 钱德洪 董澐集》，凤凰出版社2007年版，第262—262页。
② 同上书，第122—123页。
③ 张宏敏编校：《黄绾集》，上海古籍出版社2014年版，第197页。

一位心学学者胡直的信件中，便在评价胡直文字的同时，表达了自己对为文之道的观点，“凡为文须有血脉方传。顾所谓血脉者，难言矣。非学道识仁者，未易语此也。近世号文章家者，看来都是泥塑粉涂人物耳”。在耿定向看来，讨论为文之道“可以证学，非特与兄论文也。学难以言语商，就文一商证”①，“兄文固自有法度，而浅浅者尚不知为学某家，此尤过世人远也。但所谓血脉者，似须是横说竖说深说浅说，不露血脉而血脉自贯，尤为妙耳。盖尝闻谈诗，理学家诮词人尽是月露之形、风云之状云云；辞人家诮理学语为头巾。是两相诮者似皆是，亦皆非也。夫仁者人也，合而言之道也。……近日讲学者，只是模索要眇处，譬之作头巾诗者耳。至于滞形气、帮格式者，又似作诗者只在声调语句上求工，未解神韵也。深于诗者，风云月露孰非道体哉！然此等处不容思议、见解，不容言说，须人灵识”②。如果参以耿定向对焦竑之戏语“道是没把捉的，德是没凭据的，仁是没依靠的，第于艺游之而已”的矫正之词，“除却孝弟无道，除却言行无德，除却师友无仁，除却涵泳道德而辅仁者，非吾孔氏之所谓艺”。③ 不难发现，耿定向认为学者为文，应该先养成性情之正——血脉，为文应是雅正之性情的自然流露，由性情成文，而不是沉溺于为文技巧的学习和行文格套的模拟，以致流于人工，毕竟在他看来，“何谓游艺？……顾艺而曰游，则与溺于艺者异矣。盖借此以为依仁之具，而涵泳道德之资也。”④ “夫文奚为而作？以诠道也。”可见，耿定向文艺观中提及的性情，也是内含了儒学道德的范畴在其中的，对于“畸人韵士”“自托于清虚”的“一切土苴词章”，他持一笔抹杀的态度，

① 傅秋涛编校：《耿定向集》，华东师范大学出版社 2015 年版，第 92 页。

② 同上书，第 93 页。

③ 同上书，第 195 页。

④ 同上书，第 400 页。

因为“于道无当”。[①]

因为将“载道”视为文艺的唯一目标，心学学者重新阐释了传统文艺观中一些被普遍接受的观念，建构了一套心学化的创作观念、评判标准。以接续孔孟儒学真脉自居的心学学者，甚至直接将游夏之学定位为“德行”的附庸。“‘四科’以德行为首，次言语、政事、文学，以圣门所尚之轻重为序也。……圣门之言语、政事、文学，亦非世俗之所谓言语、政事、文学。盖圣人立教，专在德行，虽未尝废言语、政事、文学，而必本德行以为言语、本德行以为政事、本德行以为文学也。”[②] 这种观点成为指导阳明后学评价诗文优劣的不二法门，江右王门的万廷言认为，有的诗作“读之英爽浮动，如登霞遇胜，忻然以自喜。至其羁臣弃妇、枯槁山林之士志郁于势所必连，气销于事之不偶，思危而虑愤，则咏歌悲欢于风晨月夕、露雨云烟、山巅水涯之外，读之令人怃然丧其所适。如躬幽寰穷境，悲不能以自存”，但是对这类以强烈的情感打动读者的诗作，万廷言是持否定态度的，因为“诗以平情，使人悲喜若此，无乃重累其情与?”[③] 诗人之所以创作出这类诗作，并不是创作者遇到的境遇足以影响其悲喜，而是因为创作者的情感有失中和，故而为境遇所左右，“后世诗人所累，盖在情而不在境矣。情浓境浓，情淡境淡，浓则自累，淡则和物，邪正理欲之分，而臧否治乱所由系也，情可不慎与？故曰‘发乎情，止乎礼义’，风人之旨深矣”[④]。如此，万廷言用心学的泛道德主义对诗歌的创作、功能进行了功利化的界定，诗歌的创作个体应做好个人心性修

---

① 傅秋涛编校：《耿定向集》，华东师范大学出版社 2015 年版，第 826 页。

② （明）孙应鳌：《孙应鳌文集》，龙连荣等点校，贵州教育出版社 1996 年版，第 242—243 页。

③ 张昭炜点校：《万廷言集》，中华书局 2015 年版，第 237 页。

④ 同上书，第 238 页。

养功夫，诗歌的功能是有益情感的控制与中和，与身心无关的强烈感情，在诗歌审美中则失去了存在价值。在《求正集略序》中，万廷言更是对“诗穷而后工”之说作了明确的反驳，以泛道德主义为支撑，将诗文的创作动机、承载内容、评判标准都置换成了伦理道德。“予惟言者，言所志；传者，传其道也。士君子所难者志，志之所难者道。诚志道矣，则辞有所必修，修则工，工则传矣。死生贵贱，谁能易之。且穷人所工，穷者之辞，道之细耳。故有在有不在，若君子所志，则天命人心之正，圣贤经世之谟，仁义礼乐忠信孝弟之大道，自身及家国天下，自富贵贫贱至夷狄患难，自瞬息至千古，一也。道在，志无不存；志存，无言不得。……故文之工拙在志，志在道，而穷达非所论矣。”[①] 万廷言认为，士人穷达与否，只会影响他们载道之言的语体风格，达者之文多“弘显”，穷者之言则多“深婉”“体或异致，然大旨不得殊也，”穷者绝不会因为境遇的局限使诗文沦为牢骚之具，否则“无甚关于理性安人之大致，亦何贵于其传?”[②] 刘元卿在评价邹元标的《邹南皋先生集选序》中也强调了文以载道的重要性，“文所以载道，道所不载而从文焉，即雕龙谭天为饰而已。近世一二文人高标千古业，动指巨儒绪论，以为逃诸理。夫理岂可以逃而掩得之者乎？多见其不知理也”。他担心世人对邹元标（字尔瞻）产生误解，故而要特别申明邹元标的创作即使不是专门性的儒学论著，也是有关学术风化的，绝不是无关心性的文人之作，“余友邹尔瞻氏五《典》、三《纲》、一《疏》，直与日月争光，曾不以翳其空体，而独潜心于学。故兹所刻《集选》，凡播诸声施，发之篇章，往往有关于学术风化，绝不作绮语华言。岂其不能为之，亦厌乎世之呕心于无

① 张昭炜点校：《万廷言集》，中华书局 2015 年版，第 229 页。

② 同上书，第 230 页。

益，不屑以文人鸣也者”[①]。在刘元卿看来，载道的诗文远远重要于一般吟风弄月、寄托闲情的诗文，因为后者根本是无益的，有志向的士大夫是不屑以文人自居的。孙应鳌对诗歌创作手法中“兴比赋”的“兴”甚至作了进一步的界定，否定了朱子“先言他物以引起所咏之物”的界定，认为“兴”与心体是直接相关的，“存乎人者，莫不有一念之兴，一节之立，一德之成。然必有《诗》之温柔敦厚之教，方能使兴而不怠。盖《诗》也者，所以正吾身之性情也。故兴者，兴此心也”。[②]

从以上所举数例可见，心学学者对道德价值的高度强调，使他们比较统一地采取了非常功利的文艺观，即无论诗文都应是载道之作，否则只会分散士人用于心性探究的精力，故而毫无价值。只有有志于心性大道的探究并有切实心得的士人，才可能创作出好的诗文；好的诗文必然是载道之言，而不是情感缺少约束、背离中和之旨的作品。这种偏狭而明确的文艺观，很可能对诗文创作产生负面影响，一些士人在心学学者的“启发”下放弃诗文创作是不争的事实。但是，与心学学者独取“载道”之言相联系的是，心学学者对诗文的各种风格、技法、流派等并不重视，因为他们认为诗文的唯一评判标准是能否“载道”，这客观上衍生出了一种反对复古的文体代兴论。胡直在《唐诗律选序》中便表达了这一观点：“世多以律诗为非古，予独不然。诗之古不古，不系于体之律不律也。辟之求古人于世，将以其质行耶？抑以其状貌耶？……诗之作，义取含蓄温厚，足以感人，而体制次之。今世唯骛词葩体奇以为胜，其于感人之义咸盖而不彰。汉儒议司马相如劝百而讽一者以此。夫相如之文体古矣，使皆劝百而讽一，

① 彭树欣编校：《刘元卿集》，上海古籍出版社 2014 年版，第 114 页。

② 龙连荣等点校：《孙应鳌文集》，贵州教育出版社 1996 年版，第 228 页。

则又何以贵为?”[①] 胡直在《刻乔三石先生文集序》中，更是言辞激烈地指出，所谓复古不过是彼此抄袭，都未能得文章三昧，因为文章的源头是“道法”，“文章之作，何近代品议之异乎？盖近代作者暗于大道，而专仿子长以称胜。其语人曰：‘是规矩在焉。’其实袭也。夫古之文众矣。子长与庄、荀、孙、韩、老、左，凡六七家，咸未尝相袭，等而上之，读《彖》《象》者，若未知有《典》《谟》；读《雅》《颂》者，若未知有《谛》《诰》；读《语》《孟》者，若未知有《系辞》，何则？彼文者，道法之所出，不得而袭焉故也。……今夫规矩各一物，自巧匠运之为规，而员出焉；横之为矩，而方出焉。故规矩者，方员之母也，而方员岂规矩哉？是故道法者，圣人之规矩也。道法备而文言之以诏诸世，此圣人由规矩出方员之迹也。方员之迹无定体，故为《典》《谟》，为《彖》《象》，为《训》《诰》《雅》《颂》，不可穷极，执之则窒”[②]。黄绾也认为，复古的实质是模拟，没有触及为文之道的精髓：“今日为文，皆以模拟为工，或曰先秦，或曰六朝，惟欲形似，不求本真。譬之剧戏，饰冠带，幻男女，易老幼，奸丑邪正，悲欢万变，皆非己有，而真意益荒。由文以究其心，由心以征其事，所以叛道、害政、祸天下有不可胜言者矣。”[③]

第二节　心学学者的戏曲观

在考察了心学文艺观后，我们会不无惊讶地发现，心学学者对戏曲的态度整体上并不排斥，甚至颇有肯定之语，虽然不同学者之间并

① 张昭炜编校：《胡直集》，上海古籍出版社2015年版，第151—152页。
② 同上书，第160页。
③ 同上书，第215页。

不是毫无矛盾。这是因为，由于戏曲作为大众娱乐样式，有着诗歌不具备的优势，即在乡野大众中有极强的影响力。因此，阳明学者在一边反复提醒士人不可沉溺词章的同时，一边高度重视戏曲教化世人的社会功能。以王阳明关于戏曲的观点为例：

> 先生曰："古乐不作久矣。今之戏子，尚与古乐意思相近。"未达，请问。先生曰："《韶》之九成，便是舜的一本戏子。《武》之九变，便是武王的一本戏子。圣人一生实事，俱播在乐中。所以有德者闻之，便知他尽善尽美，与尽美未尽善处。若后世作乐，只是做些词调，于民俗风化绝无关涉，何以化民善俗？今要民俗反朴还淳，取今之戏子，将妖淫词调俱去了，只取忠臣孝子故事，使愚俗百姓人人易晓，无意中感激他良知起来，却于风化有益。然后古乐渐次可复矣。"①

阳明的这段话收于《传习录》中，他关于戏曲的明确态度对晚明文人不可能不产生广泛的影响：其一，只要能达到"破心中贼"的目的，一切为个体的心性修养服务，戏曲的存在便无可厚非。其二，追根溯源，从古乐的角度肯定戏曲的存在，为晚明学者提供了从先秦诸如《诗经》等典籍为戏曲寻求合法地位的思路。其三，"使愚俗百姓人人易晓"，戏曲创作为下下人说法，与阳明学广泛的教化对象相契合，故风格应通俗晓畅，感人至深。

对戏曲教化功能的强调，并非阳明首创，但在阳明这里是与他的儒学理论构建相一致的，并被阳明后学所认同。黔中王门代表孙应鳌指出，读书人以道德伦理为谋取富贵之具却不能身体力行，愚夫愚妇

① 陈荣捷：《王阳明传习录详注集评》，台湾学生书局1983年版，第346页。

因其淳朴的心志，反而在观看戏文时得到无形的感发并付诸实践，“市井之愚夫愚妇看杂剧戏本，遇有忠臣、孝子、义夫、节妇，触动良心，至悲伤泣涕不自禁，卒有敦行为善者。吾辈士大夫自幼读圣贤书，一得第即叛而弃之，到老不曾行得一字，反不若愚夫愚妇看杂剧者，虽谓市井之罪人可也”①。耿定向在《优喻示儿侄》亦描述了当时某些戏曲现象，并表达了自己对戏曲的真实想法。“余往游京园，于燕会中见优人之扮古王公大人为戏者，其謦咳色笑、揖让周旋多俨然似之，且其讴音清越优柔，所以形写古昔之悲欢慨慕以为忠节孝义状者，亦足兴矣。缘彼多出大方，居都会之日久，其于朝贵荐绅习耳而目之者稔也。比见吾里河口柳港之优，亦常被冠服，饰须髯，东涂西抹，扮古王公大人状也者。乃其启口举止，动露村俗，令人厌观。而讴声之叫噪嚣喧，既厉且粗，殆若村妇诅鸡然者，余甚不欲耳之。乃氓隶市儿环拥而观者如睹，啧啧欣赏焉。盖荒陬僻邑，局于所见然耳。”②《优喻示儿侄》虽是借戏曲现象教育、启发子侄，但也说明耿定向对戏曲活动并不陌生和反感。京中优人搬演的当为昆曲，故而十分清越优柔，耿定向认为这种水平较高又优美的戏曲表演，在呈现忠孝节义类故事时，是可以打动观众的，“足以兴也”。但对于喧闹土俗的地方戏曲表演，耿定向作为文人虽觉得难以入耳，却能注意到当地乡野百姓的态度，并认为这是文化环境作用于观演双方产生的切实影响。阳明后学陶石梁对戏曲的态度与阳明颇为相似，他认为，“今之院本即古之乐章也，每演戏时，见有孝子悌弟，忠臣义士，激烈悲苦，流离患难，虽妇人牧竖，往往涕泗横流，不能自已。旁视左右，

① 龙连荣等点校：《孙应鳌文集》，贵州教育出版社 1996 年版，第 340 页。

② 傅秋涛编校：《耿定向集》，华东师范大学出版社 2015 年版，第 495—496 页。

莫不皆然。此其动人最恳切，最神速。”[1] 陶石梁对戏曲的观念被刘宗周所转述，刘宗周亦肯定了戏曲有益世教的功用。他承认戏曲不可能废除，“梨园唱剧至今日而滥觞极矣，然而敬神、宴客世俗必不能废”[2]。这种对戏曲的肯定，在明末清初渐渐成了主导性的声音，如清初人刘献廷则直言喜好看戏阅读小说乃是愚夫愚妇之情，为人性中所固有，治世者须顺应民情高度重视戏曲的教化功能：“余观世之小人，未有不好唱歌看戏者，此性天中之《诗》与《乐》也；……圣人六经之教，原本人情，而后之儒者，乃不能因其势而利导之，百计禁止遏抑，务以成周之刍狗，茅塞人心，是何异壅川使之不流，无怪其决裂溃败也。”[3] 因此，为政者不应强行遏制，而应因势利导，借戏曲小说广行教化：“戏文小说，乃明王转移世界之大枢机。圣人复起，不能舍此而为治也。”[4]

与肯定戏曲相对应的是，部分心学学者对戏曲演出也有非常激烈的抨击之语：“人家不正，皆由内外不严，身教弗端，防闲欠密。或容牙婆往来其家，或使女婢出街上市，交通引染，自微至著，由小及大。人家又不得搬演做杂剧戏文，荡情败俗，莫此为甚。各家宜当痛革。”[5] 但只要稍加推敲，便不难发现，心学学者肯定戏曲和否定戏曲就如他们对诗文的态度一样，都以是否有益心性修养、劝化世俗为基本的判断标准。大儒刘宗周肯定戏曲的存在，同时对晚明戏曲创作中多爱情剧的状况并不满意，“近时所撰院本，多是男女私媟之事”。世人在戏曲欣赏中“聚父子兄弟，并帏其妇人而观之”的“恬不知

① （清）陈宏谋辑：《训俗遗规》（卷二），广西乡贤丛书本 1944 年版。
② 同上。
③ （清）刘献廷：《广阳杂记》，中华书局 1957 年版，第 106—107 页。
④ 同上书，第 107 页。
⑤ 陈椰编校：《薛侃集》，上海古籍出版社 2014 年版，第 384 页。

愧”[①] 的状态，更是让他感到担忧。

当涉及士人阶层时，阳明学者对戏曲的警惕态度则更为明显。例如，王畿在《道山亭会语》中便以孔子的“先进于礼乐，野人也；后进于礼乐，君子也。如用之，则吾从先进”来附会自己的文艺观，“夫吴声华礼乐之盛，似矣。苟概以从先进之说，得无在所损乎否耶？千叶之花无实，九层之台易圮，此无他，崇饰太高而发荣太繁，故也。予闻之淡薄所以明志，纷丽技巧易失其本心。世未有浮华不黜而能完养其精实者也”[②]。在阳明学者眼中，文学与艺术无不本于道而生，并与道的弘扬紧密相连，如若不然，文学艺术也就无须存在，因为文学与艺术从来没有独立于孔孟圣学而存在的必要与可能。楚中王门的代表耿定向也对孔子门下的游夏之学作了心学化的解读：“子游在孔门以文学名科者，乃其取人也，第举兢兢然饰励操行者为尚，曾不闻举一博雅娴文士。视其所举，孔门所称文学可概知已。且子游之为宰也，遵所闻自信为学道也，必以爱人为验，而其治功显见于弦歌。弦歌何与道事也？毋亦其闾阎间皆欢欣鼓舞，无疾苦愁愁叹耶！彼其所以臻此，固原本学道矣。”[③] 士人肩负齐家治国之责，任重而道远，沉溺于戏曲自然是不被允许的。一些学者偶尔于无意中提及优伶，措辞往往带有士大夫阶层的优越感，流露出对戏曲演员的轻视：“纷纷举子莽居诸，一个身心只靠书。换得官人书债了，戏场何用笑侏儒？”[④] “或有以戏子喻士大夫者，此言最切中今日之弊，云：‘戏子登场，或为忠，或为孝，或为喜，或为怒，或为廉洁，或为贞淑，

---

① （清）陈宏谋辑：《训俗遗规》（卷二），广西乡贤丛书本 1944 年版。

② 吴震编校：《王畿集》，凤凰出版社 2007 年版，第 32 页。

③ （明）耿定向著，傅秋涛点校：《耿定向集》，华东师范大学出版社 2015 年版，第 396 页。

④ （明）聂豹撰，吴可为编校整理：《聂豹集》，凤凰出版社 2007 年版，第 505 页。

或为抗直，或为执法，或为义行，或为事业，皆非其真：只欲看者喜，欲觅些赏钱而已。及下场，依旧一戏子。'"[①] 可见黄绾是轻视戏子的，甚至不认为戏子在表演中能感受到忠孝节义的道德力量。到了明末，随着明王朝的风雨飘摇，心学大儒刘宗周认为士人群体大可不必接触戏曲这种"无益之事"，将"蓄优人、观戏场"视为士人应该时时反省的"丛过"[②] 之一。在《乡约·约训》中，他对戏曲演出人员可能带来的道德亵渎和治安隐患都表达了一个士大夫应有的态度，更是对士绅群体耽溺戏曲的行为作了严厉批评，"有士绅子弟习为风流杂剧，登场扮演，尤伤风化。又有童子鼓乐吹弹迎赛道路者，教训子孙之谓何！"[③]

不过，我们必须指出的是，阳明学者的戏曲观只是一个比较粗略的方向，尤其是在具体的戏曲创作层面，他们又回到了文艺观的路数，认为只要有性情之正，其他实践层面的问题自会迎刃而解。在涉及被士人视为小道却又需要专门知识才能驾驭的音律时，阳明学者戏曲观的优缺点都显露无遗。在阳明论述戏曲功用之后，钱德洪曾与他有过关于如何恢复"古乐"的讨论。

> 曰："洪要求元声不可得，恐于古乐亦难复。"
>
> 先生曰："你说元声在何处求？"
>
> 对曰："古人制管候气，恐是求元声之法。"
>
> 先生曰："若要去葭灰黍粒中求元声，却如水中捞月，如何可得？元声只在你心上求。"

---

① 张宏敏编校：《黄绾集》，上海古籍出版社 2014 年版，第 686 页。

② （明）刘宗周撰，吴光编：《刘宗周全集》（第二册），浙江古籍出版社 2007 年版，第 13 页。

③ （明）刘宗周撰，吴光编：《刘宗周全集》（第四册），浙江古籍出版社 2007 年版，第 404 页。

曰："心如何求？"

先生曰："古人为治，先养得人心和平，然后作乐。比如在此歌诗，你的心气和平，听者自然悦怿兴起，只此便是元声之始。《书》云'诗言志'，志便是乐的本；'歌永言'，歌便是作乐的本；'声依永，律和声'，律只要和声，和声便是制律的本。何尝求之于外？"曰："古人制候气法，是意何取？"

先生曰："古人具中和之体以作乐。我的中和，原与天地之气相应。候天地之气，协凤凰之音，不过去验我的气果和否。此是成律已后事，非必待此以成律也。今要候灰管，先须定至日，然后日子时，恐又不准，又何处取得准来？"①

阳明认为"元声"向心而求，显然并不主张重视词曲音律，这与阳明心学一切向心而求的先验性质的认知观、泛道德主义都是紧密相关的，客观上也暴露了阳明心学"心体万理毕具"、鄙弃外在知见的不足之处。当另一位以博学自居的士子向阳明请教"律吕"问题时，王阳明则更为明确地表达了自己的态度："进贤舒芬以翰林谪官市舶，自恃博学，见先生问律吕。先生不答，且问元声。对曰：'元声制度颇详，特未置密室经试耳。'先生曰：'元声岂得之管灰黍石间哉？心得养则气自和，元气所由出也。《书》云"诗言志"，志即是乐之本；"歌永言"，歌即是制律之本。永言和声，俱本于歌。歌本于心，故心也者，中和之极也。'芬遂跃然拜弟子。"② 阳明对"律吕"的态度，是他礼乐观念的一部分。"圣人之制礼乐，非直为观美而已也；固将因人情以为之节文，而因以移风易俗也。夫礼乐之说，亦多端矣，而

① 吴光编校：《王阳明全集》，上海古籍出版社 2012 年版，第 99—100 页。

② 同上书，第 1049 页。

其大意，不过因人情以为之节文，是以礼乐之制，虽有古今之异，而礼乐之情，则无古今之殊。……夫所谓礼乐之情者，岂徒在于钟鼓、干戚、簠簋、制度之间而已邪？岂徒在于屈伸、缀兆、升降、周旋之间而已邪？后世之言礼乐者，不本其情，而致详于形器之末，是以论明堂，则惑于吕氏《考工》之说；议郊庙，而局于郑氏王肃之学；钟吕纷争于秬黍，而尺度牵泥于周天，纷纷藉藉，卒无一定之见，而礼乐亦因愈以废坠，是岂知礼乐之大端，不过因人情而为之节文者乎？孟子曰：'今之乐，犹古之乐也；今夫行礼于此，而有以即夫人心之安焉，作乐于此，而使闻之者欣欣然有喜色焉，则虽义起之礼，世俗之乐，其亦何异于古乎？使夫行礼于此，而有以大拂乎人之情，作乐于此，而闻之者疾首蹙额而相告也，则虽折旋周礼，而戛击《咸》《韶》，其亦何补于治乎？'"[①] 王阳明反感士人对礼乐"形器之末"的过度重视，认为礼乐的本质是"人情"，只要礼乐能不拂人情，则礼乐形式是可以也必然处于变化之中的。正是从这一角度，他再次给"世俗之乐"高度肯定，将戏曲纳入礼乐系统之中，虽然他还是认为"律吕"的专门知识并不重要。

阳明弟子对音律的态度和王阳明保持了高度一致。薛侃在论及礼乐时，几乎将阳明的观点重复了一遍，"乐者，声之和也。心必养而后和，心和则气和，气和则声和，故曰'功成作乐'。苟拘拘以制度为礼，律吕为乐，乃器数之末，失其本矣。依其说而为之礼乐，其能兴乎？"[②] 同时，他认为宋儒在律吕之学上的探究是无用之功，"宋儒不达此理，将九寸之管分析至几十万数，毕竟何用！"[③] 再以王畿为

① 吴光编校：《王阳明全集》，上海古籍出版社 2012 年版，第 708 页。
② 陈椰编校：《薛侃集》，上海古籍出版社 2014 年版，第 157 页。
③ 同上书，第 8 页。

例，他在诸生请问“歌诗之义”时，便认为诗歌不过是“养心之具”，但究其实质，他大力强调“养心”的重要性而忽略“歌法”的具体技巧，明显与他来自心学的文艺观有关系，同时流露出心学强调道德、遗弃具体经验的不足：“古人养心之具，无所不备，琴瑟简编、歌咏舞蹈，皆所以养心。然琴瑟、简编、舞蹈皆从外入，惟歌咏是元气元神欣合和畅，自内而出，乃养心第一义。舜命夔典乐教胄子，只是诗言志、歌永言，四德中和，皆于歌声体究，荡涤消融，所以养其中和之德，而基位育之本也。‘子于是日哭，则不歌’，非哀则未尝不歌也。‘子与人歌而善，必使反之，而后和之’，‘反’非再歌之谓，使反之性情以自考也。《礼记》所载‘如抗如坠，如槁木贯珠’，即古歌法，后世不知所养，故歌法不传。至阳明先师始发其秘，以春夏秋冬、生长收藏四义，开发收闭，为按歌之节，传诸海内，学者始知古人命歌之意。先师尝云：‘学者悟得此意，直歌到尧舜羲皇，只此便是学脉，无待于外求也。’”[①] 不难发现，王畿和他的老师一样，坚信道德性情大于一切也可取代一切，对戏曲创作涉及的专门知识——“歌法”并无深入研究的兴趣，他坚信只要通过涵养心体使心体光明，则所创作的作品自会合乎“歌法”的要求，甚至就是“歌法”的规律本身。或许正如阳明所言，某些艺术形式可以获得存在的空间，是因为其与士人的“收放心”有关，“琴瑟简编，学者不可无；盖有业以居之，心就不放”。[②] 刘元卿等人在讨论礼乐问题时，与王阳明、王畿等的观念可谓异曲同工，“夜坐，刘静父问礼乐不可斯须去身，予曰：‘只今在坐，雍雍肃肃即礼，歌诗诵书即乐，何尝斯须去身？’周时卿曰：‘此所谓行不著、习不察也。’予曰：‘著之、察之，所谓察

① 吴震编校：《王畿集》，凤凰出版社2007年版，第60页。

② 陈荣捷：《王阳明传习录详注集评》，台湾学生书局1983年版，第349页。

乎天地也，大礼原与天地同节，大乐原与天地同和。吾人目前一进一反，便是阳舒阴惨消息，但日用不知耳。'"[①] 孙应鳌也是从性情出发，来解释音乐方面的问题："人歌之善而使反之，则有以尽得歌者之性情；于其反而后和之，则己之性情又与歌者之性情而合一矣。人之善即我之善，我之善即人之善也。"[②] 轻视甚至取消礼乐尤其是"乐"的专门性知识，用身心层面的伦理道德取代礼乐的实质内容，正与阳明心学泛道德主义的思想倾向一致。阳明学者认为元声只在心上求，客观上给了"今乐"合法地位。而阳明轻视古乐元声的"本来状态"，客观上也影响了阳明后学对戏曲音律这一专门性知识及创作规矩的态度，铸造了一种遗弃规矩、自信本心、以意行文的戏曲创作取向，这一点在以汤显祖为代表的一些曲家处尤其明显。

第三节　心学影响下晚明戏曲观的蜕变

戏曲在元代勃兴后，得到很多文人参与、关注，但戏曲的地位并不高。罗宗信在《中原音韵序》中，还曾指出儒者对戏曲"每薄之"的情形。朱经在《青楼集序》中的观点则佐证了元代儒者鄙薄戏曲的态度，戏曲创作并非士人的主动选择，而是"士失其业"后抒发苦闷的工具。对于夏伯和撰写《青楼集》的做法，朱经将其与杜牧的"十年一觉扬州梦"相较，认为夏伯和不过是借《青楼集》消磨壮志，本

---

① 彭树欣编校：《刘元卿集》，上海古籍出版社 2014 年版，第 404 页。

② （明）孙应鳌：《孙应鳌文集》，龙连荣等点校，贵州教育出版社 1996 年版，第 226 页。

意并不屑于此。“雪蓑于行，不下时俊，顾屑为此。”[①] 夏伯和按照传奇、戏文、院本等构建了一个戏曲文体的蜕变系统，将杂剧归于稗官小说一脉，而稗官小说一向被文人视为壮夫不为的小道。直到明初宁王朱权那里，戏曲的地位也没有得到本质的提升。朱权基本将杂剧定位为文人逞才、点缀太平的工具，“盖杂剧者，太平之胜事，非太平则无以出”[②]。到明中期，名士杨慎则提出“女乐之兴，本由巫觋”[③]的说法，这一与王国维先生的戏曲起源论颇为相似的观点，在晚明士人中的影响远远不及杨慎的声誉那样如雷贯耳。而明中后期尤其是晚明，戏曲地位急剧上升，出现了明显的升格现象。晚明戏曲升格不仅表现为当时士人中出现了在儒学范畴内界定戏曲起源、将戏曲纳入诗教传统的新思路，很多心学学者乃至大儒如刘宗周都肯定了戏曲存在的必然性，强调了戏曲在教化世人上无法替代的价值。晚明戏曲升格还表现为文人曲家以巨大的热情参与戏曲文本的创作，受心学思维方式尤其是情性观的影响，真正将写情与谈性融为一体，克服了自元至明中期戏曲教化上的概念化弊端，提升了戏曲艺术。可以说，阳明心学是晚明戏曲升格的根本动因，而戏曲也表现出向儒学靠拢的态势，最终在晚明获得“一代之文学”的高度肯定。

笔者在前文已经论述过，心学学者对任何可能分散士人研习心性之学的艺术形式都是警惕的，他们主张诗歌、艺术之类都应是心性之学的工具，士人可以利用诗歌、艺术，但又应谨慎地把握分寸，以免不自觉地沉溺其中。毕竟在王阳明的诗歌中，即使中秋赏月他也是借月“谈心”，“吾心自有光明月，千古团圆永无缺。山河大地拥清辉，

---

① 中国戏曲研究院：《中国古典戏曲论著集成》（第2册），中国戏剧出版社1959年版，第14—15页。

② 同上书，第43页。

③ 陈多、叶长海选注：《中国历代曲论选注》，上海古籍出版社2010年版，第112页。

赏心何必中秋节！"[①] 关于菜花，阳明感受到的不是春意烂漫，而是"闾阎正苦饥民色，畎亩长怀老圃心"。[②] 在阳明现存的诗歌中，我们很少能看到传统文人的闲情逸致，满眼看到的多是诗人的"性情之正"。因此，晚明士人若是沉溺文辞而不是借文辞载道谈心性，便很有可能受到心学学者的质疑。以稍早于汤显祖的江右王门的胡直为例，他"自童喜攻文辞，骛为奇诡不肯休，颇自矜严，以号于人曰：'古诗文法当尔也。'比壮，有先生长老讶之曰：'若小子，奈何以万镒珠弹飞肉，不可还；以连城、湛卢辟锦石，不折则阙，宁不悭乎？今夫人至灵者，心也，而道出焉，可以参天地，首庶物。自陶唐氏得之，以协万邦；有虞氏得之，以光海隅；三王得之，以式九国、清四海；尹陟得之，格皇天；周公得之，兴礼乐；孔子得之，卒为万世师。繄其大哉，奚啻万镒连城？而子小用之，奚翅弹飞肉、掘锦石？吾不暇为子笑，且为哀之。'予始闻，搪焉若有阻也，而问曰：'文终不可为乎？'曰：'文者，圣人之所有事也。吾告子以谐万邦、光海隅、式九国、清四海、格皇天、兴礼乐、师万世，文亦至矣。圣人奚不为文哉？且子之所谓文，是犹女妇刺绣文之工，而未睹山龙、火藻之从生，是犹宋人雕楮叶之奇，而未知徂徕、新甫之松柏之为真也，是奚足语文？子不见自汉司马相如工富丽，中人心髓，延及魏晋六朝，凡数百年劫夺不可已，甚矣哉！其祸天下万世之蛊毒也。子尚攘攘焉慕之，以夸严于人，仁者固乐为乎？'"胡直笔下"先生长老"的训诲之言正使用了心学学者接引后学惯用的夸饰手法，从而凸显了心学学者用心性、道德归化一切文学艺术的取向，通过强调

① （明）王阳明：《中秋》，吴光编校《王阳明全集》，上海古籍出版社2012年版，第655页。

② 《和董萝石菜花韵》，吴光编校《王阳明全集》，上海古籍出版社2012年版，第652页。

个体的宝贵，再全盘否定个体沉迷无关心性之文辞的行为，指出个体只有致力于心性之学方不负此生。胡直作为传统士人，在这一番训诲面前，自是“惶然汗下，口禁不能言，又恍焉若有醒也。已而悔弃所习，凡有年矣。虽未得于道，然灼然知蛊毒不可近，又未尝不自哀，且以哀人”①。

因此，毫不奇怪的是，即使晚明士人在戏曲创作中不曾放弃教化，甚至在戏曲创作中寄托了心性之思，依然可能因为戏曲是小道的观点而必须面对心性之学的质疑。这种质疑并非仅仅来自外来的压力，剧作者本人内心亦有着相似的疑问和矛盾，汤显祖便曾受到泰州学派罗汝芳的质问，“子与天下士日泮涣悲歌，意何为者，究竟于性命何如，何时可了?”罗汝芳毕生追问心性大道，对弟子汤显祖沉溺诗歌词赋的行为似乎是失望的，他“叹而问曰”中流露的失望之情，竟让汤显祖“夜思此言，不能安枕”②。王骥德的好友、作有色情小说《绣榻野史》的吕天成，虽醉心词曲，作有《曲品》且创作了大量戏曲作品，却并不认为戏曲是人生中正当而重要的事情，内心难免焦灼与愧悔之感：“壬寅岁，曾著《曲品》。然惟于各传奇下著评语，意不尽，亦多未得当。寻弃之。十余年来，予颇为此道所误。深悔之。谢绝词曲，技不复痒。”③“深悔之”三字意味深长地暗示了吕天成放浪形骸之下对正统士人之路的复杂心理，举业是正统士人之路的重要组成部分，但在晚明心学的推扬下，举业有时因其动机的功利而备受訾议，汲汲于举业，几近汲汲于名利。笔者认为，未能致力于心性大道的参求，应亦是吕天成深悔的原因之一。“汪伯玉以左司马致

① 张昭炜编校：《胡直集》，上海古籍出版社2015年版，第168页。

② （明）汤显祖：《汤显祖全集》（2），徐朔方笺校，北京古籍出版社1999年版，第1228页。

③ （明）吕天成：《曲品校注》，吴书荫校注，中华书局2006年版，第1页。

政，将归，谓其乡人中书潘纬曰：‘天下有三不朽，太上立德，今已不能作圣；其次立功，又非林下事；其次立言，又懒做文字。此归，将就做些曲子陶情而已。’潘答曰：‘这也是一不朽。’汪问之，答曰：‘其次致曲。’汪司马大笑。”① 虽然作者语带调侃，但可见当时正统士大夫从事戏曲创作时，内心有着某种投身小道、消磨壮心的不甘与失落。十多岁时便结识了罗汝芳、王畿的梅禹金（鼎祚），曾言戏曲创作是“丈夫意气，但复如此。殆与饮醇酒，弄妇人何异”。然而终于又说：“《章台传记》侘傺无聊，偶游戏于肉谱……开罪大雅。”②举业不遂的梅鼎祚虽失去跻身仕途、显亲立功的机会，但勤于著述，文名藉藉，有意立言。因此，在曹学佺看来，梅鼎祚乃“不欲以词章自好，而以儒者为己任”③。将他们的心态与明初朱有燉相比，可以很明显地看到晚明曲家在心学泛道德主义裹挟下发生的变化，这在有科名、仕途方面身份的曲家处表现得尤为明显。周宪王朱有墩（1379—1469）虽然也作有教化类杂剧，虽有藩王之尊却不认为戏曲必须承载教化世人的责任，“文章之在世，有关于风教者，有不关于风教者。……其或有文章而无补于世，不关于风教者，若《毛颖》，《革（疑为‘南’字）华》《天问》《河间》等篇，此乃鸿儒硕士问学有余，以文为戏，但欲驰骋于笔端之英华，发泄于胸中之藻思耳。未可求夫至理，而与原道等文，同日而语也，昔法云道人，劝黄山谷勿作小辞，鲁直云：‘空中语耳，不致坐此便堕恶道。’予亦云然，暇日观元之文人有制《偷甲》传奇者，其间形容模写曲尽其态，此亦以文为戏，发其胸中之藻思也。予乃效其体格，亦制偷儿传奇一帙，名

① （明）江盈科：《雪涛谐史》，老根编《中华谐谑十大奇书》，中国戏剧出版社1999年版，第5页。

② 转引自徐朔方《晚明曲家年谱》（第三册），浙江古籍出版社1993年版，第149页。

③ 同上书，第189页。

之曰《豹子和尚自还俗》，用是以适闲中之趣，且令乐工演之，观其态度以为佐樽之一笑耳。君子耻一物之不知，欲令后学，以广其异闻耳"①。虽然认识到"以文为戏"的文字不能与"原道"之文同日而语，但朱有燉并没有流露出用道学驯化各种文字样式的意图（虽然他的戏曲创作有很重的道学气），更没有像心学学者那样，放弃"游戏"之文而转入对心性大道的探究，相反，他坚持认为不关风教的文章无伤大雅。与之相应的是，朱有燉认为杂剧可以用来展示才华、佐樽助兴，而晚明士人往往是极少数身份低微的曲家，才会以决绝的口吻申明自己的创作是与风教无关的韵士之曲。最值得注意的是，朱有墩在程朱理学背景下的"君子耻一物之不知，欲令后学，以广其异闻耳"的创作动机，这与心学学者反对士人在博学中耗散精神、荒废心性工夫的态度有着本质不同。

不过，与阳明心学在晚明的日渐裂变相呼应，一部分相对底层的曲家的心态也比较复杂和多面，他们并不认为风流放旷与正统意识不可共存。以经常流连于秦楼楚馆的王骥德为例，他本人以韵士自居，却对李贽大出恶声："《西厢》，韵士而为淫词，第可供骚人侠客，赏心快目，抵掌娱耳之资耳。彼端人不道，腐儒不能道，假道学心赏慕之，而噤其口，不敢道。李卓吾至目为其人必有大不得意于君臣朋友之间，而借以发其端；又比之唐虞揖让，汤武征诛。变乱是非，颠倒天理如此，岂讲道学佛之人哉？异端之尤，不杀身何待！"② 大概王骥德认为自己作为韵士，虽欣赏《西厢记》，却能保证本心不受蛊惑，不致乱了是非天理。而李贽对《西厢记》的评说，足见李贽的

① 蔡毅编：《中国古典戏曲序跋汇编》，齐鲁书社 1989 年版，第 1345 页。

② （元）王实甫：《新校注古本西厢记》，王骥德校注，富晋书社 1929 年版，第 58—59 页。

心性修养不足以观赏《西厢记》。虽然李贽可能不会同意王骥德的斥责，但可以确定的是：心学可以给予文人雅士放旷自得的心性依据，只要本心不失，便可以不追究小节细行。但是心性追求作为第一等事业，深扎根于文人心中，即使如王骥德这样被抛出学而优则仕之传统轨道的落魄文人，一旦面对“名教罪人”，依然不惜奋其老拳。是以放旷自鸣，还是以端士自居，有类于李渔口中的风流和道学，并非不可兼得。因此，如果说晚明文人立志于以情向理挑战，似乎言之过高，虽然大部分剧作家的确一再表明其作品对于伦理教化的积极作用。演述青年男女悲欢离合的爱情剧，与丝竹之声相结合，亦可以起到涵咏性情的作用。“诸公共至徐寓演《明珠》，久不闻吴毹矣。今日复入耳中，温润恬和，能去人之躁竞。谁谓声音之道，无关性情耶？”①

如果说明初朱元璋、朱权父子有关戏曲创作、表演的专制言论，必然会因其冷酷残忍、有悖戏曲艺术发展规律而遭到古今文人的反感，那么，面对阳明心学强调的戏曲教化论，士人心态已非反感、抗拒可以概括。晚明剧作家一般普遍强调自己的剧作有助于世教，剧本演述的故事关乎忠孝节义，如冯梦龙在《酒家佣叙》中所言：“传奇之衮钺，何减春秋笔哉？世人勿但以故事阅传奇，直把作一具青铜，朝夕照自家面孔可矣。”② 即使“十部传奇九相思”的晚明爱情剧中，剧作者亦不曾放弃教化的戏曲社会功能，而是力求剧本风流节义两兼擅（晚明情性观的变化为之提供了可能）。但阳明要求戏曲承担教化功能，同时又能“无意中”感动世人良知，这一观点随着《传习录》在士人中的传播，必然影响到晚明曲家的戏曲观。阳明学者重视戏曲

① （袁）袁小修：《游居柿录》，青岛出版社 2005 年版，第 213 页。

② 蔡毅编：《中国古典戏曲序跋汇编》，齐鲁书社 1989 年版，第 1345 页。

对普通大众的教化功用同时反对士人沉溺于无关道体的艺术创作、消遣，必然对晚明曲家产生影响。晚明曲家在泛道德主义的裹挟之下，既要让戏曲承载教化功能，不至于偏离诗教传统，甚至主动向其靠拢，但就创作的个体需要以及戏曲的诗性特质而言，言情又是必不可少的，因此，晚明曲家必须处理好“言情”与“载道”的微妙关系。一部分参与戏曲创作的士人必然会强化戏曲的教化功能，同时努力推进戏曲的教化手段，避免元杂剧以及明中前期戏曲在教化手段上的简单粗陋。

在政府外在控制松弛无力的晚明，士人对扶持世教的热情却日渐高涨。王阳明认为戏曲的道德功用必须是“无形中”发生的，这一点对晚明戏曲艺术的影响也十分深远。事实上，接受心学文艺观的士人，往往还会面临另一个现实问题：在心学学者看来，诗文创作终属“末”事，诗文应“载道”；以诗文阐释心性体悟的士人，会因为作品的“头巾气”而被曾经的文人群体讥笑，以致左右为难。王畿便记述过类似的情况：“珠川子锐志词章之学有年，既裒然富且工矣。一日闻阳明先师良知之说，恍然若有见，怃然叹曰：‘斯其根本之学也乎！吾之所习，特枝叶尔已。’间以其说发为文词，则众哗然非而笑之：‘此道学头巾语也。习之将奚以为?’珠川子亦牵于旧习，未能舍，其与良知之说，又不忍弃也。二者往来于中，久未能决。”[①] 如何载道又没有头巾气，或者说，如何提高载道的水准，使观者“无形中”得到真切的感动，也是晚明曲家面临的一个现实问题。在心学学者那里，他们虽然肯定戏曲的劝化功能，却并没有给这一功能的承担主体、实现路径提供答案，而普通百姓的戏曲演出必然远离

① 吴震编校：《王畿集》，凤凰出版社2007年版，第352页。

士大夫期待的道德教化。晚明曲家最终在戏曲创作中，吸收心学的思维新变，并通过戏曲言情的文体优势，实现了阳明希望的戏曲教化效果。与明初相比，以放诞风流闻名的晚明士人，不仅没有在戏曲创作中放弃教化，而且在教化的艺术手法上日渐精进：自元代杂剧勃兴，关于戏曲有助风化的言论虽一直不绝如缕，但直到朱权、朱有墩那里，戏曲仍主要为寄寓才情、点缀升平的工具。从具体的戏曲文本创作看，在如何利用戏曲教化上，也一直存在严重的概念化倾向。且不谈元杂剧中言情与教化功能的割裂，教化剧如《霍光鬼谏》《郭巨埋儿》等基本通篇皆为违背情理甚至人性的说教；南戏如高明的《琵琶记》也因教化目的与效果的撕裂而在晚明招致批评，陈继儒甚至认为《琵琶记》是关于蔡伯喈不孝的“嘲骂谱”；明初《香囊记》《五伦全备记》虽出自儒士之手，却因说理机械、不近人情，被文人讥讽为“臭腐”的“道学枕头”。王门心性之学的日渐深化，使剧作者由情而立言，赋予“情”心性学意味，同时将情视为戏曲的独特内容，找到了更为有效的教化路径。盖因心学的学术路向，客观上为借情说理提供了可能。由于心学学者对形而下与形而上的“两橛”倾向十分警惕，主张天理须从人情中见，情与性、欲与理演进为为物不二的关系，学者对情的态度更为积极而客观。赤城临海逸叟在《鼓掌绝尘叙》中曰：“人心一天地。春夏秋冬，天地之时也，则首春非春，不足以宰发育收藏之妙；喜怒哀乐，人心之情，则鼎喜则喜，无以胚悲愤欢畅之根。”① 即使风格绮丽的男女情事，也不可能全然从人心中剪除，正如自然世界的四时节气不可或缺一样。而且情的过度亦可以警醒世人，而私情未必不会导

① 大连图书馆参考部：《明清小说序跋选》，春风文艺出版社 1983 年版，第 5 页。

向令负心人汗颜的忠贞："风光艳丽，不独千古同情，天地人心所不可死之性理也。夫小道可观，职此故也。……倘谓淫邪贼正，视为污蠹之物，桑间濮上，宣尼父何不一笔削去之，其中盖有说焉。不惟淫欲炽而情态丑，足隄千秋之邪窦；即合叁野而白发贞，亦足愧万古之负心。……此余草书慕孙娘之舞，遐文欣苏小之歌也。"①

可见，在晚明心学的影响下，心性的探究被标榜为士人人生第一要务，这种风气与情理观的变化紧密相连，使晚明剧作家的扬情与教化不再泾渭分明：重情促进了文人教化手法的深入；探讨心性之风使情日趋归于雅正，包括男女之情。因为大多数剧作者都是有着儒学教育背景的士人乃至曾身入仕途的官宦，王门赋予心性之学的优先地位，是得到他们认可的。汤显祖的剧作即往往被视为借言情而谈性的作品。据程允昌《南九宫十三调曲谱序》，汤显祖曾如是回答"何不讲学"的质疑："公所讲者是性，吾所言者是情。盖离情而言性者，一家之私言也；合情而言性者，天下之公言也。"②联系晚明心学背景，"师言性，某言情"并不能说明汤显祖已经放弃儒家的心性之思，相反，晚明许多《牡丹亭》的热情读者认为汤显祖用《牡丹亭》表达了心性之思；汤显祖"某言情"的回答，说明他顺应了晚明心学的倾向，从形而下的情出发，表达了对形而上之性的理解。明末孟称舜明显受到了汤显祖这一特征的影响，他"邃于理而深于情"，以庄重老成的儒士面目示人，却又毫无芥蒂地以戏曲歌咏至情，婉曲深沉地表达了作者对心性之学的见解。虽然他因创作儿女之情的戏曲作品而受到某些儒士的指责，但他似乎并不认为自己创作爱情剧的行为偏离了一个士大夫应有的生活轨道，

① 大连图书馆参考部：《明清小说序跋选》，春风文艺出版社1983年版，第6页。

② 徐扶明：《牡丹亭研究资料考释》，上海古籍出版社1987年版，第43页。

恰恰相反，爱情剧亦可为论性之作，是孟称舜与相当一部分明末士人的真实想法。结言之，晚明心学学者，本着对心性之学超乎寻常的热情，对戏曲应发挥教化功用、有助风化的观点并无异议。虽然徐复祚认为风教应向道学先生求，文人韵士的戏曲创作以风情为先，但是这样的声音在晚明可谓空谷足音，越来越多的剧作家，在悲欢离合的爱情故事中寄托忠贞节义等伦理之思，并坚持认为他们描摹风情的剧作有补于世道人心，这成为晚明后期的戏曲创作趋向。这一趋向在冯梦龙、孟称舜、李玉、李渔等的剧作中有着尤为集中的体现，它似乎是明清鼎革带来启蒙思潮断裂后的连锁反应，但细细推敲，却与晚明心学引发的情性观之转变一脉相连。明末清初苏州作家群的朱素臣自信戏曲的谈情与理学的说性一样可传："为多情，开生面，何常讲学让临川，少不得与濂洛心书一样传。"[①]与晚明"重情"的剧作家一样，他并非单纯推扬个体的情欲，而是认为从形而下的情可以更切实地把握性理的内涵。心学对理气、情性关系有所推进，反对脱离形而下空谈性理，主张气即理，情即性，这对剧作家既重情又重教化的创作倾向颇有促发之功。应该说，在这一点上，晚明曲家以创作实践发展了心学学者的文艺观，打破了心学学者对诗文表达对象——"性情"的狭隘理解。

心学对晚明剧作者的另一重要影响是，心学学者反对独尊某一种或几种文体与风格，主张文体以描摹性情之真为关键，文体必然有代降。在这一点上，阳明之后，李开先、王世贞皆可谓阳明的同调。李开先在《西野春游词序》中曰："由南词而北，由北而诗余，由诗余而唐诗，而汉乐府，而《三百篇》，古乐庶几可兴。故曰：今之乐，

① 徐扶明：《牡丹亭研究资料考释》，上海古籍出版社1987年版，第43页。

犹古之乐也。”[①] 王世贞提出“三百篇亡而后有骚赋，古乐府不入俗而后以唐绝句为乐府，绝句少宛转而后有词，词不快北耳而后有北曲，北曲不谐南耳而后有南曲”[②]。二人是阳明的后辈，他们沿着王阳明的思路，进一步将戏曲纳入诗经一脉的诗歌传统。类似的戏曲观在晚明十分普遍。例如，王骥德在《曲律》中将戏曲归于“古乐之支”，构建了古乐康衢、击壤——诗经二南——汉乐府——唐绝句——宋词——元曲——南声的发展脉络。邹式金在《杂剧三集小引》中亦曰：“诗亡而后有骚，骚亡而后有乐府，乐府亡而后有词，词亡而后有曲，其体虽变，其音则一也。”戏曲源自诗经、属于诗歌变体的观点，到明末清初已得到广泛承认。“秦、汉而学《六经》，岂复有秦、汉之文？盛唐而学汉、魏，岂复有盛唐之诗？唯夫代有升降，而法不相沿，各极其变，各穷其趣，所以可贵，原不可以优劣论也。且夫天下之物，孤行则必不可无、必不可无，虽欲废焉而不能；雷同则可以不有，可以不有，则虽欲存焉而不能。”[③] 汤显祖论及花间词时曰：“自三百篇降而骚赋；骚赋不便入乐，降而古乐府；乐府不入俗，降而以绝句为乐府；绝句少宛转，则又降而为词。”[④] 晚明染指戏曲的文人，几乎都持与汤显祖类似的观点为戏曲辩护。海来道人于《鸳鸯绦记·叙》中曰：“词曲，非小道也。溯所由来，赓歌《五子》实是鼻祖。渐变而之《三百》、之《骚》《辩》、之《河西》、之《十九首》……又变而之宋之填词，元之剧曲，至于今而操觚之士……盖诚有见于上下数千年间，同一人物、同一性情、同一音声，而其变

---

① 陈多、叶长海选注：《中国历代曲论选注》，上海古籍出版社 2010 年版，第 117 页。

② 同上书，第 138 页。

③ 立人编校：《袁中郎随笔》，作家出版社 1995 年版，第 165—166 页。

④ （明）汤显祖：《汤显祖全集》（2），徐朔方笺校，北京古籍出版社 1999 年版，第 1648 页。

也，调变而体不变，体变而意未始变也。”[①] 对于腐儒将戏曲贬斥为风雅罪人的言论，海来道人（路惠期）认为乃是可悲的浅见。在为《盛明杂剧初集》所作的序中，崇祯年间（1628—1644）文人张元徵对王世贞（号弇州山人）鄙弃杂剧耽于情、认为杂剧不可取的观点作了驳斥：“弇州云：‘词兴而乐府亡，曲兴而词亡。即词，亦鄙其婉娈而近情也，何有杂剧？’余谓不然。正恐情不至耳。情至如柳郎故事，生可之死，死复可之生。此即宇宙间一种奇绝文字，庸非不朽？”[②] 富有意味的是，从曲尽人情的角度肯定戏曲的价值，几乎是编选《盛明杂剧》的曲家所持的一致观点。邹漪在为《杂剧三集》所作的跋中指出，戏曲虽与诗词有文体之别，但都是为传情而设：“自有天地即有元音，而其言情者则莫过于诗，诗三百篇不删郑卫，郑卫一变而为词，再变而为曲。体虽不同，情则一致。”因此，元人百种曲与盛明杂剧皆可谓“情之所钟，盖在是矣”[③]。戏曲集歌舞于一体的艺术个性，使其有如古之乐府，具有“陶淑性情”的艺术功用。类似的观点在晚明文人关于戏曲的言论中，比比皆是，兹不赘举。性情是文章的根本，由于世风人情总是随着时代的变化而变化，因此，文体的盛衰是无可避免的事实，文学的体裁与风格不可能总是维持于一种状态，只要能传达出独特而真诚的性情，文体便不应有尊卑之分。这一对戏曲发展颇为有益的观点在晚明极为流行，李贽《童心说》一文以斩钉截铁的语气对此作了强调，并认为在传达真性情的层面，圣贤经典、八股文与戏曲具有同样的价值。黄宗羲基于同样的理由，亦强调了文体随时代推移的必然性，“向令风雅而不变，则诗之为道，狭隘而不

① （明）敬一子：《鸳鸯绦记叙》，海来道人《鸳鸯绦》，商务印书馆1955年版，第1—2页。

② （明）张元征：《序》，沈泰纂《盛明杂剧》（初集），中国书店1980年版。

③ （明）邹漪：《跋》，邹式金辑《杂剧三集》，中国书店1980年版。

及情，何以感天地而动鬼神乎？是故汉之后，魏、晋为盛；唐自天宝而后，李、杜始出；宋之亡也，其诗又盛：无他，时为之也”[①]。可见，王国维在《宋元戏曲考》中提出的“一代有一代之文学”的著名观点，晚明文人早已得其先声。

最后特别需要强调是，作为心学影响下晚明曲体观的新成就是，晚明曲家确立了“情”在戏曲创作中的根本地位，同时以文体代兴论将戏曲纳入儒学诗教序列，这二者是不可拆分的。祁彪佳在《孟子塞五种曲序》中对此有精彩的论述：“天下之可兴、可观、可群、可怨者，其孰过于曲哉？盖诗以道性情，而能道性情者莫如曲。曲之中有言夫忠孝节义、可亲可敬之事者焉，则虽騃童愚妇见之，无不击节而忭舞；有言夫奸邪淫慝可怒可杀之事者焉，则虽騃童愚妇见之，无不耻笑而唾詈，自古感人之深而动人之切，无过于曲者也。故人以词为诗之余，曲为词之余。而余则以今之曲即古之诗，抑非特古之诗，而即古之乐也。特后世为曲者，多出于宣淫导邪，为正教者少。故学士大夫遂有讳曲而不道者。”[②] 祁彪佳对戏曲文体的溯源与教化功能的强调，与阳明如出一辙；但与阳明没有言及戏曲创作范本不同，祁彪佳将擅长言情的孟称舜的剧作推为范本，正反映了晚明戏曲观的重要变化：戏曲所写之“情”不能脱离“性”而存在，由情谈性，如此便可在提升戏曲文体地位的同时强化戏曲教化功能，这是晚明曲家在心学思潮裹挟下关于戏曲观的重要贡献之一。

---

① （清）黄宗羲：《南雷文案》（上），浙江古籍出版社 1985 年版，第 45—46 页。

② （明）祁彪佳：《孟子塞五种曲序》，吴毓华编《中国古代戏曲序跋集》，中国戏剧出版社 1990 年版，第 290 页。

第四章 心学与晚明戏曲情节艺术

心学泛道德主义思维深刻地影响了晚明戏曲剧本的情节设置。一方面，剧作者以伦理判断代替是非判断，剧作的情节多围绕“家—国”范畴展开，形成以凸显主人公德性、重构社会道德秩序为线索的道德性结构。另一方面，阳明心学独尊德性的格物论削弱了程朱理学的智识主义，促使剧作者对宋儒的即物穷理抱消极态度，剧本情节设置以凸显具有伦理道德色彩的情理之真为先，呈现出浪漫主义风格。

第一节 情节设置的泛道德倾向

笔者在前文论证过，阳明心学的格物致知论与程朱理学区别甚巨，从而呈现出以尊德性涵摄道问学的学术倾向，“道德与知识合一的致思倾向，并非自王阳明始，而是中国泛道德文化的一个源远流长的传统。不过王阳明欲与占统治地位的朱熹学说抗衡，特别将它凸显出来。这种凸显，产生了两方面的结果：一方面，对于当时道德沦丧

的世风是一种纠补；另一方面，对于中国学术中本来就比较薄弱的科学因素是一种扼杀，从而加强了本来就无孔不入的泛道德主义倾向”[①]。王阳明实际上否定了程朱“道问学”对自然物理的探求，在阳明看来，圣人不以无所不知、无所不能为标志，而是能使道德本心不被物欲与私意遮蔽：“圣人无所不知，只是知个天理；无所不能，只是能个天理。圣人本体明白，故事事知个天理所在，便去尽个天理。不是本体明后，却于天下事物都便知得，便做得来也。天下事物，如名物度数、草木鸟兽之类，不胜其烦。圣人须是本体明了，亦何缘能尽知得?”[②] 因乎阳明的强调，道德价值成为最基本的价值，成为衡量一切人事之根本标准，德性被视为人之所以为人而非禽兽的根本原因。这种泛道德主义对晚明戏曲情节设置的影响十分明显。具体而言有以下两点。

第一，与教化意图相关，在表现主人公的悲欢离合时，晚明戏曲的情节往往围绕“家—国”范畴展开，此“家—国”范畴特指面向父母、妻子的家庭生活与面向君王、同僚的朝堂生活。情节设置形成以凸显主人公德性、重构社会道德秩序为线索的道德性结构。

元杂剧兴盛的思想背景与晚明颇为不同，将元杂剧与晚明传奇相比较，能有效地说明，在被学者认为“启蒙”思潮日渐流行的晚明，泛道德主义却更深地浸润着戏曲创作。晚明剧作者在剧本中传达的旨趣与元代文人颇为不同。元代实行开放的思想政策，儒学名义上与佛老并尊，但是在上层社会儒学远不如佛教显赫；元代中期科举考试中成为官方指定考核对象的是程朱理学，陆子静的心学已经式微。另外，元代文人地位低下，生存的窘迫与对功名的渴望，使文人倍觉尴

① 张学智：《明代哲学史》，北京大学出版社2000年版，第88页。

② 吴光等编校：《王阳明全集》，上海古籍出版社2012年版，第85页。

尬与焦灼。因此，元杂剧中充斥了文人没有施展才华之空间、不得功名富贵的喋喋不休的牢骚，以及艳羡功名富贵的世俗情感。在以文人为主角的剧本中，从遭人白眼到骤登高位的命运沉浮成为情节线索，从受人冷眼到给人冷眼的报复快感成为剧作者的心理动因之一。文人的心态显得积极又肤浅，他们会在冠带加身后，小人得志地将曾轻视自己的人拒之门外，对给过自己帮助的人塞上双倍的银两，以图报答和自我炫耀。

晚明士人的社会处境与元代文人甚为不同，他们已不再是社会的边缘人，而是可由科举跻身统治阶层的士大夫，身份的优越感与士大夫的精英意识相结合，使民胞物与、用世济民的思想弥漫于晚明士人中。戏曲创作者是“文人出身的士大夫阶层或与官僚往来密切的文人书生，无论是居于庙堂，还是处于江湖，思想上大都是徜徉于道统范畴”①。由于剧作者的儒学背景，他们所采用之题材不出乎士子的生活范围，抒发的情感无外乎庙堂上的忠奸斗争、青年男女的室家之愿、求取功名以荣亲事君的忠孝之思。戏曲作品更关注的是伦理大道的维护，为伦理纲常而牺牲的悲壮，善恶有报、阴消阳长，重回伦理道德结构的有序状态是基本的情节脉络。这使晚明剧作表现出鲜明的文人化倾向。在忠奸剧中，剧作者对功名富贵的兴趣已经削弱，他们真正关心的是忠义得到嘉奖、伦理道德秩序得到重建。以李开先《宝剑记》为例，该剧改编自《水浒传》中林冲的遭际，在情节设置上，身为士大夫的李开先有意将题材收摄到“家”与“国”（庙堂政治）两个层面，以林冲与张贞娘夫妇的遭际构成双线平行的结构，凸显林冲的“忠君”与张贞娘的“贞节”，显示出纲常伦理在时代思潮中的主

① 么书仪：《铜琵铁琶与红牙象板——元杂剧和明传奇比较》，大象出版社 1997 年版，第 123 页。

导地位。郭英德先生亦曾指出这一点，他认为《宝剑记》中林冲与高俅父子矛盾的性质已经不同于《水浒传》，《宝剑记》“把主人公林冲与其对立面高俅父子的冲突由社会冲突改变为政治冲突，突出了二者之间忠与奸的矛盾”。而在《水浒传》中，林冲因妻子之美色而被朋友欺骗，被高俅诬陷与迫害，最终忍无可忍，被逼上梁山，小说作者意在“展示中下层人民的苦难处境，这就带有市井文学浓厚的平民性和世俗性特征”①。

在爱情剧中，男女之情亦与伦理道德同行，由私情而回归礼法，是重要的情节脉络。一方面，青年男女一见钟情、私订终身后，须与父母之命相碰撞，使私情获得父母、家族的认可，转变为合法的婚姻。另一方面，晚明的爱情剧多涉及“合—分—合”的情节架构，女性会在与男性分离期间经受贞节的考验，以从一而终、至死靡它的贞操意识，消解她婚前与男性私自结合的女德瑕疵。

第二，在晚明士人的泛道德意识中，道德标准更为严格，评判人事的视角亦高度道德伦理化，以伦理判断代替是非判断。为凸显道德价值，剧作者在借用前人题材时，不得不煞费苦心地自圆其说，解释人物行为的不合道德之处。

晚明士人虽然不反对放诞洒脱的生活方式，但是对于基本的伦理道德如忠孝节义不容一丝马虎，甚至将道德伦理置于生命之上。以《琵琶记》为例，朱元璋曾因其有裨风教而对其褒奖有加。但晚明陈继儒却认为《琵琶记》“纯是一部嘲骂谱，赘牛府，嘲他是畜类；遇饥荒，骂他不顾养，餍糠、剪发，骂他撇下结发糟糠妻；裙包土，笑他不瘗；抱琵琶，丑他乞儿行；受恩于广才，致他无仁义；抚琴赏

① 郭英德：《〈宝剑记〉：忠奸剧的定型》，《佳木斯大学社会科学学报》1998年第2期。

月，虽吐孝词，却是不孝题目；诉愁琵琶、题情书馆，庐墓旌表，骂至无可骂处矣”[①]。高明作《琵琶记》一向被视为对蔡邕（字伯喈）负心故事的翻案，意在弘扬忠孝伦理。但陈继儒将高明的题旨一笔抹杀，除掉《琵琶记》本身确然存在的情节缺陷外，晚明心学极力强调的道德理想主义——主张士人的德行须心口一致、知行合一而非瞻前顾后、反复算计，仰慕狂者的大仁大勇，导致陈继儒不能认同高明在《琵琶记》中为蔡邕作的辩护。

如果说，《琵琶记》为“漂白”蔡伯喈而设置的情节还颇多漏洞，明中后期的“翻案剧”却在如何使主角道德完美上探索出越来越精彩而有效的情节设置模式。改编自《王魁负桂英》的《焚香记》，以其描写人物、情事的惟妙惟肖而得到汤显祖的赞许。作者笔下的王魁已然摇身一变为至诚君子，他的负心乃是觊觎桂英美色的无赖制造的假象，他的迟迟不归是因拒绝权臣笼络其为婿的“美意”而遭受的迫害。原来小说中桂英生擒王魁魂灵而去的怨气冲天的行为，被改写为桂英至海神庙控诉负心人，王魁魂灵被拘来对质。冤冤相报的结局因而得以转变为真相大白、有情人终成眷属的美好结局。这种改写，亦存在于汤显祖的《紫钗记》中。在唐传奇《霍小玉》中，霍小玉因李益的负心悲伤而死，李益因小玉魂灵的作祟而琴瑟不谐。汤显祖在《紫钗记》中将李益的负心处理为权臣卢太尉的拨乱。卢太尉有心招李益为婿，为逼李益就范，他诬陷李益诗中有怨望之意，又威胁欲害及小玉等人性命，并使李益误以为小玉另结新欢。遭到监视、生性软弱的李益因而羁留卢太尉府中迟迟不归。虽然汤显祖在剧本中将霍小玉的至情与黄衫豪客的侠义塑造得光彩照人，明言李益这样的男性

① 吴毓华等编：《古典戏曲美学资料集》，文化艺术出版社 1992 年版，第 157 页。

没有多少可取之处，但为保全李益的道德完美性，他依然在情节设置上煞费苦心。

除去道德标准的严格化，晚明泛道德意识还表现为评判视角的道德化。元杂剧中尚存有浓厚的民间意识，剧作家往往将诸如吝啬、浪荡败家都纳入恶的范畴进行批判，展示的故事模式、人物类型、价值标准，要比晚明戏曲开阔和多元。而在晚明戏曲中，是非标准有着鲜明的伦理意味，诸如吝啬、放浪等不良品格则并非人物品质的决定性因素，男性的不忠不义、女性的不贞不洁方属于恶。“剧作家习惯于从伦理道德方位去观察、反映、评判生活，二元对立（善与恶、忠与奸、贞与淫、义与利等）的伦理纠葛成为戏曲冲突的基本模式，善恶分明的人物形象成为剧作家关注的中心。”① 元杂剧中女性贞节观亦比晚明戏曲中的女性要薄弱。一个明显的证据是，元杂剧中的女性在迫不得已而改嫁他人后，虽明知所适非人，失身在所难免，但这并不构成女主角的品德污点，也不影响她与心上人的最终团圆。在晚明戏曲中，情况却截然不同，贞节被视为女性最基本的品质，女性的形象特征变得单一，元杂剧中女性个性美的多样性，基本已经不复存在于晚明戏曲中。晚明文人对《西厢记》的矛盾态度，恰显示了是非标准在日趋伦理化。即使李贽在给予《西厢》至上的赞美时，亦不无遗憾地指出，在风教方面《西厢》不如《拜月》。《玉茗堂批评续西厢升仙记》可谓集中反映了晚明士人对莺莺的复杂态度，亦凸显了晚明剧作家在婚姻爱情观上与元代剧作家的区别。步入婚姻的张生早已无复对莺莺的挚爱，而是移情于娇俏聪慧的红娘，甚至百般设计欲占有红娘；而莺莺亦非理想的妻子，她忌妒成性，百般阻挠红娘分爱。除去

① 郑传寅：《儒家文化的历史地位及其对古典戏曲的影响》，《戏曲艺术》2003 年第 4 期。

婚姻生活上的失德，莺莺同时因婚前的越礼在地狱被审判：郑恒在阴间状告莺莺“背婚苟合”，称“婚姻乃人道之始，一与之醮，终身不改”，而莺莺与张生的幽期密约是“先奸后娶”。[①] 有赖已经学佛归真的红娘的说情，阎王认为莺莺嫁给张生是“从权”，可以宽恕，但莺莺还是因为她的忌妒而受到警告。再以《金锁记》为例，该剧改编自《窦娥冤》，耐人寻味的是，作者对蔡婆的形象进行了改写。《窦娥冤》中张驴儿父子欲分别与蔡婆婆媳结为夫妻，窦娥为守贞节，坚决不从。然而，头发已经花白的蔡婆却对张驴儿之父不乏好感，态度暧昧不清，二人为一碗羊肚儿汤你推我让，俨然恩爱夫妻。蔡婆欲嫁给张驴儿之父，最初是因遭其胁迫，但后来有所变化，面对窦娥的质问，她支吾的言语和软弱的态度，说明她有改嫁的倾向，这让窦娥觉得愤慨和羞耻。但在关汉卿的笔下，蔡婆绝非恶人，窦娥被斩时，她“兀的不痛杀我也”的哭喊，完全发乎真情。蔡婆是一位对伦理道德尤其是女性贞节没有自觉意识的普通人，随波逐流的生活态度更加决定她不会为某些道德大义拍案而起。在晚明士人看来，《窦娥冤》中年过半百尚欲改嫁的蔡婆，明显冒犯了基本的伦理大义，因而使人不快。这样逸出了伦理道德范畴的形象，不足以衬托窦娥的高尚和节烈。因此，在《金锁记》中，蔡婆便被改写为清苦度日、守贞抚子的节妇，而《窦娥冤》中的张驴儿之父则被改写为张驴儿之母。蔡婆允许张母留在家中，绝不含有半丝男女之情在其中。

放眼而观，晚明戏曲中正面性的女性人物皆不曾触犯从一而终的道德禁区（虽然爱情剧中的女主角会稍有违背礼法之处）。因为贞节被置于生命之上，为了保证女主角在悲欢离合的遭际中贞节无亏，剧

---

① 黄粹吾：《玉茗堂批评续西厢升仙记》，商务印书馆 1954 年版。

作家不得不殚精竭虑，构造出种种情节自圆其说。女主角面临失节之可能时，或蹈死而获救，或得妒妇严防死守，终于完璧归赵。为凸显伦理道德，尤其是男子的忠孝与女子的贞节，虽然晚明文人一再批评戏曲创作中存在彼此因袭、面目可憎的俗套，一些艺术手法依然反复出现，比如容纳家庭与庙堂之伦理范畴、离合悲欢之人生际遇的双线结构，按剧作者主体意志扭转剧中人物命运的误会、巧合等。

第二节　情节之幻与情理之真①

晚明曲家主张以情造文，以情为基础编织情节。情是沟通作者、演员、观众的媒介，所以戏曲创作力求“戏假情真”，如此，戏场便成为另一世界，可以寄托人生如梦的感慨，可以作淑世劝民的教化，可以歌咏风花雪月的情怀。如果情不真，一切便失去意义。“盖剧场即一世界，世界只一情人。以剧场假而情真，不知当场者有情人也。顾曲者尤属有情人也。即从旁之堵墙而观听者，若童子、若叟、若村媪，无非有情人也。”②

晚明戏曲追求情节的新奇，但这一追求始终与“情”紧密联系在一起，情节的新奇必须以至情为基础，以更好地凸显至情为佳。一个最为典型的例子是，汤显祖在《牡丹亭》中设置奇幻的情节凸显至情，因而造成剧本情节上的“神出鬼没”“生生死死”。当时曾有士

---

① 参见谭帆、陆炜《中国古典戏剧理论史》，中国社会科学出版社 1993 年版，第161—165 页。

② 蔡毅编：《中国古典戏曲序跋汇编》，齐鲁书社 1989 年版，第 1323—1324 页。

人站在现实主义的角度，指责《牡丹亭》的故事情节荒诞不经、不足采信。茅元仪高度肯定《牡丹亭》“诡丽足以应情，幻特足以应志”的特点，并针锋相对地强调，至情具有强大而神奇的力量，不受拘于耳目所见之内的客观事理，“临川有言：‘第云理之所必无，安知情之所必有耶！’我以不特此也。凡意之所必至，必事之所已至也。则死生变幻，不足以言其怪”[①]。对于《牡丹亭题词》中为无数学者引为汤显祖“以情抗理”之铁证的名言，茅元仪作了不同的解释，他并不将“理”解释为程朱的“天理”，也不在佛学的层面理解“理”，而是将《牡丹亭题词》中的“理”理解为常理、事理（这一理解本属于程朱之理的部分，因朱子以“所以然与所当然”理解“理”）。在茅元仪看来，个体所持的经验性的常理、事理，在理解这个世界时其有效性是有限的。在流露出对程朱即物穷理的悲观态度后，茅元仪指出，文学创作中的“事”当以凸显“意”为宗旨，若能凸显个体的情志，取得动人效果，则不必拘泥于事的客观真实性。恰如王思任所言，“若士以为情不可以论理，死不足以尽情”[②]。号称“情痴”的梅孝巳在《洒雪堂小引》中亦表达了类似观点（梅孝巳有时也使用“意”来指主体的情志），在他看来，至情具有“可动天地，精气为物，游魂为变，将何所不至哉”的巨大力量，为传达出至情感天动地的力量，剧作者不必以客观真实性为情节设置的第一标准，而应以传达出至情为准则。“传奇之事，何取于真？作者之意岂遂可没，取而奇之，亦传者之情耳。”[③] 虽然明末剧作者指责过于奇幻的情节导致艺术真实感的缺乏，但最初在晚明文人那里，荒诞乌有的故事情节与神

① 陈多、叶长海选注：《中国历代剧论选注》，上海古籍出版社2010年版，第208页。
② 同上书，第218页。
③ 蔡毅编：《中国古典戏曲序跋汇编》，齐鲁书社1989年版，第1348页。

奇的至情的确被结合在一起：若能传达出个体的精神，凸显出情理的巨大力量，则情节不妨有违背寻常事理、物理之处。

而为了凸显真情至性的神奇力量，取得情节上的新奇效果，剧作者往往借助出入三界的神性结构、鬼神事象、巧合误会、突转等艺术手法，这些艺术手法意在实现情节具有偶然性的转折，使剧作者凸显情理之真的创作动机完全支配情节的发展。实际上晚明的脱空杜撰、有别信史，不完全等同于叙事文学的虚构，而是经常性地表现为对客观事理的认知缺乏热情，从而助长了情节设置上的奇幻。换言之，有时剧作者并非刻意去虚构，而是认为，从情理出发，事实应该、可以如此。正如郭英德先生所言："当宣称戏是假的之时，艺术真实就不再受到客观真实乃至客观情理的制约，而仅仅维系于作家主体精神、艺术情感之上了。"[①] 在围绕《牡丹亭》情节荒诞的争论中，我们可以看到，部分晚明文人从客观事理层面出发指责"生者可以死，死者可以生"的荒唐；而另一部分士人则针锋相对地指出，情的力量足以产生这样的现象，只是拘儒闻见有限，见到的奇特之事有限而已（汤显祖亦提出，拘士腐儒不足以言文，因为他们的闻见贫乏，眼界狭小，对奇怪的事物缺乏赏鉴能力，往往大惊小怪）。汤显祖所言的"人世之事，非人世所可尽"，恰可概括这一点。牡丹亭"荒唐"情节的设置，当然有出于艺术效果的考虑，这一点同样日渐被晚明文人认识到。

谭帆先生对晚明剧作情节设置的奇幻特点作了令人信服的论述，不过，他将这一现象的原因归结为"这种现象在戏剧史和戏剧理论史上的出现，一方面固然是传统审美思想的历史性延续，同时又与汤显

① 郭英德：《"因情成梦，因梦成戏"——明清文人传奇作家文学观念散论》，《中国文学研究》1990 年第 3 期。

祖在戏剧艺术领域所构筑的那种排空出世的艺术世界及其在剧坛上的强烈反响有着密切的关系”[①]。《牡丹亭》在晚明剧作的情节求新上，的确具有重要的发轫作用。不过，笔者认为，汤显祖等晚明剧作家赋予至情巨大力量，使其成为剧本情节架构的决定因素，其根本原因在于心学思潮的影响。汤显祖在《牡丹亭》中明确批评了杜宝，认为他低估了情的力量。杜宝认为女儿年龄尚幼，不懂七情为何物；杜宝更不能相信，女儿会因为情而重生并与柳梦梅私自婚配，在他知道的客观事理中不会有如此出格之事，因此他不仅不为女儿重生而欢喜，反而疑惑女儿是花妖鬼怪。汤显祖在此讽刺了宋儒穷理说的不可靠，因为宋儒穷尽物理的做法不仅有难以实现的一面，更因将情放在被约束的境地，对情持消极态度，使情理处于较为对立的状态，最终影响了士人对形而下之人情事理的感受与理解。吴炳在《疗妒羹》中，亦借小青之口，表达了对“第云理之所必无，安知情之所必有”的理解，小青亦将“理”视为常理、事理，并认为“理”不可靠。在小青眼中，因为“情肠不朽”，杜丽娘死而复活的事并非不可能，“还魂非谬，词传可久。若不信拔地能生，可听说和天都瘦”。只有陈最良、杜平章拘执于现实层面的客观事理，才视杜丽娘为情而生为虚妄，“妙在不通知陈最良，若一通知，便道世间没有此事，坟再开不成了。那杜平章也是一般见识，笑拘儒等俦，拘儒等俦，把生人活口，只认作子虚乌有”[②]。傅一臣在《人鬼夫妻》自跋中亦认为，由于情的巨大力量，化石、重生都是可能的，“杜丽娘幽媾，事绝韵至，瘗青冢三年，犹能返魂，白骨居然出地窟、偎翠乡，为人世之偶，尝讶其不经……想念之坚，贞女望夫而化石；情缘不断，玉箫隔世而重婚，理

① 谭帆、陆炜：《中国古典戏剧理论史》，中国社会科学出版社1993年版，第165页。

② （明）吴炳：《疗妒羹》（上卷），文学古籍刊行社1956年版，第35页。

固有之，无足奇者”[1]。心学奉行的是与程朱理学截然不同的格物致知说，将道问学收摄于尊德性之中，因而心学学者识得的“理”从根本上而言是主观性的。简言之，心学更重视人的主体精神、情感，赋予良知心体巨大而神秘的力量，认为心体中万理毕具，因而与宋儒的“即物穷理”甚不相契。陈荣捷曰：“陆、王之尊德性，乃在反抗新儒家程颐、朱熹之唯理主义。”[2] 程颐、朱熹只是有智识主义的倾向，并非唯理主义，但程朱理学比阳明心学更重视客观物理则是无可怀疑的。而心学所言的“物”具有强烈的主观色彩，阳明所言的“物”不同于朱熹所言的“主体之物的‘客观外物’，‘客观外物’是知识理性的对象，这在阳明不是重要的。阳明的物是‘事’，即有道德理性参与其中、有特定的目的和行为手段的‘事’”[3]。在晚明士人看来，事情在现实层面的客观逻辑并不是最重要的，甚至客观逻辑本身就是个体难以凭借个人的博学多闻予以把握的，关键是从情感、道德出发，事情可能怎样、应该怎样。为突出个体精神、意志、情感，学者相对忽略客观逻辑和理性态度。一个非常突出的现象是，心学学者对鬼神等超验事物的态度，染上了明显的唯心主义色彩：他们认为鬼神是存在的，是个体本心不死、种种执念的产物，这种观念明显影响到了晚明曲家的情节设置。即使每一个观点都要从孔孟的言语中寻得印证，但对孔子“不语怪力乱神”“未知生焉知死”等提法，心学学者往往刻意作了曲解，以便对神鬼、三界等的存在作论证。王阳明在这一问题上尚有所保留，但王畿、罗汝芳等阳明学者的态度已非常清晰。阳明高足王畿在面对“或问生死轮回有无之说”时，措辞虽然还

① 蔡毅编：《中国古典戏曲序跋汇编》，齐鲁书社1989年版，第887页。
② 陈荣捷：《王阳明与禅》，台湾学生书局1984年版，第45页。
③ 张学智：《明代哲学史》，北京大学出版社2000年版，第91页。

比较谨慎，但态度并不含糊，“此是神怪之事，夫子所不语。力与乱分明是有，怪与神岂得谓无？但君子道其常，此等事恐惑人，故不以语耳，大众中尤非所宜问，亦非所当答”。当“诸友请叩不已”时，王畿的解释虽然掺入了佛教思想，但大体没有脱离心学范畴，“人之有生死轮回，念与识为之祟也。念有往来，念者二心之用，或之善，或之恶，往来不常，便是轮回种子。识有分别，识者发智之神，倏而起，倏而灭，起灭不停，便是生死根因。此是古今之通理，亦便是见在之实事。儒者以为异端之学，讳而不言，亦见其惑也已。夫念根于心，至人无心则念息，自无轮回。识变为知，至人无知则识空，自无生死。为凡夫言，谓之有，可也；为至人言，谓之无，可也。道有便有，道无便无，有无相生，以应于无穷，非知道者何足以语此？”① 对王畿颇多批评的另一位重要的心学学者聂豹，也认为鬼神是存在的，“灵明乘气机，迭运不息，通乎昼夜之道，无分于寂感，是也。然亦岂有分于天人乎？有分于死生乎？既曰与天地日月合，则天地日月即我也。易箦之后，躯壳非我有，而灵明自在，谓曾子至今存，可也。不然，天地间何以生人、生物不绝？何以生人？此灵明；生物，亦此灵明，与上古不异”②。阳明心学将良知心体抬到了一个集本体与工夫于一身的地位，从逻辑上出发，实难以否定肉体消亡后良知的存在。“圣人无死生，虽形质有尽时，这灵明常常在天地间，但不能言耳。孔子后几百岁，人入其室，闻弦诵声，此是灵明未尝泯灭。”③ 汤显祖的老师罗汝芳关于类似话题的态度更为直接、大胆，试以罗汝芳与士子关于游魂等问题的讨论为证：

---

① （明）王畿撰，吴震编校：《王畿集》，凤凰出版社 2007 年版，第 165 页。

② （明）聂豹撰，吴可为编校整理：《聂豹集》，凤凰出版社 2007 年版，第 328 页。

③ （明）薛侃撰，陈椰编校：《薛侃集》，上海古籍出版社 2014 年版，第 13 页。

问：往日看《易经》，开卷便说：潜、见、飞、亢，中间屡屡形容，神灵变化不一，而足辄为迟疑不了。今将良知面目，贴实思量，方知圣人言语，皆非空说道理也。

罗子曰：精气为物，便指此身；游魂为变，便指此心。所谓形状，即面目也，因魂能游，所以始可以来，终可以返，而有生有死矣。然形有生死，而魂只去来，所以此个良知灵明，可以通贯昼夜，变易而无方，神妙而无体也。

曰：魂之游，既闻命矣。不知其游而去也，果真实有天官地府之处耶？

罗子曰：四书五经，其说具在，固不必远求也。《论语》曰："咨！尔舜，天之历数在尔躬"；舜亦以命禹，又曰：予小子，"敢昭告于皇皇后帝，有罪不敢赦，帝臣不敢蔽"；……则魂之游于天官地府之间，又敢谓其无耶？后世只因认良知面目不真，便谓形既毁坏，灵亦消灭。遂决言人死，不复有知。并谓天地神祇，亦只此理，而无复有所谓主宰于其间者。呜呼！若如此言，则今之祭天享地、奉先祀神，皆只叩拜一个空理。虽人之贤者诚敬，亦无自生；至于愚者，则怠慢欺侮，肆然而无忌矣。其关于世教人伦甚非小小，故不敢不冒昧详说也。①

罗汝芳的这一段言论明确表明了他认为鬼神、三界等超验事物真实存在的观点，并将其统摄于良知本心，在他看来，形体虽然会朽坏，但良知本心在形体消亡后却会成为游魂，而游魂并不会随肉体的死生而死生。从罗汝芳的言论反观晚明士人对《牡丹亭》"情生情死"的辩护，我们会获得不一样的结论：汤显祖对话本中杜丽娘"情

① 方祖猷等编校：《罗汝芳集》，凤凰出版社2007年版，第70页。

生情死”情节的袭用和完善，不仅仅是因为文学层面的需要，更是因为他并不怀疑鬼神的存在，也不怀疑个体强烈的意志会在肉体枯萎后成为游魂飘荡在世间。因此，毫不奇怪的是，晚明戏曲会大量存在借宗教叙事凸显剧作者主观情志的现象，他们在情节设置上往往不避怪诞荒唐，使“神出鬼没”“生生死死”成为非常常见的情节元素，这在很大程度上是因为晚明曲家并不排斥鬼神之说。如果我们结合黄绾一段文字，更可见心学鬼神观有可能产生的影响。黄绾强调鬼神是真实存在的，“天人之道，常相流通；鬼神之情，岂终茫昧！后世拘儒曲士，不通道要，懈于自修，乃谓天人相远，鬼神可欺，殊不知一气之运，无往不周，一念之诚，有感必应，苍苍之高乃吾四体之充，冥冥之灵即吾方寸之精。是故大人存诚，不愧屋漏，鬼神为徒，岂岂妄哉!”① 这不仅是纯粹的学术立论，还影响到了他的现实生活，“予视篆南京礼部时，一夕，梦于江滨巨舟中，上覆苇席，窿如高屋，见一女子，年方四十，欲附舟上京，令媪验若妊者。又一夕，梦上召予语，语毕，上入，予以女子侍上入宫。又一夕，梦上问：‘尔背有“精忠报国”四字，可解衣看视?’看毕，乃有太子立上前。竟不知何谓。未几，上为广储嗣，敕予主选贞淑，乃得沈君惟重之女，年方十四，即旧内中苇席数间、窿如高屋状，皆宛若梦中所见者。予窃异之，既而君女入京，册为僖嫔，未几为上所贤，复进册宸妃……”②阳明心学的反智识主义，使心学学者慢慢堕入对一些梦兆、鬼神的迷信，而他们坚信这是道德的力量使然，黄绾在现实生活中尚且如此（如果他不是刻意作伪的话），汤显祖在创作杜丽娘的情生情死时，很可能并不是全然抱着艺术虚构的心态，而是认为“远山时阁

① 张宏敏编校：《黄绾集》，上海古籍出版社2014年版，第218页。

② 同上书，第523页。

三更雨，冷骨难销一线灵”① 是现实世界中真实存在的现象，否则我们很难理解他对一些质疑《牡丹亭》情节离奇之言论的言之凿凿的批评。

晚明曲家对宗教超验事物的认可和否认，其背后是对个体情感力量、道德价值的重视，以致晚明曲家在创作中最终以情理之真代替了客观事理之真，从这里衍生出艺术虚构的精神并不困难。宋儒注重事理，更具有现实主义精神；心学学者则重视情理，更具浪漫主义情怀。郑传寅先生在分析《牡丹亭》宗教智慧的基础上指出，“剧作家的主观意图却并不在于张扬宗教教义，剧作出无入有、张皇幽缈的宗教叙事与‘为情作使’、彰显人欲的主观意图之间构成一种相反相成的契合，正是这种契合使《牡丹亭》中的‘至情’有了超越生死、感人肺腑的艺术张力。”② “事真而理不赝，即事赝而理亦真，不害于风化，不谬于圣贤，不戾于诗书经史，若此者其可废乎!”③ 石昌渝先生认为，冯梦龙的小说创作乃是“用‘理真’来取代‘事真’”“‘理真’指的是情理之真，与事实之真对举。”④ 确是有识之见。这一现象，同样存在于晚明其他剧作家的创作之中。晚明亦有一些文人从史家的求实精神出发，力求戏曲故事的叙事与历史相符。谢肇淛在《五杂俎》中对这种“痴人面前说不得梦”的迂执十分不屑，在他看来，戏曲、小说不妨虚构，只要能突出剧作家欲表达之情与欲营造之境：“凡为小说及杂剧、戏文，须是虚实相半，方为游戏三昧之笔。亦要情景造极而止，不必问其有无也。”⑤ 徐复祚在《曲论》中亦表达了

---

① （清）黄宗羲：《黄梨洲诗集》，中华书局1959年版，第93页。
② 郑传寅：《〈牡丹亭〉与宗教智慧》，《武汉大学学报》（人文科学版）2008年第6期。
③ （明）无碍居士：《叙》，冯梦龙《警世通言》，岳麓书社1989年版。
④ 石昌渝：《王阳明心学与通俗小说的崛起》，《文学遗产》2007年第2期。
⑤ （明）谢肇淛：《五杂俎》，上海书店出版社2001年版，第313页。

相似的观点："传奇皆是寓言，未有无所为者，正不必求其人与事以实之也。"[①] 富有对比意味的是，清末人赵惠甫（烈文）在盛赞《西厢记》中崔张之情的同时，亦认为《牡丹亭》中杜丽娘的行为不符合人之常情："若《牡丹亭》则何为哉！陡然一梦，而即情移意夺，随之以死，是则怀春荡妇之行检，安有清净闺阁如是者？其情易感，则亦易消，入人不深，则去之亦速，拈题结意，先已浅薄，如此虽使徐、庾操笔，岂能作一好语？今见其艳词丽句，而以为彼胜于此，是尚未知人情，安足以言读书！"[②] 恰可见清人对《牡丹亭》崇奉的情理之真不甚相契，故责其有失真实、难以采信。这是因为清代程朱理学回流，又流行考据，故更注重现实、客观的事理。

需要指出的是，受心学影响，晚明文人将情节的新奇与情真结合在一起，以情节的新奇、浪漫主义倾向凸显真情的力量。而同样受心学学术倾向的影响，晚明士人所言的"情"兼具"理"（指伦理道德）之意味；在重视情的同时，他们亦同样重视"理"。在晚明士人看来，如果情没有被欲念、私见遮蔽，情必表现为至情、真情，是至善本心的表现。对于程朱的理气二元倾向，晚明士人心怀疑虑，"存天理、灭人欲"的道德高论，在他们看来不仅可能因立论过高使后人对道德践履产生畏难情绪，更可能因脱离形而下而流为空谈性理，若士人不能体会"愚夫愚妇"的人情物理，将自己与他们区别太甚，与他们缺少相同之处，则士人新民的用世情怀亦将成为无源之水。因此，晚明文人认为道德伦理须由形而下的日用、人情而来，从这一层面而言，情即理。戏曲推扬的情既包含由男女大欲而来的两性相悦之

① （明）徐复祚：《曲论》，中国戏曲研究院《中国古典戏曲论著集成》（第四册），中国戏剧出版社1959年版，第234页。

② （清）赵惠甫：《能静居日记》，徐扶明《〈牡丹亭〉研究资料考释》，上海古籍出版社1987年版，第107页。

情，更包由含忠孝节义而发的道德之情。两性之情的中正便是理，忠孝节义的理亦不能脱离主体情感。戏曲情节设置则以传达情理之真为首要目标。晚明士人坚持认为，伦理纲常应具有决定事实走向的巨大力量，并对人世的非道德事实感到不解与愤怒。郭英德先生在精辟地分析了晚明剧作脱空杜撰的特点后，认为“晚明清初文人传奇作家以假为美、以幻为真的文学观念，是对以善为美、以史为真的传统文学观念的反拨”①。然而这却未必。剧作者在设置迷离怅恍之情节时，“以善为美”正是他们的创作动机之一，而脱空杜撰的创作倾向的确取得了以善为美的效果。

晚明戏曲的好奇求新，始终以描摹人情之真、感人至深为旨归。因此，当作者好奇太过，沉迷于奇幻情节的模仿而遗失人情之真时，同样会招致批评。“失真之病，起于好奇。知奇之为奇，而不知无奇之所以为奇。……今举物态人情，恣其点染，而不能使人欲歌欲泣于其间，此其奇与非奇，固不待智者而后知之也。”②“天下之真奇者，未有不出于庸常者也。”③戏曲须描摹普通的世态人情，于人之常情中见出新奇之感，成为明末人的新主张，它是晚明曲家在对戏曲艺术的探讨中必然得出的结论，而如何有效地传达情理之真则是这一理论转向的原动力。当汤显祖戏曲创作中的奇幻之美，在后来学者的模仿中形成格套、失去情理之真后，晚明文人对何谓“新奇”作了富有心学意味的回答，即从百姓日用的当下生活中，见出世态人情的变化。李贽曰：“世人厌平常而喜新奇，不知育天下之至新奇，莫过于平常也。

---

① 郭英德：《“因情成梦，因梦成戏”——明清文人传奇作家文学观念散论》，《中国文学研究》1990 年第 3 期。

② （明）睡乡居士：《二刻拍案惊奇序》，杜云编《明清小说序跋选》，广西人民出版社 1989 年版，第 81 页。

③ （明）笑花主人：《今古奇观序》，杜云编《明清小说序跋选》，广西人民出版社 1989 年版，第 85 页。

日月常而千古常新；布帛菽粟而寒能暖，饥能饱，又何其奇也！是新奇正在于平常，世人不察，反于平常之外觅新奇，是岂得谓之新奇乎？”[①] 情理与时推移，周流变动，本身便有永不枯竭的新奇之处，怪诞荒唐的情节一旦流为人云亦云的格套，实则已无关情理，遑论情理的新奇感。故张岱曾以之指摘袁于令后期剧作的不足之处。从日用当下见出新奇之处，使新奇的效果建立在情理之真的基础上，亦是李渔戏曲实践的指导思想之一。

第三节　大团圆结局的微变及原因

一种文化现象的出现，可能是多种原因综合所致。笔者认为，儒学亦可以为大团圆在不同题材中的出现提供解释。在忠奸剧中，大团圆结局反映了剧作者对伦理道德秩序的企盼；在爱情剧中，大团圆结局反映了男女私情对礼教合法化的寻求，以婚礼场面大收煞的尤其如此，婚姻将男女双方重新纳入五伦之中，意味着私情得到了父母之命的认可。可以说，大团圆结局的儒学动因，便是剧作者对伦理道德的认同。而由于晚明心学泛道德倾向的影响，晚明戏曲的大团圆相比于元杂剧有所变化。剧作家赋予道德压倒一切的价值，并有着宣扬这一价值的迫切性。在剧作家构建的合道德的世界中，地狱、人间乃至天庭三位一体，形成一个完美的道德乌托邦。而在这个道德的乌托邦中，恪守伦理道德的正面人物具有永恒的价值，绝不会被毁灭。晚明

---

① （明）李贽：《焚书》，中华书局1975年版，第60页。

卓人月发出的直写现实中之苦难与不幸的呼声，响应者寥寥无几。

晚明剧作家在剧作中表达了这样的信念：正义、伦理、道德与世俗幸福之间有着紧密的联系，也许人世的道德失序会暂时存在，但是天庭、地狱终究会维护伦理道德的权威。我们可与元杂剧稍作比较，来说明这一点。在元杂剧《窦娥冤》中，因为女主角窦娥的操守与她遭受的不幸命运之间构成了鲜明的对比，《窦娥冤》成为一部被频繁阐释为控诉封建社会黑暗的名著。这部剧作的处境曲折反映了当今中国人“好人有好报”的信念依然根深蒂固，他们相信道德与世俗幸福间有着微妙却不容割裂的关系。关汉卿的特别之处在于，他让窦娥行刑前发了三桩誓愿，这三桩充满迷信色彩的誓愿因为窦娥的枉死而成为现实，但是关汉卿不肯让刽子手在阴风悲旋的时候刀下留人，不肯让窦娥活着受到谨守贞操与正义的嘉奖。与《窦娥冤》形成鲜明对比的是，同样涉及小民冤屈，传奇《未央天》却能设置出红日因人世之冤屈推迟出现在天边的情节，从而使官府受到警告，使正义的官员得到办案时间，最终使含冤莫白的人沉冤得雪，重得幸福之生活。在《窦娥冤》中，即使窦娥的魂灵感动天地，使亢旱三年、六月飞雪、血悬白练的誓愿都成为现实，她的魂灵却是无助的，她似乎没有什么强大的力量足以干涉人事，而是只能乞求父亲窦天章重查卷宗，按照正常的法律程序为自己伸张正义。这在晚明士人看来，难免令人不甘，因此，窦娥在晚明剧作家的笔下，命运虽然多舛却格外幸运：在《金锁记》中，她的丈夫根本不曾早夭，而是被龙王招为女婿，不久即可归来团圆；她的冤案及时得到清查使她得以保全性命，她对丈夫的从一而终亦得到命运的回报。

可见，元杂剧的创作更富于现实意味，更直面现实之苦难而少幻想精神；晚明传奇在劝诱世人恪守伦理道德、虔心向善的同时，亦一并将世俗幸福许给观众，这尤其体现在爱情剧中。

在爱情剧中，明传奇的大团圆亦比元杂剧的“团圆”更为圆满，这种圆满亦与泛道德主义思维紧紧联系在一起。以元杂剧《西厢记》而言，张生与莺莺固然是郎才女貌的一对如花美眷，但是郑恒与莺莺有婚姻之约却是不争之事实。《西厢记》的精华不在最后一本，郑恒“抢亲”在艺术上亦有狗尾续貂之嫌，这使研究者不曾给予郑恒如张生、莺莺一般的关注。郑恒去迎娶自己名正言顺的未婚妻，却遭到严词拒绝与冷嘲热讽，羞愤之下竟触树而死。然而老夫人对亲侄儿的血溅当场似乎无动于衷，“我不曾逼死他，我是他亲姑娘，他又无父母，我做主葬了者。着唤莺莺出来，今日做个庆喜的茶饭，着他两口儿成合者”。[1] 血迹未干，荣归的张生与莺莺便已成亲团圆。元杂剧中的爱情剧往往如此，团圆伴随着“强夺人妻者”的人头落地。但是在晚明文人看来，男女主人公若能在不必要的残杀面前欢喜团圆，他们的内心便存在麻木的一面，他们的德行便蒙上了阴影。因此，晚明士人对郑恒的遭遇深感同情。更为关键的是，在阴教发达的晚明，郑恒实在不应被视为道德有亏、强占人妻的匪类，倒是莺莺明明有婚约在前却失身于张生，因而难免道德上的訾议。于是在晚明士人所作的《锦西厢》中，郑恒中了状元，并被塑造为品行持重的君子，在迎娶莺莺的时候虽然未能如愿，却也未曾被羞辱，且娶到了冒名顶替小姐的红娘，夫妇二人亦可算才子佳人、夫唱妇随；莺莺则在张生赴考之时，与母亲备受流离之苦，并经受了贞操上的考验，而后方与张生团圆。在《升仙记》中，郑恒亡魂更是在阴间状告莺莺不守女德，莺莺亦因其醋妒行为而在阴间受到警告。

---

① （元）王实甫：《西厢记》，王季思校注，上海古籍出版社 1978 年版，第 192 页。

在晚明爱情剧中，剧作者不再设置“郑恒夺妻”这样尴尬的情节，真实合法的婚约只会存在于一见钟情的男女之间，他们两情相悦之下私订终身，却几经波折发现早已有父母之命在前；垂涎女主人公过人美貌的觊觎者，即使奉有“父母之命”，其“父母之命”亦可能是罔顾子女幸福的乱命，甚至是葬送女性终身的财色交易。在马佶人的《荷花荡》中，信守承诺的父亲将女儿的未婚夫接到家中教育抚养，然而这位父母双亡的年轻人不仅蠢笨丑陋，而且不学无术，乃至在塾师的勾引下，流荡烟花场所，最后落入别人设置的圈套被活活吓死。女主角虽对才貌双全的李素心怀爱慕之情，却止乎礼仪地对其许以来生，她与李素最后得以结合，并不曾违背基本的伦理道德。

在元杂剧中，被迫委身他人的女主人公，并不认为有为心上人守贞的义务。《钱大尹智宠谢天香》中，为了让柳永不再沉溺于儿女之情并敦促柳永求取功名，钱大尹拆散了如胶似漆的谢天香与柳永，并纳谢天香为妾，但是从不宠爱这名无力反抗而就范的青楼女子。因为钱大尹的棒打鸳鸯，更因钱大尹棒打鸳鸯后对自己的冷淡，谢天香郁郁寡欢，日渐消瘦。在谢天香而言，她就范于官府势力，是出于无奈；她希望得到钱大尹的欢心，为自己谋取更佳的生存环境，却是出于本心。虽然在见到衣锦而归的柳永时，她会痛苦；被钱大尹完璧归赵送给柳永时，她喜出望外。这种情形是晚明士人难以想象的。在晚明传奇中，女性在身心上对男性的从一而终，仿佛男性对君父的忠心，是不存在任何含糊之处的人伦大节。就女性而言，即使备受苦楚，但不会发生失身他人的不幸，因为她们早已做好在失节前放弃生命的准备。不过，上天由于她们恪守贞操的崇高德行总是格外眷顾她们——她们一定会得救，并阴差阳错回到她所属的男性身边，获得男性社会给予的婚姻，乃至来自最高统治者的封赏。这固然与明代强调贞操有关，但也可见剧作者为实现道德伦理之完满的煞费苦心。儒家伦理道德被置于如此重要的地位，即使风花雪月的爱情剧亦多以男女拜堂成亲作结，将私情合法化为夫妇的伦理之爱。婚前多情貌美的女子，亦会充分展现出她从一而终又不醋妒的贤良本性，证明她作为一名士人妻子将是多么合格乃至完美。在晚明最缠绵绮丽的爱情剧如《锦笺记》《金钿盒》《想当然》《弄珠楼》等剧作中，女性甚至在与男性一见钟情、尚未婚配时，便有心成全丈夫与其他女性。《锦笺记》中，淑娘拒绝情人梅玉婚前的越礼请求，却又将情人与颇有姿色的丫鬟芳春锁在一间房中，使礼教与风情两全其美。剧作者对淑娘德行的赞美，使他设置了这样的情节：淑娘坚贞而不醋妒的女德，使另一位美貌却醋妒的寡妇在羞愧中自缢身亡；一位接受梅玉贿赂的尼姑，欲在淑娘茶水中兑入迷乱心性的药物，雷神因为她刻意破坏他人德行的秽行，及时将其击倒在地（虽然主使者梅玉没有受到任何惩罚）。淑娘因为令人钦佩的德行，赢得了梅玉的真心尊重，更赢得了命运的眷顾，她终于与梅玉团圆成亲，而曾经替她入宫又被赐还梅玉的丫鬟芳春，更甘心让出正妻的位置。结言之，在晚明传奇中，爱情剧的大团圆，是世俗幸福与道德伦理的双重圆满，元杂剧大团圆中女性主人公的贞节瑕疵被修正，指向反面角色的带有复仇、泄愤意味的流血、杀人被尽量避免，大团圆的收尾更为中和。

第五章　心学与晚明戏曲中的新型人物

阳明心学凸显道德价值，对晚明戏曲中的艺术形象塑造亦产生了影响。一方面，与心学自信本心的体道方式相关，晚明士人心目中的理想人格发生变化，他们认为狂侠之人更具求道的真诚与勇力，而拘谨小儒则只会模拟因袭、虚伪不情。另一方面，他们从不曾放弃教化淑世的目标，依然主张细民百姓应恪守伦理道德。为了强化劝世效果，他们大量借用宗教事象，使鬼神形象高度伦理化。

第一节　对曲士俗儒的讥讽

在心学思潮的影响下，晚明士人关于理想人格的观念发生了明显变化，明前期谨严自苦的大儒虽得到他们的尊重，却并非他们仰慕的士人典范。阳明心学关注个体内心道德情感的真诚，一开始便对谨小慎微、拘束自苦的道学、腐儒持蔑视态度。据传阳明的得意门生王龙溪原本生活放浪，整日流连于“酒肆博场”，即使阳明想见他一面亦没有机会，以致阳明不得不投其所好，设计诱龙溪投入门下。“阳明却日令门弟子六博投壶，歌呼饮酒。久之，密遣一弟子瞰龙溪所至酒家，与共赌。龙溪笑曰：‘腐儒亦能博乎？’曰：‘吾师门下日日如此。’龙溪乃惊，求见阳明，一睹眉宇，便称弟子矣。”[①] 其实，说阳明为诱使龙溪从学而故作洒脱，则是对阳明的误解。“王汝中、省曾侍坐。先生握扇命曰：‘你们用扇。’省曾起对曰：‘不敢。’先生曰：‘圣人之学，不是这等捆缚苦楚的，不是妆做道学的模样。’”[②] 在阳明看来，外在礼仪应是内心真意的自然流露，个体不须矜持过度，为谨遵礼法而战战兢兢（当然，阳明一向注重因人施教，根据门人各自的气质性情去成就他们，因而这里纠正汝中、省曾过于拘束，其前提是汝中、省曾本身皆有尊师的真意）。在心学学者看来，拘谨自苦的腐儒只知株守宋儒传注、儒家经典，实则不通世务人情、无关世用。心学学者主张有真切的自得，以己心印证圣贤之言，博而能约。而一些沉迷于科举、耽溺于词章记诵的士人，坚持道在圣人、道在六经，只知研习传注，唯圣人之言是从，以为圣贤书包含一切人情物理，他们熟读圣贤书的结果便是拘泥沉滞、生搬硬套经书之言，流为不近人情。

比拘束于礼法、无关世用更糟糕的情况，便是士人在研习程朱理学时由过度照管外在行为沦为心口、言行不一的伪君子。晚明文人普遍轻视拘谨的生活方式，进而厌恶“假”，甚至将拘谨与虚伪混为一谈，任何人无论其身份多么尊贵，一旦心口不一，便会遭人不屑。而心学最初便是以切实关注心性、力求至善无伪的面目出现的。阳明的

① （明）袁宗道：《袁宗道集笺校》，孟祥荣笺校，湖北人民出版社 2003 年版，第 354 页。

② 陈荣捷：《王阳明传习录详注集评》，台湾学生书局 1983 年版，第 321 页。

门人董萝石曾托身于诗，和同乡的诗人结诗社，“不顾时俗之非笑”。他对世儒的表里不一非常不满，不屑为伍，及至见了王阳明，才幡然醒悟，重燃必为圣人之志，叹息曰：“吾见富贵世之儒者，支离琐屑，修饰边幅，为偶人之状。其下者，贪饕争夺于富贵利欲之场，而常不屑其所为。以为世岂真有所谓圣贤之学乎？直假道于是，以求济其私耳！故遂笃志于诗，而放浪于山水。今闻吾夫子良知之说，而忽若大寐之得醒，然后知吾向之所为，日夜弊精劳力者，其与世之营营利禄之徒，特清浊之分，而其间不能以寸也。”① 心学学者认为，个体不应用全副精神照管外在行为，不应唯外在礼法规范是从，而于自家心性上却并无实修实悟。个体外在行为的无可挑剔，在心学学者看来，可能是因其人谨慎狷介、有所不为，但是还有一种可能，即其人谙熟于礼法规则，心机繁复，将全部精神用于依循礼法、博取美誉。这类伪儒是心学学者最为反感的人物，李贽曰：“道学可厌，非夫子语。”② 正是有感于此。

因此，晚明文人对腐儒、伪儒的鄙弃成为普遍倾向。江盈科曰：“愿为真士夫，不愿为假道学。”③ 吕坤认为，虚伪的言行不一与迂腐的无关世用，都是道学先生的弊病所在：“世之病讲学者，其说有二，曰伪曰腐。伪者行不顾言，腐者学不适用。”④ 谢肇淛认为，宋儒曲解了孔子，孔子本人没有一丝道学气，而是有体有用，富于济世之才：“孔子一行相事，便坠三都，诛少正卯，更无复逡巡道学之气；颜渊问为邦，孔子便以四代礼乐告之，何当又以克己复

---

① （明）李贽：《续藏书》，中华书局1959年版，第436—435页。

② 同上书，第126页。

③ （明）江盈科：《雪涛谐史》，老根编《中华谐谑十大奇书》，中国戏剧出版社1999年版，第3页。

④ 王国轩等整理：《吕坤全集》（上），中华书局2008年版，第90页。

礼，使之教百姓耶？宋儒有体而无用，议论繁而实效少，纵使诸君子布满朝端，亦不过议复井田封建而已，其于西夏、北辽，未必便有制驭之策也。”[①] 李贽《焚书·赞刘谐》辛辣地抨击道学先生曰：“高屐大履，长袖阔带，纲常之冠，人伦之衣，拾纸墨之一二，窃唇吻之三四，自谓真仲尼之徒焉。”[②] 之所以如此鄙弃道学先生，乃是因为熟稔儒家伦理道德、立于庙堂之上的儒士，往往借伦理道德文饰私欲以谋求富贵、巩固权势；更为糟糕的是，他们以方正之士自居，拘执于一善，对真豪杰的微末细行横加诽谤，使庙堂上正人、真人一空，使大事难成、国势日衰。袁中郎对这种“假士满朝、腐儒误国”的现象作了痛切的批评：“夫豪杰所以不乐为用者，非真世不我容。一时执政诸大臣有杞桧之奸、林甫嵩之媢嫉也。其人固皆方正儒者也，朝而闻吾言，亦既虚心而听矣，夕而一人焉，设为虚谈以中之，彼其是吾言犹是彼也。……吾与之正言则嗔耳，诡言则喜，其知足以知天下之假气魄、伪节义，而不能别天下之真丈夫。……其势不至于伪士满朝、腐儒误国不已。”[③] 即使在戏曲作品的品评取舍上，“腐儒”的作品也被低看一等，吕天成曰：“余舞象时即嗜曲，弱冠好填词。每入市见传奇，必挟之归。笥渐满。初欲建一曲藏。上自前辈才人之结撰，下至腐儒教习之簇攒，悉搜共贮，作山海大观。既而谓多不胜收，彼簇攒者，收之污吾箧，稍稍丧失矣。”[④]

晚明心学关于理想人格的观念反映在戏曲创作中，便是对俗儒、

① （明）谢肇淛：《五杂俎》，上海书店出版社 2001 年版，第 273—274 页。

② 刘幼生等整理：《李贽文集》（第一卷），社会科学文献出版社 2000 年版，第 121 页。

③ （明）袁宏道：《袁中郎全集》，（台湾）伟文图书出版社有限公司 1976 年版，第 200—201 页。

④ （明）吕天成著，吴书荫校注：《曲品校注》，中华书局 1990 年版，第 1 页。

腐儒一类人物的冷嘲热讽。《牡丹亭》中的陈最良可谓俗儒、腐儒的典型。汤显祖感叹其“科场苦禁，蹉跎直恁！可怜辜负看书心”①，虽读尽圣贤书，对程朱传注倒背如流，却只是人云亦云、于自家心性并无所得，甚而一言一行都以圣贤书为依据，食古不化到了令人哭笑不得的地步。得知杜太爷欲聘自己为杜丽娘教书，他立刻想起圣训“人之患在好为人师”，见杜宝前，他自言“须抖擞，要拳奇。衣冠欠整老而衰。养浩然分庭还抗礼”。及至见面时却又口称：“生员陈最良禀拜”，并“跪，起揖，又跪介”。第一次给杜丽娘上书，被春香捉弄得团团转，杜丽娘出于礼貌，“请个样儿”为陈妻做一双鞋，陈最良答曰：“依《孟子》上样儿，做个‘不知足而为履’罢了。”柳梦梅开杜丽娘之坟，救丽娘还阳，与石道姑一行逃走，作为看管丽娘坟茔的当事人，陈最良想起先师教诲：“虎兕出于柙，龟玉毁于椟中，典守者不得辞其责。”遂星夜赶往淮扬，欲向杜宝报告，不料一头撞入李全军中，迂呆的陈最良和盘托出自己与杜宝的渊源。李全因而决定设计，谎称杜夫人与春香被擒获斩首，以让杜宝失去守城之志。陈最良不辨真假，将消息报告给杜宝，杜宝哭倒，他还道：“我的老夫人，老夫人怎了！你将官们也大家哭一声儿么！”侥幸说退李全夫妇之兵，被封为黄门奏事官后，顿感“先师孔夫子，未得见周王。本朝圣天子，得睹我陈最良”。对功名富贵的企慕心理一览无余，而听说状元柳梦梅及其家小时，陈最良的忖度是：“他那有家小？是了，和老道姑做一家儿。”遂绝口不提盗墓之事，也不怪柳梦梅当初不辞而别“没行止”，口称：“这柳梦梅也和晚生有旧。”可见，陈最良虽语语不离圣贤的教诲，内里却仍是一副普通人的心性，不耐贫寒，沿门托

① （明）汤显祖：《牡丹亭》，徐朔方校注，人民文学出版社 1978 年版，第 12 页。（以下《牡丹亭》中引文皆出此版本，不另注）

钵，穷酸迂呆；有了功名后，又无师自通地知道和光同尘，可谓集腐儒与俗儒于一体。汤显祖以陈最良这一形象展示了科举制度下的程朱之学如何从圣贤之学俗化为口耳之学，并导致士人的言行不一、迂阔无用。

晚明汪廷讷与汤显祖有一定交往，他现存的剧作颇多模仿汤显祖之处。其《天书记》主要演述孙膑与庞涓的恩怨，剧中陈仲子是比陈最良有过之而无不及的人物。逃难中，陈仲子遇见与丈夫失散的齐人之妻，当时齐人之妻怀有身孕、大腹便便，遂恳请陈仲子扶自己一下，谨遵男女授受不亲之礼的陈仲子却不近人情地拒绝了这一要求。齐人之妻讥讽他："你不带我，乃盗贼心肠。"陈仲子道："我不扶你，是圣贤礼义。"[①] 他到女儿家探望，女儿备鸡黍招待，他竟对无赖乞丐齐人以礼相待，遭其嘲笑，差点被其使酒动粗，幸亏女儿以"外面有两个女人找你"将齐人骗出门，陈仲子尚觉得"事属相欺，我心何忍"。孙膑遭人陷害，身为岳父的陈仲子绝对不会为其奔走求告，连女儿亦觉得他"徒招物议，不近人情"。

拘谨小儒不仅不近人情，而且缺乏切实的才干，在以程朱理学为敲门砖进入统治阶层后，只能靠摇唇鼓舌、卖弄圣贤之学保全功名富贵。《目连救母》"十殿救母"中，作者借十殿大王抨击了读书人出身的官宦往往名实不副、缺乏济世之才："我神道虽是土木衣冠，全不思量你世上读书之人也有衣冠土木。""具元宰之衣冠而不能燮理阴阳，具元帅之衣冠而不能捍御夷狄，具谏臣之衣冠而不能绳愆纠谬，具宪台之衣冠而不能振扬风纪，具有司之衣冠而不能节

① （明）汪廷讷：《天书记》，商务印书馆1955年版，第20页。

用爱人，具使臣之衣冠而不能仗义死节，这些为官者都是衣冠的土木，何为只讥神道是个土木的衣冠。”[①] 在佘翘的《量江记》中，赵宋灭南唐，南唐将领皇甫继勋计穷，只得招贤问策，有一腐儒建议写信劝退赵宋：“盖自唐虞，文德尤其不可无，伏乞正心诚意，治国齐家重道崇儒，兴兵搆怨，快心欤？杀人盈野，诚何补？”[②] 其迂腐令人齿冷，作者盖有意借此讽刺空谈义理、没有经世才能的腐儒。在郑之文所作的《旗亭记》中，面对金国进攻，平日好谈道学的官员作鸟兽散，束手无策：“恨天生贼才，恨天生贼才，干戈扰害，扶伤救死人民坏，是神天降灾，是神天降灾，车马疾驱来，将军都杀败，想没计安排，想没计安排，设醮修斋围城便解。”虽然无计解围，但道学却是不可不谈的：

（外慌科）老先生，咱们正在那里论程颐、王安石这两家的学问，忽听攻城炮响，大家都吓呆了。（丑）老先生，你不知，我们正议从祀孔庙的人物，闻得金人入城，急忙揣了部四书在袖中，这是离不得手的。（外）学生刚拿了一篇周子太极图，也是离不得口的。（丑）正是，正是，虽之夷狄，不可弃也。[③]

只知空谈性理、有体无用，甚至依傍圣贤图谋富贵，将君父国家毫不放在心上，既心术不正又不学无术，面对这样的“儒士”，无怪乎晚明士人要予以抨击：“天下之阴害事，人皆心知其非，而不敢显然指斥者，腐儒也。盖腐儒托足圣贤之门，动则称引圣贤为口实，故信圣贤者必不敢指斥腐儒，所谓投鼠而忌

① （明）郑之珍：《新编目连救母劝善戏文》（第三本），商务印书馆1954年版，第79页。

② （明）佘翘：《量江记》（下卷），商务印书馆1955年版，第20页。

③ 郑之文：《旗亭记》（上卷），商务印书馆1955年版，第12页。

器也。其言固豪杰之士之所痛抑，而英雄无忌惮之主之所必诛者也。”①

在晚明士人看来，研习孔孟圣学，关键在于涵养性情，有切身心，提高个人的道德水平并体悟大道。但如果个体没有必为圣贤之志，即使将孔孟经典倒背如流，也可能沦为罔顾纲常大义的伪君子。这与心学认为良知为个体先天具有的观点是一致的。在经冯梦龙修订的《酒家佣》中，大儒马融因受梁冀提拔之恩，竟为私忘公，代梁冀草奏，罗织李固私通清河王、意图谋反的罪名。作者借吴祐之口，痛责马融乃趋炎附势的假道学，并不配大儒之称。马融引孔子语，要吴祐不要对梁冀疾言厉色，吴祐道：“马中郎，你所读何书，助纣为虐，是个名教中罪人了。还说什么孔夫子。”② 作者在此明确表达了对通读经书却于自家性命毫无助益之伪儒的抨击，只是作者关于圣贤经典的态度比较中和辩证。李燮与王成逃难至徐州郊野，李燮隐姓埋名为酒肆佣工。李燮谨记姐姐文姬的嘱咐，求王成指点经书，王成道：“五经乃古人糟粕，在学者不过章句记问之末，何切身心？且如马季常才高学博，为世通儒，教养生徒，常满天下。当时梁冀谋害先太尉，表章却出其手，由此观之，经学何益于人？足下但勉强为善而已。章句记问之末，愿一切置之。”李燮却并不认同王成的观点：“古人云，朝闻道，夕死可矣，所以黄霸拘囚囹圄，尚请夏侯胜受经。若以马季常而弃学，不将因噎废食乎？小生既无令淑之质，不闻道德之风，将日趋污下。”③ 作者与心学学者一样，主张六经注我，学问当有切于身心，但他同时认为不

① 江盈科：《鲁两生》，阿英编《晚明二十家小品》，河北人民出版社 1989 年版，第 58 页。

② （明）陆无从：《墨憨斋详定酒家佣传奇》，商务印书馆 1955 年版，第 15 页。

③ 同上。

可放弃圣贤经典的学习、参悟，态度更为中和，不像一些心学后学那样极端。

引人深思的是，晚明学者对假道学的批评，是因假道学现象已然是当时社会之痼疾，还是因心性之学提高了道德批判的标准？在《阳明后学研究》中，吴震先生对广泛存在于晚明学者中的谴责世风日下、道德滑坡的愤世言论表示困惑，并质疑这种现象的背后，乃是晚明士大夫在谈及道德问题时普遍具有的严厉与夸张作风。晚明心学对"真"的极度强调，既包含了对他人道德行为的苛刻与质疑，又包含了对自我德性的自信与不顾细行的辩护。笔者认为，对腐儒、伪儒的抨击，折射的是心学学者对程朱理学主敬心态的消解，他们不再以外在行为的严谨为道德评判的标准。士人不复对前贤的恭敬与对后学的包容，学者之间亦充满了不信任的打量。心学学者的自信本心，终于演变出对他人心理不乏暧昧的揣度、对个体意志的凸显，日渐远离心学重视自得精神的"无我"初衷。在这一点上，汤显祖有着清醒的认知，他虽批评人世之假，却远不像李贽那样"嗔性"重。因此他主张"我辈不宜急以小人与人耳"①。《牡丹亭》中，汤显祖有利用陈最良发挥插科打诨、调剂场面的一面，陈最良的一些荒唐言行如在女学生面前曲解《诗经》，都与元杂剧中逸出情境的插科打诨相似。不过，汤显祖虽揶揄了陈最良迂腐滑稽的一面，但依然肯定了他作为普遍人固有的善良本性。而汤显祖的模仿者在抨击腐儒时，态度则远为严厉和轻蔑。

① （明）汤显祖：《汤显祖全集》，徐朔方笺校，北京古籍出版社 1999 年版，第 1416 页。

第二节　对狂侠人格的赞美

与鄙弃曲士俗儒相应，晚明士人倾慕的是勇于求道、不屑讨好世情的“狂”者人格。阳明曾明言：“我在南都以前，尚有些子乡愿的意思在。我今信得这良知真是真非，信手行去，更不着些覆藏。我今才做得个狂者的胸次，使天下之人都说我行不掩言也罢。”[①] 孙奇逢亦称许王阳明曰：“学术事功，真儒名士合并为一，一洗腐儒曲士之陋习矣。”[②] 鄙弃谨小慎微、四面讨好的乡愿，认为只有真豪杰方可在追问大道的路上勇猛精进，几乎是晚明学者的共识。龙溪指出，只有真正的豪杰，才有勇力和气魄从障蔽本心的“习气”中自拔出来：“习气为害最重。一乡之善不能友一国，一国之善不能友天下，天下之善不能友上古，习气为之限也。处其中而能自拔者，非豪杰不能。”[③] 对王龙溪颇多批评的罗念庵在推崇豪杰人格这一点上，却与龙溪一致：“见闻不与，独任真诚，矢死以终，更无外想，自非豪杰，其孰能任此?”[④] 被今人目为反封建、倡扬人欲之代表的李贽，亦将圣贤与狂结合而言：“古今圣贤，皆豪杰为之，非豪杰而能为圣贤，自古无之矣。”[⑤] 虽然朱国祯认为李贽之狂并非圣门之狂。可见，“从阳明的弟子们，出现了这样的主张：狂是为了变成

---

① 陈荣捷:《王阳明传习录详注集评》，台湾学生书局1983年版，第355页。
② （清）孙奇逢:《夏峰先生集》（六），商务印书馆1939年版，第467页。
③ 吴震编校:《王畿集》，凤凰出版社2007年版，第20页。
④ （清）黄宗羲:《明儒学案》，沈芝盈点校，中华书局1985年版，第392页。
⑤ （明）李贽:《焚书》，中华书局1975年版，第4页。

圣人的真正的道”①。

由于晚明心学学者对“狂”的青睐，理想的士人人格发生了变化。大行不顾细谨的豪杰人士，不以外在的种种礼法拘束手脚，更能急人之难，他们不以功名富贵为念，没有盘算计较累心，洒脱自在。赤子的纯真与无畏，使他们的言行发乎本心，更符合晚明心学学者“心即理”的道德理想，洒脱放诞与敦行伦理大道在豪杰身上得以统一。陶望龄《徐文长传》中提及徐渭对自己放旷行为的界定：“渭为人度于义无所关时，辄舒纵不为儒缚。一涉义所否，虽断头不可夺。”② 汤显祖亦曰：“人之大致，惟侠与儒。而人生大患，莫急于有生而无食，尤莫急于有士才而蒙世难。庸庶人视之，曰：‘此皆无与吾事也。’天下皆若人之见，则人尽可以饿死而我独饱，天下才士皆可辱可杀，而我独顽然以生。推类以尽，天下宁复有兄弟、宗党、朋友相拯绝寄妻子之事耶。此侠者之所不欲闻，而亦非儒者之所欲见也。”③ 李贽在评价《昆仑奴》时亦将侠与忠孝节义相结合：“自古忠臣孝子，义夫节妇，同一侠耳。”④ 颇得李贽赞许的三袁，除袁宗道外，宏道和中道皆推许豪杰：“弟尝谓天下止三等人，其一等为圣贤，其二等为豪杰，其三等则庸人也。圣贤者何？中行是也，当夫子之时，已难其人矣，不得已而思狂狷。狂狷者，豪杰之别名也，邹鲁之间，不知庸人凡几，夫子未尝以传道望之，而独不能忘情于禽张、曾晰、木皮辈。夫子之目眼岂同于世之碌碌者哉？居今之时，而直以圣

① ［日］岛田虔次：《朱子学与阳明学》，蒋国保译，陕西师范大学出版社 1986 年版，第 91 页。

② 阿英编：《晚明二十家小品》，河北人民出版社 1989 年版，第 31 页。

③ （明）汤显祖：《汤显祖全集》（2），徐朔方笺校，北京古籍出版社 1999 年版，第 1168—1169 页。

④ （明）李贽：《焚书》，中华书局 1975 年版，第 194 页。

贤之三尺律人，则天下岂有完人?”[1] 豪杰并非仅指行为上的放诞洒脱，其令人敬仰之根本在于，豪杰是孔子认可的最可能近乎圣贤的人格，“若豪杰者，挺然任天下事，而一身之利害，有所不问，即丰稜气焰，未能浑融，而要之不失为豪杰”[2]。正如汤显祖所言：“豪杰之士是也，非迂视圣贤之豪。如世所豪，其豪不才。”[3] 身世凄凉、体弱多病的张大复亦曰：“不肖生平徽尚，不欲与人同乐，而同其忧；不愿居人上，而好居人下……而偶见伛行曲谨，真腐真迂之士，则又掉臂大骂而去之。”[4]

在戏曲创作中刻画急人之难的狂者形象，亦是汤显祖的自觉倾向：“夫使笔墨不灵，圣贤减色，皆浮沉习气为之魔。士有志于千秋，宁为狂狷，毋为乡愿。”[5] 他笔下的黄衫豪客性格豪放，嘲笑拘谨小儒的穷酸迂腐、难以成事，感于霍小玉的痴情和不幸，遂拔刀相助，玉成小玉与李益夫妻团圆，并轻易化解李益可能遭受的打击，是晚明戏曲中一个典型的侠客形象。受汤显祖推许的《旗亭记》，亦塑造了一位深谋远虑的女侠，在汤显祖看来，一旦女子有侠气，便远胜世间的平常男儿。《旗亭记》前有汤显祖所撰序言，作者的创作似乎受到了汤显祖的影响：“予读小史氏宋靖康间董元卿事，伉俪之义甚奇。……常以语好事者，而友人郑君豹先遂以浃日成之。”汤显祖称赞女主人公：“立侠节于闺阁嫌疑之间，完大义于山河乱绝之际”“千秋之下，某氏

① （明）袁小修：《报伯修书》，阿英编《晚明二十家小品》，中华书局 1975 年版，第 236 页。

② 同上。

③ （明）汤显祖：《汤显祖全集》（2），徐朔方笺校，北京古籍出版社 1999 年版，第 1228 页。

④ （明）张大复：《与李知老书》，阿英编《晚明二十家小品》，中华书局 1975 年版，第 374 页。

⑤ （明）汤显祖：《汤显祖全集》（2），徐朔方笺校，北京古籍出版社 1999 年版，第 1138 页。

一戎马间妇人，时勃勃有生气。亦词人之笔机也。……世之男子不能如奇妇人者，亦何止一董元卿也。”[①] 剧本以重笔刻画了隐娘兄妹的豪侠精神。隐娘兄长本身即颇为神秘、行踪不定的侠客，他足智多谋，好急人之难：“英雄若个能识，头颅自可为知己，总万金一诺非惜。辨心肠，冲风度晓为人出力。”[②] 他带董元卿混过搜检和关隘，用海船将其送回南宋地面，又赠金 20 两，以免董元卿空手而归无以赡养老母。而隐娘不仅善于治生，而且暗以金箔纳入董元卿衣衫之中，以防丈夫他日困顿。在她的谋划下，董元卿不仅在国破之下得以南返，与母亲妻子团聚，而且隐娘兄长亦将隐娘护送至南方与董元卿再续前缘。对于她的计谋，董元卿夫妇钦佩不已：“排机布阵计先周，多少胆智心谋，恁深藏奇秘难参透，谁出得红裙之手”，“总男儿更落他之后”，“苍天堪补女娲手，做将来半星不漏，女侠传此事千秋”。[③]

唐传奇亦好描写剑仙侠客，但晚明传奇中的侠客是典型的孔门之狂，李贽明言，侠之所以为侠并非指剑术的神奇而言，而是指侠客本人的才能与品质，“人能侠剑，剑又安能侠人？人而侠剑，直匹夫之雄耳……彼以剑侠称烈士者，真可谓不识侠者矣”[④]。兼具急人之难的道德品质与成人之事的才华计谋，如此方可称为侠。汤显祖在《李超无问剑集序》中同样认为，追求剑术之精微，乃是皮毛之见。这与唐传奇刻意渲染侠客剑术的神奇莫测，有明显区别。《明珠记》中，侠客古押衙拔刀相助，设奇谋玉成无双与仙客，基本因循了唐传奇《无双传》的情节。但《无双传》中古押衙为了确保不泄露事件始末，挥剑斩掉了无辜的采苹；《明珠记》中却是妻

① 蔡毅编：《中国古典戏曲序跋汇编》，齐鲁书社 1989 年版，第 1300 页。

② 郑之文：《旗亭记》（下卷），商务印书馆 1955 年版，第 16 页。

③ 同上书，第 27 页。

④ （明）李贽：《焚书》，中华书局 1975 年版，第 194 页。

妾团圆，并得到皇帝的谅解和赞许，一众人等因为各自对爱情、正义的坚持得到最高统治者的褒奖。《西楼记》中的侠客胥长公虽然救出穆素徽，并考验了穆素徽的坚贞，却残害了自己无辜的小妾，杀了两名罪不至死的书生。冯梦龙对胥长公的残忍提出了严厉的批评，并尝试对剧本进行修改。扶助纲常大义的侠者，在苏州作家群中亦有存在。在李玉的《永团圆》中，贫寒的蔡文英对着王晋的羊裘感伤母亲天冷无衣，侠客王晋遂将羊裘赠给蔡文英。叶稚斐《琥珀匙》中的金髯翁及时救出孝顺贞烈的佛奴，射杀为虎作伥的绣娘，并将佛奴送还其父亲。他们不仅成全了才子佳人的姻缘，更惩罚了破坏纲常道德的奸人。

除去好行仁义的侠客，晚明戏曲中的强盗亦是良心尚存、同情百姓疾苦的侠义之士。《天书记》中，强盗掳掠齐国淄博，遇见鳏寡孤独之人反而予以赈济，且命令喽啰不得滥杀。孙膑妻子和母亲被强盗掳获，盗首问知二人身份后，因感念孙膑是名将之后，故赠以金帛放二人归家。仆人李五因而叹道："原来强盗也有良心。"[①]《春灯谜》中的强盗海獭皮，劫掠的大多是"没仁义的资财、家属，就便受用他一受用，却也无妨。其余一切渔舟商舶，秋毫不扰"。虽身为强盗，却心怀朝廷："所过去处，你看那些官兵，那里有半个敢来支架俺的。朝廷有事，倘若用俺时节，落得在藕花香里，青草湾中，听候招安。"并心系黎民百姓："可怜这些百姓家，少米无柴。"[②] 嘱咐喽啰"是必莫把良民害"，痛恨"这些官人每，有许多劣撇的抽丰客"[③]。

① （明）汪廷讷：《环翠堂重订天书记》（下卷），商务印书馆1955年版，第24页。

② （明）阮大铖：《阮大铖戏曲四种》，徐凌云等点校，黄山书社出版1993年版，第19页。

③ 同上书，第20页。

第三节　良知自足的愚夫愚妇

心学学者追求的道是百姓日用而不知、可与愚夫愚妇相共的，故阳明、董澐、王艮等都有“见满街皆是圣人”之语，他们对“俗人”道德入圣之可能性有清晰的认知。“吾人眼底看得圣贤太高，是害虚怯症；眼底看得俗人太低，是害癫狂症。实见得无人无我，无圣无凡，如此平等心方是凝道之舍。”① 当然，阳明的圣人观以德性为根本标准，客观上暗含了不只以尊卑、功业评判世人的意味，“愚夫愚妇”成为圣贤也就更简单了。愚夫愚妇有高尚的品质，亦会得到士人的尊重。“贤人君子，那一种人里没有？鄙夫小人，那一种人里没有？”“世俗都在那爵位上定人品，把那邪正却作第二着看。今有仆隶乞丐之人，特地做忠孝节义之事，为天地间立大纲常，我当北面师事之；环视达官贵人，似俯首居其下矣。论到此，那富贵利达与这忠孝节义比来，岂直太山鸿毛哉？然则匹夫匹妇未可轻，而下士寒儒其自视亦不可渺然小也。故论势分，虽抱关之吏，亦有所下以伸其尊。论性分，则尧、舜与途人可揖让于一堂。论心谈道，孰贵孰贱？孰尊孰卑？故天地间惟道贵，天地间人惟得道者贵。”② 良知先天具足，愚夫愚妇不被闻见义理遮蔽本心，善心善行便能纯粹质朴、循天则之自然，“天理天然自有之理，容一毫思想不得。所以阳明先生说‘良知

---

① 傅秋涛编校：《耿定向集》，华东师范大学出版社 2015 年版，第 341 页。

② （明）吕坤、洪应明：《呻吟语　菜根谭》，吴承学等校注，上海古籍出版社 2000 年版，第 241 页。

是不虑而知’的。《易》曰：‘何思何虑。’颜渊曰：‘如有所立卓尔。’说如有，非真有一件物在前。本无方体，如何可以方体求得？到是如今不曾读书人，有人指点与他，他肯做，还易得，缘他止有一个欲障。读书的人，又添了一个理障，更难摆脱”[①]。愚夫愚妇更不会因多读书、多识义理而懂得迎合道德规则、掩饰个体的恶念或恶行，“先王教化，只可行于穷乡下邑，而不可行于冠裳济济之名区；只可行于三家村里不识字之女儿，而不可行于素读书而居民上者之君子”[②]。李贽“匹夫无假，故不能掩其本心；谭道无真，故必欲划其出类”[③] 的言语亦让袁小修印象深刻、颇受启发。“愚夫愚妇”中个别杰出者在接触阳明心学后，甚至能够得出令士大夫称赏的吉光片羽式感悟，如耿定向笔下的“夏叟”，“又一日侍，忽喟然问曰：‘天理、人欲，不知谁氏作此分别？侬反身细求，理欲似难分别，止在迷悟间。悟则人欲即天理，迷则天理亦人欲也。’余闻之，大为叹赏”[④]。

需要指出的是，学者肯定愚夫愚妇具有成就完美德行的条件，却并不曾放弃尊卑有别的立场，而是将二者结合在一起。或者说，他们认为“愚夫愚妇”更适合充当儒学伦理的践行者，而不是儒学伦理的讨论者甚至质疑者。谈及对平民的教化，心学学者依然流露出浓重的精英意识，这使当今一些学者所提的晚明“儒学平民化”概念有令人疑惑之处。虽然心学宣称“满街都是圣人”，但是心学在下层“愚夫愚妇”的教化上并非一味宣扬自信良知，而是带有浓重的策略性。正德十三年（1518），阳明平定地方叛乱后撰述的《南赣乡约》，反映

---

① （清）黄宗羲：《明儒学案》，沈芝盈点校，中华书局 1985 年版，第 352 页。
② （明）李贽：《焚书》，中华书局 1975 年版，第 209 页。
③ （明）袁小修：《游居杮录》，刘如溪等点评，青岛出版社 2005 年版，第 186 页。
④ 傅秋涛编校：《耿定向集》，华东师范大学出版社 2015 年版，第 606 页。

了他对下层民众进行教化的思想与策略：

> 尔等父老子弟毋念新民之旧恶而不与其善，彼一念而善，即善人矣；毋自恃为良民而不修其身，尔一念而恶，即恶人矣；人之善恶，由于一念之间，尔等慎思吾言，毋忽！
>
> 约长合众扬言曰："自今以后，凡我同约之人，祗奉戒谕，齐心合德，同归于善；若有二三其心，阳善阴恶者，神明诛殛。"众皆曰："若有二三其心，阳善阴恶者，神明诛殛。"①

阳明在这里运用了他的良知说，认为百姓先天即具有良知，但也继承了孔子"民可使由之，不可使知之"的御民策略，不对下层民众发"人人皆可为圣人"的高论，而是借用乡约，对民众进行约束，并引入鬼神，对民众进行道德上的威吓。

在晚明学者那里，"民可使由之，不可使知之"的思路依然得以奉行。被视为"反封建斗士"的李贽，恰是这一观点的代表。李贽在《兵食论》中集中论述了相关观点：轩辕氏经历大小70余战，得有天下，所以兵不可不有。对于百姓，以利诱之，他们自然能生养繁衍，完备祭祀之礼；诱导百姓田猎，他们自然人强马壮。他们在生活中的诸多行为，自然符合礼义人伦的要求，并不需要圣人来教化。李贽主张满足百姓的物欲，让他们丰衣足食、强身健体、生养死葬，达乎此，则百姓的行为自然会合乎礼义，但是不可开启民智。文事武备并举，则礼乐人伦自明，不需要再喋喋不休，向他们宣扬孝悌。"圣人之道，非以明民，将以愚之。鱼不可以脱于渊，国之利器不可以示人。"② 秉承孔子百姓可由却不可使知的观点，李贽亦认为六艺之教、

① 吴光等编校：《王阳明全集》，上海古籍出版社1992年版，第602页。

② （明）李贽：《焚书》，中华书局1975年版，第96页。

孝悌忠义之行，并不适合让百姓明白甚至探讨其所以然。无奈“姬公而后，流而为儒，纷纷制作，务以明民，琐屑烦碎，信誓周章，而轩辕氏之政遂衰矣”[①]。可见，李贽富国强兵的构想中，带有比较浓重的愚民意味。

因此，晚明文人对“愚夫愚妇”怀有非常复杂的心理。愚夫愚妇由于闻见不多、读书不多，恰恰有可能更多地留有发自童心的率真，对礼义道德怀有虔诚的信仰。但学者同时认为愚夫愚妇并不能觉道，以致渐渐脱离了大道的轨迹，因而需要文人的引导和教化。影响至戏曲，士大夫身份的剧作家往往自觉以尊卑等级观念为基础来建构关于愚夫愚妇的道德标准。在戏曲中大谈因果报应、忠孝节义以对普通民众进行教化，亦得到后来一些心学学者的认同，如陶石梁、刘宗周等。[②]

因此，晚明戏曲的主角依然是身份比较高贵的“才子佳人，王侯将相”，细民百姓多作为背景性人物出现。剧作者在刻意塑造下层百姓时，多侧重他们谨守礼法的自觉性。在汪廷讷的《三祝记》中，范仲淹之子范纯仁不肯在治下行新法并擅发常平仓之粟赈济灾民，挽救了嗷嗷待哺的百姓，因而遭王安石忌恨。王安石派心腹前去按视，众百姓自觉将粟归还。王安石又借前官所造的丛冢诬陷纯仁赈济不力，以致饿殍遍野，将纯仁逮捕入京。众百姓极为愤怒，欲杀来人以留住纯仁，在被纯仁阻止后，一百姓有感无以为报竟投河自杀。

这一类型的百姓形象较多出现在明末苏州作家群的作品中。细民百姓多为奴仆身份，他们为保全主人利益忠心耿耿，不惜捐生代死以

---

① （明）李贽：《焚书》，中华书局1975年版，第96页。

② 吴震：《阳明心学与劝善运动》，《陕西师范大学学报》（哲学社会科学版）2011年第1期。

延续主人之血脉。在李玉的《一捧雪》中，老仆莫成不仅屡次帮主人莫怀古脱离险境，更多次提醒莫怀古提防忘恩负义、奸诈狠毒的汤勤。有学者肯定明末苏州作家群塑造了富有反抗性的正义民众，但是从莫成身上看，苏州作家群的代表人物李玉对此尚无自觉意识。莫怀古以玉杯行贿严世蕃，又对汤勤盲目信赖，轻易袒露以假玉杯愚弄严世蕃的秘密，这说明莫怀古的品行与智慧都并不出色，然而他咎由自取的不幸，却导致莫成主动代死：在李玉笔下，他与莫成的主仆关系，足以成为莫成无条件效忠的理由。《五高风》中的王成，更是弃年迈的父亲不顾，将忠置于孝之上，代替少主人慷慨赴死，他的行为使他在死后跻身神界。这也许说明，李玉希望强调，等级的存在与奴仆的效忠，具有天经地义的合法性，细民百姓的良知自觉，便主要表现为对社会尊卑的誓死维护，对有德士大夫的真心拥戴。这种意图同样存在于苏州作家群其他作家的作品中，在朱素臣（皬）的《未央天》中，米新图被冤杀了嫂嫂琰娘，官府将米新图收监，每日严刑追讨琰娘首级。仆人马义为争取鸣冤的时间，欲先寻一个首级搪塞，遂用激将法使妻子臧婆自尽而死。臧婆并不因马义要自己割头救主而心生怨恨，在她看来，仆人为主人献出生命并无不妥，“首碎香犹在，世远义堪标”，否则便是“侈谈忠孝”。她忠义的丈夫亦为她节烈的行为倾倒：“一声悲悼，不由人双膝跪倒。你片言感激全节操，是胭脂队里英豪。”[①] 在朱素臣的笔下，上天甚至让臧婆的容颜不随时光衰老，以成全她割头救主的忠义之举。而马义将妻子首级献出去后，虽被米新图误会与怨恨，却抱着必死之心，以滚钉板的悲壮行为为米新图争取到再审的机会。难怪登闻鼓院的官员感叹：“如此下贱之人，

① （清）李玉、朱皬：《千忠禄　未央天》，中华书局1989年版，第32页。

有此忠肝义胆。”[1] 主人被放大的权力与仆人血淋淋的牺牲形成对比，凸显了明末士大夫在时代危机中对既定道德伦理的强调。

第四节　伦理化的鬼神

心学本身对佛老的态度比宋儒要开明，朱元璋以儒家为主、不废佛老的思想政策，被相当一部分心学学者继承。心学与宗教的关系，则一直是一个暧昧不清的问题，没有人能断然否定心学与禅宗的密切关系。王阳明便曾有过问禅求道的经历，王畿秉承乃师对于宗教的态度，认为良知是范围三教之“灵枢”，佛老的精义本为儒家所有，只是后来学者为避异端之嫌才抛弃了本为儒学所有的部分。在他看来，善恶报应、天道好还的说法足以唤起世人对天命的畏惧，虽然他不赞同士人修身行善的动机是博取回报，更批评过罗汝芳在讲学中谈及因果报应。罗汝芳的问道对象中亦不乏方外之人，对因果报应、鬼神之说多有采纳，“为了从观念上根本扭转人心的错误走向，惟有重振人们对天心、天命的信仰和敬畏，而不能光靠内心良知的力量。所以他非常强调‘上帝日监在兹’以及‘神道设教而天下自服’的观念，企图以此来规范人心、扭转世风。由此便可理解近溪为何而对人众竭力宣扬‘因果报应’思想的原因”[2]。时隔不久，王畿的再传弟子陶石梁更因在讲学中谈及因果，与刘宗周产生分歧。诸凡种种，可见在追问心性大道之过程中，不避儒释名相的限制、但取有助道德践履的

① （清）李玉、朱皠：《千忠禄　未央天》，中华书局1989年版，第42页。

② 吴震：《晚明心学与宗教趋向》，《云南大学学报》（社会哲学版）2009年第3期。

观念，在晚明学者中并不罕见。心学学者论心不论迹，不重异端之说，无疑大大有利于这一问道路径的存在。据袁小修记载，袁伯修亦曾由佛而儒，在“遍阅大慧中峰诸录，得参求之诀”“研精性命”之后，体悟出“至宝原在家内，何必向外寻求？吾试以禅诠儒，使知两家合一之旨”，并“至是，始复读孔孟诸书”①。李贽曾以不乏愤激的口吻批评一些士大夫对向佛者的偏见，指出在劝人向善、遏制富贵之念上，佛老有着重要的心性学功用。“夫黄面老瞿昙，少而出家者也；李耳厌薄衰周，亦遂西游不返，老而后出家者也；独孔子老在家耳。然终身周流，不暇暖席，则在家时亦无几矣。妻既卒矣，独一子耳，更不闻其娶谁女也，更不闻其复有几房妾媵也，则于室家之情，亦太微矣。时列国之主，尽知礼遇夫子，然而夫子不仕也，最久者三月而已，不曰‘接浙而行’，则自‘明日遂行’，则于功名之念，亦太轻矣。居郴知叔梁纥葬处，乃葬其母于五父之衢，然后得合葬于防焉，则字扫墓之礼，亦太简矣。岂三圣人于此，顾为轻于功名妻子哉？恐亦未免遗弃之病哉！”② 佛老有利于让人看淡功名富贵、妻孥子孙，坚定求道的真心，赋予人求道的大勇，这一点与儒家有相通之处。孔子亦非兢兢在家守妻孥的曲士拘儒，他不贪慕富贵，不暇为儿子完婚，也并不曾为守父母的庐墓而放弃周游列国。李贽从经典中推求出的孔子，的确与佛老有相通之处。江盈科认为，儒释的创立者都是洞见终极大道之人，虽然他们的立论方式有别：“吾圣人与西方圣人，皆能了彻于道，故一心相印，尔我同符。乃其立法立言，虽若各别，然皆于同中见异，亦若月之于江、于海、于涧沼杯而杓所印异，而未始有

① （明）袁中道：《袁石浦先生传》，阿英编《晚明二十家小品》，河北人民出版社1989年版，第132页。

② （明）李贽：《焚书》，中华书局1975年版，第13页。

二月也。”①

心学的泛道德主义，亦促使剧作者在创作中采用宗教事象，使鬼神之类宗教形象伦理化，从而在个人幸福与道德践履间建立起牢固的纽带。正统儒家学者并不主张在体道求善的时候期望获得上天的报答，他们告诫士人，行善是因为善本身，是因为善是人与禽兽相别的重要标准，因此士人应警惕以善行博取报答的念头。但是一旦面对世俗大众，暗示行善会得到命运的奖赏，就成了剧作者无法回避甚至刻意采用的思路。这一点，在很多受过正统儒家教育的剧作者的作品中可以清晰地看到。鬼神事象、果报之说作为一种教化策略，与心学学者教化下层民众、淑世正俗的热情紧密联系在一起。即使王阳明本人在制定乡约时，也不得不借助鬼神的力量。戏曲勾连大众与精英，清晰地反映了心学学者在劝愚夫愚妇向善时的妥协，虽然心学学者一再宣称愚夫愚妇在良知先天固有上不逊于圣贤。这与理学正统不以善求报的思想，形成了意味深长的对比。

在晚明，虽然儒学注重对平民的教化似乎成为一种潮流，教化的方式有“明民”与“愚民”之别，但主张愚民的亦不乏其人。吴震先生在考察阳明、二溪、聂豹的思想及劝善运动后，对晚明心学学者主张以鬼神之说“愚民”劝世的观念作了富有启发性的论证：阳明、聂豹、二溪都赞同或不反对以鬼神之说教化“愚民”。谢肇淛亦赞同愚民的主张：“道非明民，将以愚之，故仓颉作书而鬼夜哭。圣人曰：‘民可使由之，不可使知之。’夫使民得操知之权，则安用圣人为矣？”② 吕坤亦认为鬼神之说有重要的教化功用，士人不必穷究鬼神的

① （明）江盈科：《〈海蠡编〉序》，阿英编《晚明二十家小品》，河北人民出版社1989年版，第47页。

② （明）谢肇淛：《五杂俎》，上海书店出版社2001年版，第261页。

真实性："敬事鬼神，圣人维持世教之大端也。其义深，其功大，但自不可凿求，不可道破耳。"[①] 利用鬼神教化小民，李贽也不反对："小人之无忌惮，皆由于不敬鬼神。"[②] 在《初潭集》中，李贽谈及魏武帝与司马懿的奸诈时认为，他们子孙的凄凉结局正是乃祖德行有亏的报应，"天之报施善人，竟何如哉！吾是以知天之报施果不爽也。吾又以知谲之无益，奸之受祸也"[③]。曾对李贽不乏微词的朱国祯同样赞同鬼神之说："师尝深辟轮回之说，余曰：'刑罚所不加者多矣，即无此事，犹当设出儆戒人，况实有而辟之，辟之，则其说益长矣。'师欣然笑曰：'此等议论尽好，然不可以训。'"[④]

学者着意发挥鬼神之说的淑世功用，对有心教化的晚明文人产生了切实的影响。冯梦龙曰："崇儒之代，不废二教，亦谓导愚适俗，或有藉焉。以二教为儒之辅可也。"[⑤] 万历初年郑之珍的《目连救母劝善戏文》，借用了大量的宗教事象，虽有着弘扬宗教思想的鲜明倾向，但是他明言自己的动机乃是借宗教阐发儒家伦理道德。在郑之珍看来，孔子著《春秋》，劝人向善，乃是"惧之以道"，但下层大众很多时候并不能领会或遵行"道""然道能惧者犹为中人之资，中人以下愚夫愚妇而莫之惧者尤众也"。因此，不妨借鬼神之说以劝善："余学夫子不见用于世，于是惧之以鬼道，余之弗获也已。盖惧则悟矣，悟则改矣，改则善矣，余学夫子之心亦少慰矣"[⑥] "（郑之珍）中

---

① （明）吕坤、洪应明：《呻吟语 菜根谭》，吴承学等校注，上海古籍出版社2000年版，第71页。

② （明）李贽：《焚书》，中华书局1975年版，第92页。

③ （明）李贽：《初潭集》，中华书局1974年版，第450页。

④ （明）朱国祯：《涌幢小品》，上海古籍出版社编《明代笔记小说大观》，上海古籍出版社2005年版，第3494页。

⑤ （明）可一居士：《醒世恒言序》，杜云编《明清小说序跋选》，广西人民出版社1989年版，第67页。

⑥ （明）郑之珍：《新编目连救母劝善戏文·序》，商务印书馆1954年版。

季弃举子业，常谓之曰：‘予不获立功于国，独不能立德立言以垂训于后世乎？’”[①] 从剧本中看，郑之珍明显受到了心学“心即理”命题的影响，故时时不忘劝诱个体灭人欲、存天理，使一心纯乎天理。曹赛英甘心为出家的未婚夫罗卜守节，将母亲劝其改嫁的言语置之不顾，“人之为人者，心而已；心之为心者，理而已。此心无愧则此理无亏，人虽不知，天自知之”[②]。这几乎是对阳明“心即理”的重复。阴司褒扬世人，以忠臣、孝子、节妇为第一等人，让他们早升天府，“看善类恁般荣耀，论人生都是共一胞。同此形骸同斯性，道天性何曾有恶苗。奈形生神发欲动心摇”。阴司中第一等人乃是“孝子忠臣烈妇……万古纲常所系”[③]。郑之珍在《目连记》这一宗教性故事中，尽可能地填入了儒家伦理道德，意在劝诫世人：“人生天地之间，所以异于禽兽者，以其有礼义廉耻也。”[④] 并以鬼神世界，构建了一个完美的儒家理想国。在虚构的世界中，鬼神力量强大，总能以纲常伦理为依据扭转乾坤，在个人德行与世俗幸福间建立牢固的必然联系。《青虹啸》中，曹操因作恶过多，被董承、伏完、伏后等阴魂索命而去。《郁轮袍》中，王绿屡次陷害兄长王维，后因罪被遣戍流放，王维不念旧恶，为其求情，“大舜之于弟，不藏怒，不宿怨，他虽不弟，我岂忍见他颠危不救?”使王綵削职为民，但是鬼神不肯放过王綵。“虽脱官刑，难逃鬼责”。三十一出“参成”，鬼判直接出场，“人间私语，天若闻雷，暗室亏心神目如电。吾乃本坊土地神是也。今有王綵残刻奸险，既已钻谋幸中，不思改行，又造言谤人，设计害兄，恶

① （明）郑之珍：《新编目连救母劝善戏文·后记》，商务印书馆1954年版。

② （明）郑之珍：《新编目连救母劝善戏文》（第三册），商务印书馆1954年版，第33页。

③ 同上书，第65页。

④ 同上书，第45页。

贯已满，上帝判他死于牢狱。文曲星君力奏，免遭刑宪。幽司之法，断不可宥。差鬼判活拔其舌，以正造言之罪；生抽其肠，以昭奸险之刑，为阳世不孝不悌的立个榜样。”[①] 此出流露出鲜明的伦理教化意图，而类似的严厉公正的鬼神形象大量存在于晚明戏曲之中。沈璟《红蕖记》本以男女之情为题材，但牵涉船只倾覆的情节。在沈璟笔下，这并不是偶然的天灾，实为道德不修导致的人祸。龙王称东岳帝君发下天符，曰有十几人于某时淹死。“人若能诸恶莫作，诸善奉行，天自与起死回生，因祸致富。他日死后，必然生天。……这是上等的人了。有一等无善无恶的，若数该死于非命，也自难逃。只是死后不受地域之苦。”[②] 作者借助神鬼怖吓众生，从而达到教化世人、惩恶扬善的意图。《绾春园》以男女风月为题材的重点，但也涉及忠奸之争。奸臣伯颜与纳速剌被流放，二人雨夜中相遇，互相埋怨，俱被雷打死。剧本仅以“杂扮雷神电母行一转下”作提示，后面便接以伯颜与纳速剌被雷劈死，解子道：“原来做官不好，是要天打杀的。”[③] 大概晚明舞台上的雷公、电母、龙神，已是公认的正义伦理的执法者。像元杂剧中因私愤而以雷击毁荐福碑的龙神，在晚明戏曲中很少出现。作者教化的意图，使神的形象伦理化。故评者调侃曰：“这雷极打得好的，只是像伯颜的尽多，原何独他两个晦气。”[④] 在惩罚、诛杀冒犯伦理纲常的匪类之时，神灵亦对善行善人了如指掌，并对其进行嘉奖。《全德记》中，神灵命土地举报善人，土地举窦禹钧，又命举恶人，土地称没有，神灵不信，土地解释乃是因窦禹钧德行昭彰，诸人

① （明）西湖居士：《郁轮袍传奇》（下卷），商务印书馆 1955 年版，第 46 页。

② 徐朔方辑校：《沈璟集》，上海古籍出版社 1991 年版，第 52 页。

③ （明）沈孚中：《谭友夏钟伯敬先生批评绾春园传奇》（下卷），商务印书馆 1955 年版，第 41 页。

④ 同上。

都被感化向善了。神灵于是上报玉帝，以五德星君托生于窦禹钧家中，因为窦禹均一直没有后嗣，故神灵依据他仁善的品质赐给他贵子。

只要稍与元杂剧相比，我们便可以看出晚明戏曲中鬼神形象的三个特点：首先，相比于元杂剧，晚明传奇中的鬼神出现得更为普遍，尤其是万历中后期至明末的传奇，存在大量鬼神事象，爱情剧亦不例外。其次，与元杂剧中鬼魂无力干涉人事不一样的是，明传奇中的鬼神具有强大的力量，足以扭转乾坤。有的鬼神虽只是一闪而过，却起到改写人物命运的关键作用。元杂剧中的神仙都以度脱某人为任务，而明传奇中的神仙往往充当赏善伐恶的角色，赖其神力，在美好的终极世界中笃行纲常的忠臣孝子、义夫节妇，必然得到回报。最后，元杂剧中的鬼神是世俗化的，明传奇中的鬼神则是伦理化的：元杂剧中的鬼神往往具有常人的喜怒哀乐，龙神会因书生的无心得罪而心生不满，轰碎荐福碑以报复；鬼魂也念念不忘尘世的恩怨纠葛，其现身只是为了求助有权力、有良知的清官替自己申冤。因此，元杂剧中的鬼神形象崇高感不明显。而在明传奇中，神鬼高度伦理化，代表了伦理道德作为终极真理最公正、最强大的一面，因而显得崇高神圣。总而言之，在教化动机明确的晚明戏曲中，情节设置中的鬼神事象、果报思想亦日渐流行，鬼神形象的宗教意味十分稀薄，具有鲜明的伦理色彩。

第六章　心学泛道德主义对戏曲题旨的影响

阳明心学对纯真无伪的道德严格主义的强调，不仅仅影响了晚明戏曲的情节艺术，强化了戏曲的伦理教化功能，这一点在前文已经论述过。更值得注意的是，阳明心学的泛道德主义使晚明士人对道德伦理的思考、探讨更为细致，不满足于外在既定的道德礼法，因而催生了晚明士人对等级特权的质疑。对失德之执政者的不满、对滋生不公与黑暗之等级特权的批评，暗示了一种富有意味的平等观，这突出反映在水浒戏中。但令人遗憾的是，就晚明大部分爱情剧而言，“人欲解放”的背后是男尊女卑意识的膨胀，士大夫自得精神与个性的舒展，使男性在两性关系中更关注一己的欲望。在两性关系上，男性剧作者的道德严格主义片面地指向了女性。不过，这也引起了部分士人的反思。

第一节　道德严格主义的延伸：对等级与特权的质疑

心学极力标榜道德的重要性，道德的完美首先表现为行为上的无可挑剔，但远不能仅是行为的无可挑剔。只知作行为努力的人，会被以圣人真脉自居的士人斥为要人说好的“乡愿”。道德的完美，在本质上应该是发自至善本心、纯任天则、没有丝毫人为假借安排的自然行为，言与行、心与口能够一致，才是真正的圣人君子。这种极高的道德标准，激荡了高涨的道德热情，晚明文人的文集中往往充斥了对道德沦丧、虚伪横行的斥责。心学倡言人人皆可为圣人，客观上突出了道德的重要性，从而暗示了一种富有意味的平等观。“忠信之资，圣凡同具，能充之便做得圣人，不能充便止于乡人。”① 当然，心学并不曾主张整个社会中个体权利的天赋平等，心学的平等乃是以道德伦理为基本出发点，期待社会各阶层的民众皆恪守道德与伦理，恪尽己职。心学激发的泛道德思维与出位之思相结合，引发了士人对时事政治普遍的批评勇气与热情。而以道德批评为契机，晚明文人进一步表达了对等级、专制制度的质疑。以“无我”为特征的严格的道德主义，是晚明心学的重要取向。面向全社会所有阶层的道德严格主义，形成有力的思想武器，对诸如皇权专制、贪污受贿等人间不平作了抨击，并以万物一体之仁为出发点，为细民百姓的权利提供了辩护。道

① 龙连荣等点校：《孙应鳌文集》，贵州教育出版社 1996 年版，第 338 页。

德严格主义无声地解构着封建特权的合法性，这大概是心学发展中最耐人寻味的现象。下面分作两点予以论述。

第一，对身居高位却不具备相匹配之德行、才能的当权者，对于社会现实的黑暗与不公，晚明文人进行了淋漓尽致的批评。

李贽对《水浒传》的推许，集中表达了对才德平庸者践踏、奴役德才超迈者的不满："今夫小德役大德，小贤役大贤，理也。若以小贤役人，而以大贤役于人，其肯甘心服役而不耻乎？是犹以小力缚人，而使大力者缚于人，其肯束手就缚而不辞乎？其势必至驱天下大力大贤而尽纳之水浒矣。则谓水浒之众，皆大力大贤有忠有义之人可也。"① 在李贽看来，尊与卑、上与下之间并不意味着无条件的奴役与服从，处于尊、上之位的，必须为大德大贤，否则人心不服便会人情汹汹，社会等级秩序亦失去合理性而难以维持下去。然而让李贽失望的是，孔子以求道热情与道德境界吸引了一批门生誓死追随，以"道德之重"泽被后人；可后世聚徒讲学的道学先生不过借讲学博取富贵，师生以利相聚、利尽而散，严重违背了孔门精神。对士大夫的不信任与谴责，恰说明李贽对士大夫道德标准的严苛远远超过愚夫愚妇。对衣冠当道者的不信任和批评意识，使众多晚明士人对李贽冠《水浒传》以"忠义"的笔法，比较一致地予以了赞同。张凤翼《〈水浒传〉序》可谓重复了李贽的观点："论宋道，至徽宗，无足观矣。当时，南牙北司，非京即贯，非俅即勔，盖无刃而戮，不火而焚，盗莫大于斯矣。宋江辈逋逃于城旦，渊薮于山泽，指而鸣之曰：是鼎食而当鼎烹者也，是丹毂而当赤其族也！建旗鼓而攻之。……兹传也，将谓诲盗耶，将谓弭盗耶？斯人也，果为寇者耶，御寇者也？

① 陈曦钟等辑校：《水浒传会评本》，北京大学出版社 1981 年版，第 11 页。

彼名非盗而实则盗者，独不当弭耶?”[①] 在张凤翼看来，当道者昏庸无能、祸害百姓，实际上是最大的强盗。宋江等揭竿而起，立誓诛灭庙堂大盗，即使其事不真，亦足以让世人泄愤。当道者谴责《水浒传》诲盗，但盗贼的身份不取决于衣冠，而取决于德行。梁山泊群雄虽是强盗，却能以他们的报复、反抗行为震慑身居庙堂者。因此，《水浒传》在当道者眼中是诲盗之书，但在张凤翼看来，《水浒传》亦是“弭盗”之书。

反权威、反压迫、抨击当政者失德，李贽关于《水浒传》的解读得到剧作者的一致认可，成为晚明水浒题材剧作的基调。例如，逄明生在《灵宝刀序》中曰：“自小说稗偏兴，而世遂多奇文、奇人、奇事，然其最毋逾于《水浒传》。而水浒林冲一段，为尤最。……不独此也，传中有府尹，有孙佛儿，不惮熏天炙手之权谋，而能昭雪无罪，又奇之奇者也。故李卓吾曰：‘有国者自贤宰而下，不可一日不读《水浒传》。’”[②] 郁蓝生（吕天成）在《义侠记序》中曰：“昔李老子序《水浒》，谓啸聚诸人，皆大力大贤，有忠有义之俦，足为国家干城腹心之选，其持论亦何快也。嗟乎！草莽江湖之间，不乏武松，第致武松之为武松者，伊谁责也？……而于曲部首梓义侠，诚有感于老子之快论，而识先生讽世之意远也。”[③] 在《盐梅记》中，为苏民困的王滕儿被逼而反：“洒家乃王一龙女滕儿是也。年方二八，勇冠三军。习《孙武子》十三篇武功，精各名家十八般战略。本当效凤雏隐羽，谁禁那有司侵凌。前日本县大尹，坐视天灾不救，致令白骨载途，甚至人食相残，尚尔钳口取宠。俺因此轸民隐念一萌，罚暴

① 杜云编：《明清小说序跋选》，广西人民出版社 1989 年版，第 15 页。

② （明）陈与郊：《灵宝刀》，商务印书馆 1955 年版。

③ （明）沈璟：《重校义侠记》，商务印书馆 1954 年版。

旌旗遂举。县官虽已授首，朝廷必视我为渠魁。几欲上疏请降，又恐奸臣肆害，不免上走马山扎住营寨者。”[①] 王媵儿成了正义天理的执行者，她背叛朝廷，乃是因为朝廷忠奸不分。为拯救民瘼，揭竿而起便是不得已之举，作者借此表达了对执政者失德的批评。以侠而不是以盗称呼王媵儿，正可见作者的取向。评论者充分肯定了王媵儿的言行是“意侠，议侠，并其伺扎山岗的胆子亦侠”[②]。李贽在评《水浒》时，往往斥为官者为大盗，“或曰知县相公做人情，如何不做强盗？曰：你道知县相公不是强盗么？”[③] 当政牧民者本应具备相应才德，以保育百姓为己任，然而相当一部分为官者只知谋取富贵，置百姓生死于不顾，与被逼上梁山的强盗相比，他们才是真正的大盗。《盐梅记》的剧作者实为李贽的同调。《灵宝刀》中，作者亦吸取了《水浒传》对当政者无道、权豪者胡作非为的批判，并对水浒英雄作了改写。作者在林冲夫妇的不幸外，亦写到李逵乔坐衙一事。县令听说梁山泊强盗来了，忙从后门逃走，李逵拾得其衣冠扮作县令。但李逵不再是《水浒传》中鲁莽天真而又凶残好杀的强盗，而是爱民如子、疾恶如仇的义士。当衙役说要勒索告状人银子孝敬梁山泊时，李逵道：“胡说。谁容你指称兴作搜人户，谁许你拨置科钱污有司。教左右休轻视，倒是假官员半星知法，不像真令尉一味贪私。”[④] 他声称梁山泊一心周济百姓，并训示官员要爱民如子，不得搜刮民脂民膏、胡作非为，与《水浒传》中乔坐衙时莽撞滑稽的李逵截然不同。后燕青携带金珠贿赂李师师，宋徽宗乃御笔亲题诏书，将梁山泊众将领招安。宋

① 佚名：《盐梅记》，康保成点校，中华书局2004年版，第15页。

② 佚名：《总评》，佚名《盐梅记》康保成点校，中华书局2004年版。

③ 厦门大学历史系编：《李贽研究参考资料》（第三辑），福建人民出版社1976年版，第44页。

④ （明）陈与郊：《灵宝刀》，商务印书馆1955年版。

徽宗因李师师的缘故而允诺招安，李师师又因水性杨花、爱慕燕青而同意帮忙，作者笔端隐含的对亲佞人、远贤臣的无道昏君的讽刺意味，可谓呼之欲出。许自昌亦在其《水浒记》突出了蔡九知府和梁中书搜刮民脂民膏为蔡京上寿的不仁不义，强调了晁盖一干人等劫夺生辰纲上梁山泊的行为具有反抗残暴官吏之压迫的色彩，谴责了在上位者的无心求治、祸国殃民。剧作者更将宋江描写为为国事忧心、对百姓疾苦怀有深切同情的正直下层官吏，对于生辰纲的扰民，宋江极为忧虑，“如今人人思乱家家动摇岂是个太平的景象?”[①] 史槃《樱桃记》中的黄巢，亦非无故谋反，而是因为最高统治者的昏庸，使他有才不得其用：“小弟一片雄心，却不能久居人下，况今主上昏惑，人心思乱，大丈夫不能图芳百世，亦当贻笑万年。”[②]

第二，除去对朝政黑暗的批评，晚明士人亦由泛道德主义出发，触及了封建专制皇权制度本身的悖谬之处。

“从道不从君”、拒绝妾妇之道的时代信念，使君主的赏罚不足以决定士人的荣辱，臣子的尊严、人望日益与富贵权位相分离，与个人德行相结合。这种现象足以引起最高统治者的不悦，从嘉靖帝制礼作乐，并对湛若水、王阳明进行打压，到神宗与朝臣的长期对抗，都说明心学倡扬的泛道德论试图以道德限制皇帝的集权专制、失德妄为。心学学者强调，作为最高统治者的皇帝应是德行纯粹、保育天下百姓的圣人。晚明皇帝由于德行不够完美，日渐招致批评，并影响了皇权的神圣性。于慎行曾以忧虑的口吻描述了这一事实：“有宋三百余年，未尝及朝士，可谓有礼矣。近代建言得罪之臣，往往赐杖，大廷裸体系累，不以为辱，而天下以其抗疏成名，

① （明）许自昌：《水浒记》（上卷），商务印书馆1954年版，第37页。

② （明）史槃：《新刻出相点板樱桃记》（上卷），商务印书馆1955年版，第10页。

羡之如登仙，是古人之所为辱，乃今之所为荣也，岂盛世所宜有哉！大抵上之所赏，即下之所誉，则以其赏为荣，而不然者，则赏亦辱也；上之所刑，即下之所毁，则以其刑为辱，而不然者，则刑亦荣也。夫使上之刑赏不足为荣辱，而士之荣辱制于下之毁誉，则国是将日非矣。"①

万历帝与群臣之间长达数十年的君臣对抗，可视为晚明文人不肯以妾妇之道媚事最高统治者、力求在君臣关系的缝隙间维持道之尊严的明证。尊道尊身，不肯漫然苟出，是泰州学派学者的重要思想，直到明末还得到刘宗周、黄宗羲师徒的认可。因此，在我们批评晚明文人思想中尚存君臣纲常之糟粕时，亦须充分肯定他们在君臣关系中发展出的新意识：不违背君臣大义，亦不肯放弃大道尊严与人格独立。而大道甚至被置于君主的权威之前，在文人看来，君主理应保育天下百姓，扰民自恣的君主将遭到严厉的批评与坚决的反抗。孟子倡言的王道精神，经过心学尤其是泰州学派的发挥，被推到一个新的高度。如果虑及晚明文人所处的时代，我们尤其需要肯定他们捍卫大道的悲壮情怀与牺牲精神。高攀龙在缇骑临门之前，从容赴死，坚持大臣受辱则国家受辱，恰可见晚明士人对君主意志绝非一味拥护，而是在维护大道、拯济苍生的立场上进行反抗，并希望能唤醒"圣聪"。这自然不是现代的民主意识，但也不全是奴才意识。

由于时代的限制，无论面对怎样的君主、置身如何不公的处境，士人亦没有自由选择的权利。关于封建士大夫的人生困境和无奈，一生功名蹭蹬的汤显祖在《奉别赵汝师先生序》中以非常隐微的语气表

---

① （明）于琦、于慎行：《寓圃杂记　谷山笔麈》，中华书局 1984 年版，第 117—118 页。

达了不满："三代之法，诸侯士大夫世其国家，余子得习其政。士无境外之志。至春秋时有之，所之不如而可以去。故有异邦，有父母之邦，参相仕也。今一父母之邦而已，未有稍不如意而得去之者。非其势，亦非其情。"① 在谈及晚明的忠奸剧时，当今学者往往对其间隐含的君主至上的意识持不满态度，认为乃是晚明文人封建落后性的表现。诚然，大部分文人将忠君视为不可触犯的伦理纲常，但这不代表文人对君主没有怨怼之心和批判意识。江盈科曾借天象之变，以愤怒的口吻斥责皇帝失德、未曾尽到保育百姓的义务："天下犹大舟也。天下之人无贵贱，无老弱，无贤愚，皆同舟之人也，而倚以一人为舟师。数年以来，天怒叠现，彗出矣，地震矣，山移矣，水血矣，铁星陨矣，木象生矣，两宫三殿灾矣，太庙古树雷且火矣。乃岩廊之上，恬不为畏，岂其聪明越世，仰视甚怒之天而不能测耶？测则何容泄泄若是耶？"② 虽然李贽曾建议友人，侍奉君上态度不可过激，因为天下本是皇帝的天下，但他亦明确指出，最高统治者天子的职责当是保育百姓："圣人无中，以民为中也。夫民之所欲，天必从之，况居民上而为天子者哉？天之立君，所以为民。……大舜无中，而以百姓之中为中；大舜无善，而以百姓之迩言为善；则大舜无智，而唯合天下、通古今以成其智。"③

对于君主的荒唐、君主专制制度与道德主义的抵牾之处，晚明剧作家并非懵懂不知。吕天成《齐东绝倒》在还原尧舜圣贤生活的基础上，深刻地指出，后代君臣纲常已经远离了圣人为君的本意。尧禅位

① （明）汤显祖：《汤显祖全集》（2），徐朔方笺校，北京古籍出版社1999年版，第1049页。

② （明）江盈科：《天怒》，阿英编《晚明二十家小品》，河北人民出版社1989年版，第65页。

③ 张建业主编：《李贽全集注》（第十四册），社会科学文献出版社2010年版，第281页。

于舜，彼时皇帝是众人不愿为之的差使，舜亦屡次欲禅让他人。后代君王无限放大个人权力，实则以一己私欲凌驾于伦理道德之上，父子至情在君臣大义前亦已变质：

【末】虞帝极是大孝，怎么待瞽叟来朝？

【小生】当初虞帝见了瞽叟，夔夔齐栗，烝烝克谐，如今也不亏他。后世也有拥篲迎门的。[①]

当皇位蜕变为至上的权力，禅让制度也便随之消失，王权的更迭不再是以德行才能为依据，而是蜕变为你争我夺的阴谋：

【末】前日虞帝囚了唐帝，又偃塞胤子丹朱，不许与父相见，是何道理？

【小生】我既德衰，怪他不得，况后代尽有药死前主的。[②]

无怪乎评者认为吕天成在“借唐虞说后代，谈笑中煞有痛哭流涕”[③]。与晚明心学学者设想的圣人在位不同，后世皇权已经成为君主个人意志、好恶、私欲的体现。李贽对此十分不满：“夫暴君、纵君一也，但有强弱之差耳。强而暴，弱而纵，岂宜在民上也！”[④]晚明剧作者在不经意间，流露出对皇权荒唐性的讽刺和不满。《二胥记》中，伍子胥父兄无辜被杀，孟称舜站在伍子胥的立场上，指出失德昏庸的君王正是罪魁祸首，“若不是老魔君识见昏，便有赛飞廉怎把谗词进。他是俺父兄即世冤，还有甚大小君臣分”[⑤]。《万

① （明）吕天成：《齐东绝倒》，中国书店1980年版，第2—3页。

② 同上书，第3页。

③ 同上。

④ （明）李贽：《初潭集》，中华书局1974年版，第446页。

⑤ （明）孟称舜：《二胥记》，文学古籍刊行社1956年版，第10页。

事足》中，贾给事本是朝廷派下赈济灾民和清理词讼的，然而饥民跪于衙门外却被衙役赶散，丝毫不得救济，贾给事则忙于赴宴拜客、借官司敛财。而贾给事之所以官任给事中，是因他名为贾爱民，朝廷要选好官赈济，皇帝见他名“爱民”，便断定他是爱民好官，御笔点他出赈。作者明确批评了封建官员乃至封建制度背离保育百姓之宗旨的荒唐性。

而面对无可救药的君主，士人的心理是微妙难言的。满腔抱负不得君主赏识，人生价值不能实现，壮心消磨，用世心切的士人不可能不怨君主。汤显祖曰：“太史公以屈平‘正直忠智以事其君，信而见疑，忠而被谤，能无怨乎？《离骚》之作，盖自怨生也。《国风》好色而不淫，《小雅》怨诽而不乱，若离骚者，可谓兼之矣。’嗟夫，此有道者之言也。天下英豪奇魄之士，苟有意乎世，容非好色者乎？君父不见知，而有不怨其君父者乎？彼夫好色而至于淫，怨其君父而至于乱者，则有意乎世之极，而不得夫道者也。”① 虽然儒家教导士人须保持感情的中正平和，但是汤显祖对“至于乱”者予以了感情上的理解。士人如果有意用世、满腹才华却不能见知于君主，则必然对君父心生怨怼，此乃人之常情；怨而至于乱，是因为当事者的用世之心过于强烈。汤显祖在《南柯记》中借淳于棼的遭际，感叹了君王之心的易变与不可靠，士人将所有的抱负毫无选择地系于君王的信任，而君王决定士人命运的标准却是朦胧暧昧的个人喜怒，与臣子的德行、功勋没有必然关系。由于晚明君主在德行上的缺陷，士人系于君王喜怒的命运浮沉，在视道德为最高价值的晚明士人看来，难免荒唐。明末卓人月亦以不无激愤的语气指出，遭受不公平的待遇时，士人必然哀

① （明）汤显祖：《汤显祖全集》（2），徐朔方笺校，北京古籍出版社 1999 年版，第 1067 页。

伤怨怒，此乃人情之自然："忠而见疑，信而蒙弃，当此之时，即使哀陷于伤，怨流于乱，比伯夷之吁嗟，效屈原之侘傺，奚遽为国风小雅罪人乎？"[①] 在得汤显祖赞许的《量江记》中，南唐李后主整日沉溺诗酒，被奸臣弓自汨等蒙蔽。樊若水献策，弓自汨等担心后主听信文武双全的樊若水之言，遂用计使樊若水不能亲对后主进言，并伪托圣旨将樊若水逐出京城。樊若水遂决心改投赵宋，买下千尺长绳，夜量长江，以为献策之资。对于自己改投赵宋的行为，樊若水心中似乎并无叛国变节的不安，而是充满堪破兴亡、早投明主的睿智："非是俺情偏鲁莽，轻撇了枌榆往异邦，有个伍子胥曾去楚，有个张子房曾辞项，也只是辨别兴亡。"[②] 樊若水为实现个人价值，主动抛弃被奸臣蒙蔽、沉溺酒色的旧主，其间折射的士人君臣观的微妙变化，颇耐人寻味。

第二节　泛道德主义的因袭：男权的自白与反思

笔者在前文分析了晚明士人对自得精神的倡扬，他们在体悟心性中注重个体思想的价值与尊严，拒绝随他人脚跟打转，敢于扫空陈言与格套。不过，这一现象主要出现于男性群体中，并激发了男性主体意识的张扬。男性自我意识的张扬，促进了两性关系中男权意识的膨

① （明）卓人月：《百宝箱传奇引》，吴毓华等编《古典戏曲美学资料集》，文化艺术出版社1992年版，第261页。

② （明）佘翘：《量江记》（上），商务印书馆1955年版，第20页。

胀，或者说男性个人欲望的扩张。令人遗憾的是，尽管士大夫的“自得”是为了导向“无我”的道德境界，但就男女两性关系而言，男性的道德严格主义并没有衍生出对女性的一视同仁（汤显祖是个例外），相反，士人从个人欲望出发，力图强化女德。得心学推进的“人欲解放”强化了夫为妻纲的道德伦理，今天学者赞许的晚明“重情”思潮与男尊女卑的男权意识密不可分。

从晚明戏曲看，除去对女性贞操的关注，剧作者最重视的女性品质便是宽容，此处宽容特指女子不醋妒，在敬爱丈夫的同时能为丈夫再得佳人而真心喜悦。与之相关的是，晚明戏曲中妒妇、贤妇形象屡见不鲜，妒妇与贤妇甚至经常出现在同一部剧作中，剧作者以不乏夸张的笔触，塑造出妒妇与贤妇的典型形象，使二者形成鲜明对比。据许自昌言，冯梦龙奉李贽之学为蓍蔡，提倡“情教说”，编撰有脍炙人口的三言，甚至曾与青楼女子有一段真挚而伤感的爱情故事，他亦因此时常被学者津津乐道为具有启蒙意识的士人。但在《万事足》中，冯梦龙亦借陈循之妻梅氏与高谷之妻邳氏的对比，说明男性纳妾乃天经地义，警告女性不得乱了尊卑、挟制丈夫。梅氏忧心丈夫年已三旬而无子嗣，主动为其纳美妾，陈循避而不受，梅氏又于陈循赴秋试之前，设计灌醉丈夫，以妾代替自己而受孕。作者因此大赞梅氏贤孝，对于封建社会的妻子来说，延续丈夫宗嗣是最重要的任务，因此梅氏替丈夫纳妾具有深明大义、延续血脉的孝道意味，符合不孝有三无后为大的孝道标准。不过，即使丈夫为“豪兴”（私欲）而纳妾，梅氏也认为理所当然。在她看来，“有妻有妾，从古已然。可惜拙夫是穷秀才，若是富贵之时，便娶五六房，何碍于理?”“昔时郭汾阳婢妾满房，牛僧孺金钗十二，这都是英雄豪兴，贤达风流。五六房不谓之过”。反之，邳氏则对丈

夫百般防范，自己不能生育，却坚决不许丈夫纳妾，“我拙夫前日读《孟子》，道齐人有一妻一妾，我还说他没廉耻，念这样乱话在肚子里，恐怕坏了心地”①。贤妒同行于一部剧作中，这一现象显示了晚明文人对家庭伦理的关注。夫妇关系作为家庭伦理的基石，成为男性构建道德化之理想社会秩序的起点，妻妾，尤其是妻子，是男性修身齐家的重要对象（因为妾的功能倾向于赏玩或者传嗣）。因此，我们便无须奇怪，何以与李贽颇为相契的焦竑，却不曾用同样开明的态度对待女性，即使世人怜悯被休弃的妻子、子女为被休弃的母亲服丧，也被焦竑斥为有乱纲常：“近世于出妻者，但让出之者为非，而不论见出者之罪。为子者知奉出母为厚道，而忘视死父为路人。缙绅士大夫于义绝之母，率解官持丧，而经传法律悉为空文矣。此阴所以胜阳，小人所以胜君子，夷狄所以胜中国，三纲所以不振，世道所以日衰也。”②

需要强调的是，剧作者以贤妒同行于一部剧作中教化世人，宣扬女德，从本质上反映，晚明文人思想中的男尊女卑意识被进一步强化，重情思潮的一个侧面动因，便是男性欲望的膨胀。除去明代妇德观念的流行外，心学推衍出的自得、豪放、意气，主要是针对男性而言的，从而导致了相当一部分文人在笔墨间做白日梦。他们借戏曲以抒发浪荡不羁的多情，流露出男性的情欲膨胀，在女性情爱“自主”的表象下，寄托了他们对女性更为严格的贞操意识，为自我欲望的扩张作了论证。

正如侯外庐先生所言，“封建伦理道德的践履，一般责之于幼者、

① （明）冯梦龙：《墨憨斋重定双雄记》（上卷），商务印书馆 1955 年版，第 36 页。

② （明）焦竑：《焦氏笔乘》，李剑雄点校，上海古籍出版社 1986 年版，第 33 页。

弱者和妇女"[①]。作为男性妻子的女性，成为他们践履"夫妇有别"这一伦理道德的对象，故男性对女性是否恪守女德，持有浓厚的兴趣与高度的警惕。男性在两性关系上所受的束缚向来较少，即使晚明心学提倡"万物一体之仁"，但男性缺乏平等对待女性之权利的动力与基础，在强调女德的同时，文人不自觉地掺入了个人的情识与欲望。学者普遍认为，左派王学的女性观更为人性化，然而支持这一观点的证据却是有限的，至少晚明戏曲并没有如三言二拍那样出现反思乃至反对贞操的明确言论。相反，剧作者明确强调了如是观念：女性绝不具有与男性并立的地位，她们更像是男性人生的装点，为了衬托她们附属之主体的光辉而被美化，亦极为常见地成为男性谴责、教化、驯服和歧视的对象，轻视女性被誉为不沉迷妻子之爱的豪侠洒脱。"每笑古押衙智勇超群，却因一妇人，等闲为王生刎颈。"[②] 在评点《水浒传》中，李贽对言语不实的刘高之妻颇为不满，称其为"淫悍之妇"，甚至将刘高与梁山泊英雄间的仇杀全部归因为刘高之妻的不贤惠："国有贼臣，家有贼妇，贻祸不浅。只如青州府失了秦明、黄信、花容三个良将，皆刘高一人误事，而刘高又妻子误之也。真有意为天下者，先从妻子处整顿一番，如何?"[③] 在晚明文人看来，女性本身的品质无法与男性相比，"凡妇人女子之性，无一佳者，妒也，吝也，拗也，懒也，拙也，愚也，酷也，易怒也，多疑也，轻信也，琐屑也，忌讳也，好鬼也，溺爱也，而其中妒为最甚。故妇人一不妒，足以掩百拙"[④]。

---

① 侯外庐：《宋明理学史》，人民出版社 1987 年版，第 54 页。

② （明）冯梦龙：《墨憨斋重定双雄记》（上卷），商务印书馆 1955 年版，第 28 页。

③ 厦门大学历史系编：《李贽研究参考资料》（第三辑），福建人民出版社 1976 年版，第 62 页。

④ （明）谢肇淛：《五杂俎》，上海书店出版社 2001 年版，第 148 页。

在理学影响力相对微弱、士人地位相对低下的元代，文人创作的剧作便甚少触及一夫多妻、男性坐拥多美的爱情故事，一对一的男女之情更侧重患难离合中的专一与痴情，即使女性被他人占有而失身，男性亦不会计较。而晚明戏曲不是这样，男性对女性的追求，以现实中一夫多妻的婚姻制度为不容置疑的前提。男性，尤其是富有才华、宦途无量的男性并不因同时对几位女性有情而被质疑，反而有可能因此被赞美为多情。而女性在遭到其他男性之觊觎时，绝不可失身，通俗小说中贞节观的微弱松动，并不曾发生在戏曲创作中。这种男女间的尊卑有别，是晚明士人创作戏曲的重要出发点，也是他们希望说服女性无条件接受的道德规范。在《万事足》中，冯梦龙借陈循之口强调，男尊女卑乃是天经地义："那棋分黑白，黑为阴，白为阳，譬如男女一般，从来阳胜于阴，不可使阴胜于阳，如男胜于女，不可使女胜于男。"[①] 为正世风，陈循将妒妇邳氏一顿痛打，邳氏遂不敢不为丈夫纳妾。男性剧作家对"夫为妻纲"的纲常伦理，持有天然的亲切感和认同感。在《升仙记》中，曾经为莺莺废寝忘食的张生，婚后却为红娘而辗转反侧；在晚明文人眼中被视为佳人之典范的崔莺莺，婚后也为独占张生的情爱而变得悍妒。然而，张生的移情显得理直气壮，莺莺却因为悍妒而被地狱鬼神警告。在"阅狱"一出，鲁男子提审吕后、武后、飞燕、杨妃等，将她们一并斥为魅惑皇帝、不守妇道的红颜祸水。鲁男子尤其痛恨武后："据汝以女主统男以治天下，设使天下妇人效尤成风，何以立世？此妇可厌、此妇可厌。"而杨玉环使"九庙含愤，万姓号冤。皆由汝淫浊所致，倘不死而被胡儿掳之，宁顾唐祚而肯不为胡儿之妇乎？"[②] 她们最终都遭到严厉的惩罚，而她们

① （明）冯梦龙：《墨憨斋重定双雄记》（下卷），商务印书馆 1955 年版，第 34 页。
② （明）黄粹吾：《玉茗堂批评新著续西厢升仙记》，商务印书馆 1954 年版。

不乏中肯之处的辩解，则被视为长舌、强辩。能让鲁男子如此动怒，根本原因在于武后等女性侵犯了男权、夫权。作者有着捍卫男性特权、坚持男尊女卑的强烈自觉，故而将男性的纵欲与无能，归结为女性的淫荡与蛊惑。

而从正面的女性形象看，与男主角的风流佻达相对应，她们越发贤惠贞洁。《灵犀锦》中，段小姐不肯与未婚夫张善相苟合："君以豪侠为段氏婿，妾之幸也。妾以冶淫为张郎妇，君何取焉?"① 虽然身通剑术的段小姐亦颇任侠，"恋恋儿女情，岂豪杰所当有?"② 后张善相投身叛军，段小姐误以为其为国战死，坚决向朝廷请兵，欲为未婚夫报仇："孩儿生死系张郎妇，迟早是未亡人。尝笑世间碌碌女子，但知毁容断臂，坚守终身，只完得一己节操，于丈夫分上，毫无补益。"③《想当然》中，刘一春于妓女文仙处听说碧莲貌美，颇为心动，后见碧莲的侍婢匀笺姿色不凡，先已心动不已，成小词一首。碧莲趁刘一春外出会文时，悄悄进其书房，见了小词，知刘一春"倒先看上匀笺了"，但是丝毫不觉委屈和不悦："我的姻缘不成就罢了，若得成时，绝不错你这场好事。休遮拽，有情人一样真真切，怎肯学临邛恁不贤哲。"④ 在晚明戏曲的爱情剧中，毫不忌妒，容许心上人先与婢女私通，进而纳婢女为妾，成为女主角的优秀品质之一。《金雀记》中，井文鸾本与潘安一见钟情，结为夫妇，不料潘安又对青楼女子巫彩凤有情，甚至将自己与文鸾的定情之物金雀赠予巫彩凤。井文鸾知悉始末，却并不介怀，"那一个做官的没有三两房家小。我相公为当世驰名才子，合配天下出色佳人。若得有金钗十二，我和他共享荣

① （明）西湖居士：《灵犀锦》（上卷），商务印书馆1955年版，第47页。

② 同上书，第55页。

③ （明）西湖居士：《灵犀锦》（下卷），商务印书馆1955年版，第6页。

④ （明）卢柟：《谭友夏批点想当然传奇》（上卷），商务印书馆1954年版，第47页。

华，岂不美哉？”[①] 潘安请求妻子允许自己纳巫彩凤为妾：“望海涵仁育，毕吾狂兴。”井文鸾嘲笑曰：“你的兴儿觉得太狂了些。”[②] 大概潘安身为才貌双全的才子，又跻身仕途，因此，坐拥佳人不过是其书生豪兴的表现。贤妇的存在，往往与英豪潇洒的男性主人公同行，恰说明剧作者认为男性“豪兴”无可厚非。《疗妒羹》中的杨夫人，为了成全风流潇洒的丈夫与多情多才的小青，可谓费尽心机。虽然杨夫人的丈夫杨不器说了如下豪言：“这是《西厢》，崔莺莺改订了张生好；这是《红拂》，李卫公偷挟侍儿逃。自古许错了人，嫁错了人的，不妨改正，这就是小青的样子。”[③] 但在吴炳的情节设置中，小青并不曾欣欣然改嫁杨不器，杨不器的话断然不可出于小青之口。出于杨不器之口，正可反衬出小青的女德，因为当杨夫人怂恿小青离开褚大郎时，小青虽与其有名无实，且遭到正妻的虐待，依然拒绝了杨夫人的建议。而她的被虐至死、死而复生，是她可以改嫁杨不器为妾的关键；而由于苗氏的悍妒，她与褚大郎毫无瓜葛，改嫁杨不器时依然冰清玉洁。作者对褚大郎的畏妻如虎、龌龊懦弱极为不齿，对其悍妒之妻则数欲杀之而后快。在小青、杨夫人、苗氏几位女性的纠葛中，作者突出的并非女性权益，虽然他真切地触及了女性所适非人的不幸境遇。吴炳凸显小青的才貌双全，杨夫人的贤德，实则为宣扬杨不器一类男性懂得怜香惜玉的才子风流、书生豪兴，与现代意义的女性解放并无多少相同之处。

再以《盐梅记》为例，宋道光与揭竿山林的女侠王媵儿成亲后，以“三纲”劝说王媵儿放弃了攻打县城、为父报仇的意图：

① 无名氏：《金雀记》，毛晋编《六十种曲》，中华书局1958年版，第73—74页。

② 同上书，第80页。

③ （明）吴炳：《疗妒羹》（上卷），文学古籍刊行社1956年版，第40页。

（小生云）其又次是夫为妻纲。（小旦云）也须细说与我听。（小生唱）夫唱妇钦从，夫子无违，箕帚躬亲奉。（小旦云）这等看起来，为人妻的，毫没些权柄？（小生唱）从来中馈妇人，有甚操和纵。①

这部剧作的评点者，多处袭用李贽的语言，亦对男女的“先奸后娶”持肯定态度。但是面对女性，作者与评者依然颇为一致地流露出男权意识。王媵儿本是胆识非凡的女性，却在听说三纲大义后，骤然扭转了人生态度，立志做一名合乎封建伦理要求的贤妇。她转变得如此彻底而迅速，与宋道光讲述三纲时的平淡枯燥形成强烈对比，令人难以置信，而这一形象转变，直接反映了剧作者男权意识的强烈，至少剧作者与评论者对王媵儿的驯化感到极为满意。宋道光称许王媵儿：“具此达观，真是女中豪杰。”② 评者曰：“一经指点，即便回头，侠女哉！”③ 王媵儿解散自己的部队，让宋道光认领平乱的功劳，得知宋道光与钱白珩私情，又慷慨成全二人，与珩娘姐妹相称，且建议宋道光：“郎与钱姬，虽未合配，天缘这等姻凑，谅已决成。明日乃大通吉日，过察院办个会亲茶饭。”④ 王媵儿对男权意识的无条件迎合，使其成为标准的贤妇，甚至激起评论者的艳羡和失落：“到底有丈夫气，使今人家老婆当此，碗也不知打破多少，那里管甚合亲茶饭么。”⑤

结言之，心学的道德理想主义强化了晚明士人对女性的伦理道德要求。妒妇与贤妇往往同出现在一部作品中，她们鲜明的对比正说明男性自我、意气的张扬，人欲的扩张，以及随之而来的女性权力的萎

① 佚名：《盐梅记》，康保成点校，中华书局2004年版，第59页。
② 同上书，第60页。
③ 同上书，第61页。
④ 同上书，第101页。
⑤ 同上书，第106页。

缩和人格的扭曲，至少在男性那里，理想女性与现实女性之间的差距被人为地放大了。

《牡丹亭》中，汤显祖以人生之大欲为出发点，切入对女性命运的关怀，这种思想高度在“重情”的晚明文人中显得曲高和寡。一般男性剧作家往往以男性为中心，以人欲或者说情欲为出发点，对女性进行描写和解释。他们歌咏未婚的闺阁佳人多情而坚贞，伤春思嫁的情节套路却又审美化地暗示了青年女性萌动的情欲；他们批评悍妒的女性，同样是因为这类女性因欲望而忌妒丈夫纳妾、限制丈夫的自由，从而招致丈夫的嫌恶和文人的尖刻批评。对未婚与已婚女性的不同态度和期许，高度一致地反映了男性张扬意气、标举豪兴的“人欲解放”。《牡丹亭》中的柳梦梅因为“又不能消受春香侍儿”而被视为不够风流倜傥，由此可见晚明男性的欲望扩张，对男女两性人格的不同影响。出生于万历四十二年（1614）的陆圻曾撰《新妇谱》告诫出嫁前的女儿：“凡少年善读书者，必有奇情豪气非儿女子所知……或坐挟妓女……皆是才情所寄，一须顺适，不得违拗”，“风雅之人，又加血气未定，往往游意娼楼，置买婢妾，只要他会读书，会做文章，便是才子举动，不足为累”。[①] 当文人对男性的怜香惜玉会心一笑，认为无伤大雅时，自然对女性限制男性“豪兴”的行为十分反感。“人有为妒妇解嘲者曰：‘士君子情欲无节，得一严妇约束之，亦动心忍性之一端也。”故谚有曰：“到老方知妒妇功。”’坐客不能难也。余笑谓之曰：‘君知人之爱六畜者乎？日则哺之，夜则防护栅栏，惟恐豺狸盗而啖之，此岂真爱其命哉？欲充己口腹耳。为畜者，但知人之爱己，而不知人之自为也。妒妇得无似之

① （清）陆圻：《新妇谱》，（清）虫天子编《香艳丛书》，上海书店1991年版，第12页。

乎？'"[1] 妻子为满足个人欲望而限制丈夫的权力、干涉男性的自由，在男性而言是绝难忍受的。丈夫不能克制妻子的悍妒，是因为自己疏于夫妇有别的伦理，乱了尊卑。贤惠的女性，为帮衬丈夫的英雄豪兴，则应看轻一己的情爱，为丈夫广纳美妾。当然，丈夫亦应"平分春色"，不偏爱侍妾。在《万事足》的作者冯梦龙看来，女性的本来面目便应如此，独占丈夫的妒妇不仅不贤，还难免淫妇之嫌疑。晚明士人不喜过于拘束和谨严的生活方式，标举人生状态的洒脱舒展、一任自然，同时坚持纲常大节的无亏。对于女性，他们既要求妻妾尤其是正妻须四德兼备，又毫不掩饰对美艳女子的动情和追逐。虽然晚明有不少肯定女性才华的呼声，但是当退归男女两性之关系时，男性却以自我为中心，进一步强化了男女两性的尊卑有别。

与男性主体意识膨胀、个人欲望扩张相关的是，在晚明一些风月剧中，争风吃醋不再构成对女性的致命指责，而是成为令人发噱的戏剧手段。借女性之醋妒与丈夫之软懦以插科打诨、活跃场面，成为文人惯用的情节格套。如果吃醋者是佳人，则争风吃醋的行为往往被视为"儿女故态"，因其出于人情之自然而容易得到理解。晚明戏曲甚而出现了一些集醋妒与贤惠于一体的女性，佯装的忌妒说明她们是如此之善妒，然而她们却又全心全意地成全丈夫与其他女性的情事。本当是正常反应的忌妒心理，逐渐成为增强才子佳人爱情故事之情趣的手段。《疗妒羹》中的杨夫人，《眉山秀》中的苏小妹，《金雀记》中的井文鸾，皆在玉成丈夫与其他女性之后，故作醋妒之态，使剧本顿起波折，情事更具莺莺燕燕的热闹与情趣。

需要指出的是，剧作家关于妒妇的描写往往笔墨酣畅，妒妇往往

① （明）谢肇淛：《五杂俎》，上海书店出版社 2001 年版，第 147 页。

颇具神采，显得极为聪慧机变、富有活力、有血有肉。剧作家对于悍妒妇人的如实反映及有保留的理解，说明一部分晚明文人对既定伦理道德标准的深入思考。这与心学不无关系，至少王阳明的惧内便是晚明公开的秘密："宋时妒妇差少，由其道学家法谨严所致，至国朝则不胜书矣。其猥琐者无论，吾独叹王文成伯安内谈性命，外树勋猷，戚大将军元敬南平北讨，威震夷夏，汪少司马伯玉锦心绣口，旗鼓中原，而令不行于阃内，胆常落于女戎，甘心以百炼之刚，化作绕指也，亦可怪矣。"① 而关注人伦日用、重视人情之自然，使一些文人对女性之欲望难以作出有说服力的抨击。晚明剧作中，作者构想的疗妒之方往往止于暴力恐吓、魂游地狱等俗套，恰可见在男性纳妾纵欲的合法性上，剧作者千方百计欲说服女性，却又难以追问出理直气壮的人情之必然。一些文人认为，女性的确遭受了不公正的待遇。世传女子生产时血水污染江河，被神明怪罪，在《目连记》中，当目连之母在阴司要为此受刑时，她列举了女性生产、抚育子女的痛苦与辛劳，最后阎王亦默默无言，免她受刑。汤显祖在《南柯记》中亦借王后之口，否定了这一明显对女性不公的社会观念，"想来则有妇女苦。生男种女，大家的便是。产时昏闷，倾污于溪河，也是丈夫之罪。怎那经文呵，明写着外面无干，偏则是女人之谴"②。著有《闺范图说》的吕坤也认为："继母之虐，嫡妻之妒，古今以为恨者也；而前子不孝，丈夫不端，则舍然不问焉，世情之偏也久矣。……《谷风》《柏舟》，妻亦失所者，世岂无耶？惟子孝夫端，然后继母嫡妻无辞于姻族矣。"③

① （明）谢肇淛：《五杂组》，上海书店出版社2001年版，第150页。

② （明）汤显祖：《南柯记》，中华书局1960年版，第52页。

③ （明）吕坤、洪应明：《呻吟语　菜根谭》，吴承学等校注，上海古籍出版社2000年版，第41页。

晚明心学与戏曲分论

第七章　生生之仁：汤显祖的情及其影响

汤显祖可以说是晚明最有思想家气质的曲家，他的戏曲作品尤其是《牡丹亭》中深深浸润了阳明心学的影响，也显示了他在心性之学上的个人创见。与心学关注形而下、避免使形而上之性理悬空的倾向相应，《牡丹亭》从生生之仁出发，强调男女大欲的不可遏制，而杜丽娘则是人类情欲不得舒展的寓言。在肯定男女大欲是人性中必然之存在的基础上，汤显祖强调了夫妇伦理的重要性，他对男女大欲的肯定正是为了导出对夫妇之礼的肯定。《牡丹亭》已绝非简单的言情之作，而是承载了汤显祖心性之思的戏曲作品，他在戏曲创作中寄托自己对人欲、天理、礼教等儒学基本概念的思考，彰显了心学对晚明曲家的切实影响。而受汤显祖影响，晚明剧作家亦对强矫男女大欲的非礼之礼表示反对，重申圣人因情制礼的本意。

第一节　由情言性的戏曲实践

《牡丹亭》在晚明乃至清代的影响毋庸赘言。虽然对《牡丹亭》诲淫诲盗、有伤风化的攻击一直没有停止，甚至汤显祖之子开远亦对乃父耽溺词曲的行为心怀不屑，但在大部分士大夫那里，《牡丹亭》明显超越了一般的言情之作而具有了某种儒学价值。这是因为，汤显祖有着借戏曲创作表达心性之思的明显冲动：他多言情，少言性，乃是受到了晚明心学情性观变化的影响。与理气二元论相对，宋儒主张“性其情”，性与情是相对应乃至对立的关系；在晚明心学看来，心本是彻上彻下、不分内外的，性不是悬空存在的一物，它与情是为物不二的关系，情之正者即性，因此，“言情”正是由形而下立言，比直接谈论孔子亦不论的“性”要更为透彻、清楚。从这个意义上来说，王思任可谓汤显祖的知音：他认为闺阁女子并不曾深解圣人的训诲，但在不可遏制的男女之情中，女性却往往能发乎至情，自然地从一而终，止乎礼义。从这个层面而言，性即“情之至正”，情的至正并非宋儒所言的“性其情”的结果。同理，《牡丹亭》大力肯定了形色之欲，但汤显祖肯定形色之欲的旨归在于促使伦理道德贴近形而下的人伦日用，从而更具淑世的有效性。黄宗羲晚年在《偶书》一诗中高度肯定了汤显祖借情谈性的心性学意义：“诸公说性不分明，玉茗翻为儿女情。不道象贤参不透，欲将一火盖平生。”[①] 黄宗羲在诗下注曰：

① （清）黄宗羲：《黄梨洲诗集》，中华书局 1959 年版，第 102 页。

“玉茗堂四梦之外，又有他剧，为其子开远烧却。”[①] 对汤显祖之子不能领会父亲借儿女之情发心性之思乃至一把火烧掉汤显祖其他剧作的行为，黄宗羲深感惋惜。

笔者认为，将《牡丹亭》解读为谈性之书并没有违背汤显祖的本意，至少汤显祖自己对戏曲的功用作过“以人情之大窦，为名教之至乐”[②] 的界定。汤显祖是一名相当具有思想家气质的剧作家，虽然仕途不达，但他似乎并未熄灭用世之情。在充满挫折的人生历程中，他终究谢绝了达观的殷勤接引之意，可视为他无心出世、有心用世的一个佐证。他虽然认为人生如梦，却认为梦是无法勘破的，“兄以二梦破梦，梦竟得破耶？儿女之梦难除，尼父所以拜嘉鱼，大人所以占维熊也”[③]。人伦日用是个体永远无法脱离也不应脱离的现实，稍观心学学者的著作便可以发现，虽然时常被诟病为禅，但心学学者认为不脱离、放弃人伦关系，尽好个体在人伦中的责任，正是儒相对于佛的根本区别和最大优势。从这个意义上看，汤显祖的推扬“至情”实有辟佛的意图，他不认同达观的“情有者理必无”，坚持为情作使，因为汤显祖是以儒自居的。

关于汤显祖对情性关系的态度，有一则非常核心的材料，即陈继儒的《批点〈牡丹亭〉题词》，其中的“师讲性，某讲情”一向被视为汤显祖以情抗理的铁证。厘清这则材料的真义有助于我们把握汤显祖对情理关系的真实态度。陈继儒从原始儒学肯定“情”的实例出发，就张位（江西新建人）针对汤显祖戏曲创作的责难表达了不同意见。这与明代中后期思想界质疑朱子学背离原始儒学、主张恢复孔孟真脉的风气

---

① （清）黄宗羲：《黄梨洲诗集》，中华书局1959年版，第102页。

② （明）汤显祖：《汤显祖全集》（2），徐朔方笺校，北京古籍出版社1999年版，第1188页。

③ 同上书，第1392页。

是一致的：

> 张新建相国尝语汤临川云：“以君之辩才，握麈而登皋比，何渠出濂、洛、关、闽下？而逗漏于碧箫红牙队间，将无为青青子衿所笑！”临川曰：“某与吾师终日共讲学，而人不解也。师讲性，某讲情。”张公无以应。夫乾坤首载乎易，郑卫不删于诗，非情也乎哉！[①]

关于这则材料的真实性，明清士人在转述中并无怀疑，虽然转述中出现明显的细节偏差，但对于核心语句“师讲性，而某讲情”的理解则惊人相似，陈继儒对《牡丹亭》题旨的解读亦被明清士人反复转述。孟称舜在《二胥记》题词中曾言：“汤若士不云乎，‘师言性，而某言情’，岂为非学道人语哉？情与性而咸本之乎诚，则无适而非正也。”吴舒凫在语及这一则传闻时，虽将发问者由张位替换为罗念庵，但对于“师讲性，而某讲情”的理解亦未背离儒学范畴，“若士言情，以为情见于人伦，伦始于夫妇。丽娘一梦所感，而矢以为夫，之死靡它，则亦情之正也”[②]。至清末，东仙在《养怡草堂乐府·自序》中引用这一公案时，则将张位误为“座主”，这种误用使对话背景发生变化，汤显祖“门生正是讲学。先生讲者，性也；门生讲者，情也”的回答更富戏剧性和冲击力，从而论证了东仙“丝竹两行，亦何异于皋比三尺”[③]的戏曲观，并暗讽了“座主”对于情性关系的机械理解。

中华人民共和国成立后，陈继儒的《批点〈牡丹亭〉题词》依

---

① 蔡毅编：《中国古典戏曲序跋汇编》，齐鲁书社 1989 年版，第 1226 页。

② 同上书，第 1247 页。

③ 同上书，第 1167 页。

然广泛出现在学者的研究论著中，但值得注意的是，当代学者对这则传闻，尤其是对“师言性，某言情”的解读，与明清学者截然不同。20 世纪五六十年代，学者普遍将这句话阐释为汤显祖对儒学性理之说的叛逆，借以印证晚明进步士人群体（以汤显祖为代表）在心学（尤其是泰州学派）影响下出现了反封建礼教、鼓动人欲解放之思潮的思想史定位；情与理成为互相对立的存在，汤显祖以情抗理是思想进步的表现，而他笔下随处可见的对礼教的肯定则是时代落后性使然。这一思路直至 90 年代依然被广大学者视为可靠。在 1992 年的《中国戏曲通史》中，“师言性，某言情”这一传闻被视为汤显祖以情抗理的例证，“从汤显祖与他的老师张位的对话中可以看到，汤显祖提出来的‘情’的哲理，是同程朱以来的整个理学传统相背逆的”；“在意识形态领域，他却挥动‘情’的宝剑，砍伐了封建专制之一的统治及其官方哲学”。[①] 黄卓越《晚明情感论：与佛学关系之研究》在论及这则材料时，亦指出“历来的论者往往借此而说明汤、罗的根本分歧”，强调“汤显祖主情论在理论上的本意原是以‘情’而排斥正统儒学之‘理’”。[②]

推翻这则材料在中华人民共和国成立后的解读方式，意味着必须重新估计晚明思想“启蒙”的复杂性。徐朔方先生在《论汤显祖及其他》中认为：这则材料说明了陈继儒对情理对抗关系的认知，汤显祖虽肯定情的作用，但并不足够自觉，情和理在汤显祖那里“除了矛盾对立的关系，还存在着可以统一的一面”。徐朔方先生认为，这已远比统一在“存天理灭人欲”主题下的朱熹、王阳明进步，因为阳明“四句教”并未给人欲留下空间，而汤显祖肯定至情是对罗汝芳肯定

① 张庚、郭汉城：《中国戏曲通史》（中），中国戏剧出版社 1992 年版，第 467 页。
② 黄卓越：《晚明情感论：与佛学关系之研究》，《文艺研究》1997 年第 5 期。

人欲的继承。[1] 徐朔方先生沿袭了将泰州学派视为王学叛逆的思想史观点，并以之为定位汤显祖情理观的基础。不过，徐朔方先生对阳明“四句教”的阐释似乎走了王畿的思路。王阳明绝非不给人欲空间，他强调的“此心纯乎天理”是道德修养的最高境界，成人之心往往蒙受着物欲、私见等种种灰尘，以致意念有善有恶，四句教中“有善有恶是意之动”是为了替道德实践留下必然性，阳明否定个体私欲但并不否定天下愚夫愚妇的公欲，他亦肯定青年男女的欲望，主张父母应及时为青年男女完成婚姻大事。汤显祖吸收了罗汝芳的思想，但也吸收了阳明心学不同于朱子的新思想。汤显祖的伟大不仅仅在于对人欲的肯定，更在于他以文学形象阐释了情与性“为物不二”的关系，强调了情的心性学价值。徐朔方先生在阐释汤显祖倡扬之情时，笔触极为审慎且富有启发性，但对于汤显祖与阳明心学之关系的理解上，并不是毫无囿于时代的先入为主之处。

约从20世纪90年代后期开始，一些学者随着时代思潮的变化，已经指出将“师讲性，某讲情”作为汤显祖以情抗理之佐证并不稳妥。例如，程芸先生曾在《论汤显祖“师讲性，某讲情”传闻之不可信》一文中从汤显祖对罗汝芳的态度切入，认为汤显祖“师讲性，而某讲情”的叛逆性回答难以理解，“陈继儒行文中所透露出的师生‘共讲学’时的辩争气氛以及当时汤氏不领师教、特立独行的形象，与汤显祖后来所追述的‘中途复见明德先生’的情况却又显然不合”。[2] 程芸先生的质疑值得重视。从陈继儒《批点〈牡丹亭〉题词》看，汤显祖在“师言性，某言情”前已明言，自己与师乃“终日共讲学”，只不过“人不识”，不识自己苦心的并非罗汝芳而是他“人”，

① 参见徐朔方《论汤显祖及其他》，上海古籍出版社1988年版，第20—21页。

② 程芸：《论汤显祖“师言性，某言情”传闻之不可信》，《殷都学刊》1999年第1期。

若说汤显祖语中有不屑意味，也只能是指责难者张位。晚明士人酷好讲学，将心性之学视为人生第一等事，敦化德性是讲学的第一目的，入手处则各人不妨有异，故汤显祖可以直言自己是通过言情以明性。因此，若将“师言性，某言情”理解为只是汤显祖直言自己对讲学“方式”的理解则更为合理，至少张位也不能从儒学理论层面找出汤氏答语的瑕疵，故“无以应”。事实上，汤显祖的答语恰可视为他在中年受到罗汝芳质问后的反省结果。汤显祖的戏曲创作在罗汝芳的质问之后并未停止，反而取得了更大成就，一个合理的逻辑是，他将自己的反省融入了戏曲创作中，在戏曲中阐释了心性之思。时人亦赞同陈继儒的观点，认为汤显祖的《牡丹亭》并非仅为歌咏男女之情，而是由男女之情谈性理，“不作此观，大丈夫七尺腰领，毕竟罨杀五欲瓮中，临川有灵，未免叫屈”[①]。谑庵居士（王思任）亦在《批点玉茗堂牡丹亭·叙》中指出，杜丽娘的情不仅至深而且至正，自然表现为道德层面的从一而终，可见至情是女性贞节的本质。在王思任看来，这是汤显祖推许杜丽娘之深情的原因之一：“其感应相与得易之咸，从一而终得易之恒，则不第情之深，而又为情之至正者。今有形一接，而即殉夫以死，骨香名永，用表千秋，安在其无知之性，不本于一时之情也？则杜丽娘之情，正所同也，而深所独也，宜乎若士有取尔也。”[②] 黄宗羲所言的“诸公说性不分明，玉茗翻为儿女情”正是从儒学层面对汤显祖言情之作的深刻理解与认同。结言之，明末到民国的士人在解读“师言性，某言情”时，并未将情与性视为对立存在的事物，这多少有助于我们解读汤显祖对“情”的定位。如果我们将“师言性，某言情”解读为汤显祖叛逆师说的表现，恐怕无法与确

① 吴毓华编：《古典戏曲美学资料集》，文化艺术出版社 1992 年版，第 156 页。

② 蔡毅编：《中国古典戏曲序跋汇编》，齐鲁书社 1989 年版，第 1228 页。

实为他所言的“以人情之大窦，为名教之至乐”的提法相统一。

毋庸置疑，汤显祖陈述的“某言情”以男女之情为主体，这是他招致批评的“逗漏于碧箫红牙队间”的戏曲创作决定的。从《牡丹亭》看，男女之情是以“人欲”为基础的，这与现代爱情的区别十分明显，现代爱情观可能导致的“夫妇不别”、尊卑不分也并不符合儒家伦理的要求。《牡丹亭》中杜丽娘的确感受到礼教的束缚，“昔氏贤文，把人禁杀”，但她最强烈的苦恼在于韶光易逝、婚姻无着，这是青春少艾年龄段必有的“慕色”即情欲萌发现象。杜丽娘慕色，柳梦梅急色，是婚姻成立的基础。杜丽娘梦中见到柳梦梅，二人寥寥数语便“忍耐温存一晌眠”。我们尽可用现代精神分析学的理论解释杜丽娘的梦，但这一梦毕竟是汤显祖在理智状态下设计的情节，表达的是汤显祖关于男女之情的态度。杜丽娘与柳梦梅的“人欲”与宋儒“存天理灭人欲”中的“人欲”并非同一所指，汤显祖所言的青年男女之欲是人性之必然。杜丽娘在花园中见满园春景而感叹“年已及笄，不得早成佳配，诚为虚度青春”，进而入梦与柳梦梅欢会；汤显祖将杜丽娘的慕色春情与姹紫嫣红之春景相对应，意在指明杜丽娘的人欲与自然之荣枯一样，是天地生生之仁的表现。杜丽娘的“慕色”是封建伦理得以存立的基础，绝不能也不应被遏制或消灭。杜宝正因不能认识这一点，固执地认为“一个娃儿甚七情”，耽误了杜丽娘的婚姻大事，所以杜丽娘的生命在柳梦梅没有出现前只能枯萎；柳梦梅则因其“急色”，使杜丽娘死而复生。

汤显祖戏曲创作中所言之情有着阐释个人儒学心得的意图：他尊重青年男女之情这一必然的存在，肯定其是构建儒家伦理秩序的基础。因此，汤显祖笔下的男女之情产生于青春期的大欲，又必然“归于正”。当杜丽娘在慕色时，她的人欲是人类亘古以来具有普遍性的

大欲，或者说，她思慕的仅仅是异性。但在梦会柳梦梅后，杜丽娘的慕色便不再针对普遍的异性，而是具体化了，绝不会再更改思慕对象，这是普遍性的欲到具有个体针对性的情的转变。青年男女大欲本是天下公欲的组成部分，对它的正视与疏导并不会冲破礼教，相反会促使青年男女进入五伦之中。因此也就不难理解，汤显祖在《邯郸记》《南柯记》中除夫妻之情外，还涉及了父子之情、朋友之情等。这种思路在冯梦龙的“情教说”处更为明晰：情为伦理世界的维系，同时坚决反对佛教的禁欲论。

上文已经讨论，汤显祖“言情”，但并不止于肯定人欲。他曾明言“以人情之大窦，为名教之至乐”，集中表达了自己承自心学的伦理治世思想：汤显祖由情切入，阐发了自己的心性学思想，尤其是对情、性“为物不二”之辩证关系的理解，主张至情即性；在此基础上主张援情入礼来激活礼教，避免封建礼教脱离天下公欲沦为僵死的条条框框。

汤显祖的伦理治世思想直接沿袭了王艮、罗汝芳的思想。泰州王心斋立论甚高，但同样以伦理道德为关注中心，开出被张居正讥为迂阔的救国之方，“先生拟上世庙书，数千言佥言孝弟也。江陵阅其遗稿，谓人曰：‘世多称王心斋，此书数千言，单言孝弟，何迂阔也。’罗近溪曰：‘嘻！孝弟可谓迂阔乎？’”[①] 注重教化本是儒学的题中之义，明代开国皇帝朱元璋亦反复强调以儒治国，并以意识形态上的教化与经济上的农桑为本相对应，在心学学者王艮处被重新强调并不意外，但王艮与大多数心学学者一样，赋予道德伦理过高的价值与功效，难免不切世用之讥。罗汝芳对王艮“家程朱而户孔孟”乃至举世

① （清）黄宗羲：《明儒学案》，沈芝盈点校，中华书局 1985 年版，第 718 页。

臻于“比屋可封”的治国思路，亦深信不疑。汤显祖作为罗汝芳的学生，在治国思路上与老师是一致的，王艮、罗汝芳伦理治世思想的简易直截是汤显祖认为国家大事“数着亦可毕”的原因。他曾对辅臣余有丁自诩“颇有区区之略，可以变化天下”，同时自叹“言之又似迂”，并恨余有丁“不见吾师言”，推崇师说之意见于言表。王艮、罗汝芳的学说基本沿着阳明的道德救世思想展开，只不过在“入手处”不尽同于一般的心学流派：心学主张良知自然发用、反对个体义袭于外的观点在泰州一派得到更为具体的阐述，泰州学派的伦理治世思想有力避礼法脱离时代、流为僵化之外在形式的倾向。王艮“乐学歌”用“乐”字形容天理充盈内心并战胜私欲的过程，罗汝芳注重人伦日用层面的儒学伦理“孝悌慈”同时反复强调赤子之心不虑而知、不学而能，二人皆阐释、强调了心学的道德先验论：伦理道德是个体先天具有的，个体体验、保持道德之心是自然需求，本不会更不应有外在束缚之感。

汤显祖沿着王艮、罗汝芳的治世思想，亦在思考如何激活礼教的活力，使礼教既能维持社会秩序，同时不致使百姓有束缚之感——让礼教成为人生的至乐。事实上，礼学在明代最为不明，“今五经惟礼最烦乱，惜不一经朱子绪正”①。而汤显祖中进士次年所任的南京太常博士，正是主管祭祀礼乐的闲职；他的戏曲创作亦多处流露了对“礼”的强调。与明朝开国皇帝朱元璋以农耕与教化立国的思路一脉相承，汤显祖亦主张百姓勤事农桑、官府清净爱民，如此天下公欲得到满足，百姓行为自然合乎伦理规范。杜丽娘对柳梦梅的“一灵咬住”，《牡丹亭》《南柯记》中百姓在爱民之官的保育下呈现的淳朴民

① （明）王鏊：《震泽先生别集》，楼志伟等点校，中华书局2014年版，第8页。

风，皆反映了汤显祖对欲与情的理解：正常人欲得到疏导和满足，人心便为真情充溢，言行自然合乎礼教。这并不是指正常人欲与礼教之间可能存在某种潜在的交换，而是指正常人欲的满足是个体存在以及伦理规范衍生的必要条件。在《牡丹亭》中，如果世上青年男女如杜丽娘与柳梦梅不能“早成佳配”，或如陈最良一般不知“伤个什么春，悲个什么秋”，又或如石道姑一样根本不具备健康的身体，也就无所谓夫妇，而人伦恰始于夫妇。汤显祖笔下杜丽娘、柳梦梅的爱情明显不同于晚明自附于玉茗一脉的文人曲家：被正面抒写的女性情欲体现了汤显祖的心性学思考，而晚明文人曲家的作品一般以男性为不二主角，女性则成为男性风流自赏的陪衬。值得强调的是，汤显祖对于正当人欲的强调程度并未越出儒家，儒家从来不是禁欲主义，至多只能算是“节欲主义”。毕竟即使反复强调克制人欲的王阳明，一样在《南赣乡约》中叮嘱百姓“男女长成，各宜及时嫁娶”[①]。因此，若要冠汤显祖以倡扬人欲、反对封建礼教的美誉，恐怕并不符合汤显祖“言情”的本意。与阳明以及大部分心学学者一样，汤显祖反对的只是礼教脱离时代的人之常情，以致沦为一套僵化的条条框框而失去生命力，失去维持世风的有效性。结言之，汤显祖用来维系伦理道德的工具，不是外在高压，而是至诚无伪的情感。

与王艮、罗汝芳不同的是，汤显祖通过“言情”来探讨性的存在方式，可谓为下下人说法，汤显祖不仅强调了情的力量，还讨论了“性”在人伦日用中的显现方式，主张“至情即性”。这明显受到了心学的影响。朱熹认为理气不可分，同时坚持理、气终是两个事物，其理气观具有二元论倾向，“形而上与形而下之分为两橛，每易趋于

① 吴光等编校：《王阳明全集》，上海古籍出版社2012年版，第509页。

两元论或导致孰为主从。……于朱子，此种两橛渐较显著，因而两难之困局，亦至迫切”[①]。阳明对朱子理气观的不足十分警惕，“性善之端，须在气上始见得，若无气，亦无可见矣。……气即是性，性即是气，原无性气之可分也”[②]。理气、情性“为物不二”的主张成为心学后学广泛认同的思想倾向之一。因此，心学学者一直致力于抨击空谈性理的口耳之学，主张从形而下的日用层面切实做践履工夫、正视世人的物质需求与形色之欲，强调性理并非悬空存在的概念，而是人情物欲的恰到好处。如此，伦理道德由形而下出发，彻上彻下，更具陶淑世风的有效性。这一学术倾向，使晚明心学学者并不讳言个体情欲、物欲，同时不致流于自然人性论。汤显祖亦受了心学“为物不二”之情性观的影响，一个旁证是，他不同意友人罗大纮对自己耽溺绮语的批评，对于罗大纮建议的“息念听于声元，倘有所遇，如秋波一转者”，汤显祖认为这种凭空体悟的心性休养方式是不可靠的，即使“可得而遇，恐终是五百年前业冤耳”[③]。在汤显祖看来，个体不可能跳出形而下的人情物欲去寻求性理的真义。

还须予以辨析的是，《牡丹亭》“题词”中“第云理之所必无，安知情之所必有”这一被反复用来证明汤显祖以情抗理思想的断语。事实上，与心学情性“为物不二”之观点相联系，更与心学“格物”新解相关，心学剔除了宋儒“理”中“所以然”的一部分，将眼光收归社会中人情物理“所当然”的部分，这也对汤显祖产生了切实影响。汤显祖在《牡丹亭》题词中对“理”的批评是针对《牡丹亭》的奇幻情节而发，意在强调杜丽娘情生情死的真实性（这一情节设置

---

① 陈荣捷：《朱学论集》，台湾学生书局 1982 年版，第 9 页。

② 陈荣捷：《王阳明传习录详注集评》，台湾学生书局 1983 年版，第 210 页。

③ （明）汤显祖：《答罗匡湖》，《汤显祖全集》（第 2 册），徐朔方笺校，北京古籍出版社 1998 年版，第 1401 页。

似因不合常理而遭到批评），因此题词中有“自非通人，恒以理相格”的反驳，此处“理”指宋儒孜孜以求的“所以然”之常理。程朱理学的“格物说”主张“今日格一物，明日格一物”，强调一事一物有一事一物之理，暗含了对社会人事之外自然常理的探究兴趣。这是心学自阳明便一再批评的，阳明通过对格物说的重新解读，将“理”收缩为社会人事之理，并一再强调个体不可能认识天下万事万物之理，只要做到道德上的纯粹个体便可成为圣人，客观上流露了漠视事物常理的反智识主义倾向。汤显祖对于能穷通天地万物之理的“通人”亦无信心与兴趣。在《牡丹亭》中，汤显祖笔下的杜宝、陈最良都不失为道德方正之人，但他们囿于常理而流为古板迂腐，正印证了汤显祖《牡丹亭》“题词”中批评的“理”是宋儒“理”中“所以然”的部分。此外，“第云理之所必无，安知情之所必有”与达观佛学情理观并无关系。对于达观从佛教层面强调的情理不能并存、只能二取其一的观点，汤显祖绝难认同。故而面对达观殷殷接引之意，他虽心有感念，依然不得不委婉地指出，情与理绝非不可并存的关系，对于达观“情有者理必无，理有者情必无”的佛学情理观，汤显祖感叹“真是一刀两断语”，因为儒学不可能采取这种情理对立观念：就阳明心学而言，情是性显现的形式，如果没有情，形而上之性也就成了悬空之物，故情不可能也不应断灭。若断灭形而下之情，则“并理亦无，世界身器，且奈之何”①。汤显祖虽借佛学排遣苦闷，但自我体认上始终是入世的士大夫。

与晚明大多数心学学者一样，汤显祖对于朱子学的烦琐并无好感，并认为儒学经典的学习与伦理道德之间没有必然的关系。个体

① （明）汤显祖：《寄达观》，《汤显祖全集》（第2册），徐朔方笺校，北京古籍出版社1998年版，第1351页。

并非在接触伦理教条的口耳外在之学后，才能在行动上合乎礼教；个体内心为真情充斥时，才会天然地在行动上符合夫妇有别、父慈子孝等一系列礼教规则，这在《邯郸记》中有明晰的表达。淳于生对于父亲的昊天罔极之情，对于妻子瑶芳的夫妇之情，乃至对于朋友的感情，无不发乎天然。在汤显祖的治世思想中，伦理道德依然是最终目的与最初手段，他肯定正当人欲但对沉溺人欲高度警惕：《牡丹亭》中复生的杜丽娘要提出“鬼可虚情，人须实礼”之语，《南柯记》《邯郸记》则对名利之心与放纵之欲进行针砭。汤显祖充分肯定了真情在维系礼教中的作用，真情是性理的显现方式，自然合乎礼教，而个体在真情主导下的行为自然合乎礼教，礼教并非对人情的束缚，而是人情的自然行为，故而“人情之大窦”，可以成为“名教之至乐”。礼教为个体自然所需，自然行为而吻合为礼教，故为至乐。

在考察汤显祖思想时，我们无法不关注他肯定至情、人欲的“进步性”，但汤显祖实际上吸取了心学思想的成果，探讨了性理的具体存在形式，目的是使礼教成为有情者的自然需求，达到“名教之至乐”。笔者认为，汤显祖思想的“进步性”或者表现为他对至情的肯定，但其思想的深刻性表现为他对人欲与礼教的辩证关系。关注汤显祖与儒学传统的断裂性、差异性固然重要，但我们更应关注汤显祖“进步”思想与传统儒学的深刻联系，关注他如何在儒学的系统内有所创新，使儒学这一传统社会的主流思想意识在时代蜕变中显现出自我更新的能力。而他在戏曲创作中表达个人的心性之思，由情言性，无疑对后世有心借戏曲行教化的曲家有着极大的启发意义。

第二节　对形色之欲的歌咏

《牡丹亭》以杜丽娘为情而死又为情而生为情节核心，故学者多重视杜丽娘对爱情的“徒然渴望”，并由之引申出抨击封建礼教的主题，虽然杜丽娘还魂后“鬼可虚情，人须实礼”的重礼倾向亦被一些学者提及过。笔者认为，汤显祖在《牡丹亭》中主要借杜丽娘的情生情死，表达了对形色之大欲的肯定，前文已经论述过，汤显祖主张将伦理道德以形而下的人情物理为基础，这与晚明心学注重形而下的学术路向是一致的，在《牡丹亭》中集中表现为正面描写青年男女的形色大欲。

“闺塾”写陈最良对杜丽娘讲授《诗经》，强调的是“无邪”二字，然而杜丽娘读出了截然不同的感受，剧本通过春香转述了杜丽娘的内心反应：

> 看他名为国色，实守家声。嫩脸娇羞，老成尊重。只因老爷延师教授，读到《毛诗》第一章：“窈窕淑女，君子好逑。”悄然废书而叹曰：“圣人之情，尽见于此矣。今古同怀，岂不然乎？”“小姐说，关了的雎鸠，尚然有洲渚之兴，何以人而不如鸟乎！”

从《毛诗序》直至宋理学家朱子，以“后妃之德”解读《关雎》是通行的做法。但在汤显祖看来，《关雎》流露的恰是男女之大欲引发的幽眇深挚之情。所以，当陈最良解说《关雎》为“窈窕淑女，是幽闲女子，有那等君子好好的来求他”，春香会问一句：“为甚好好的求他?”陈最良只得以“多嘴哩”搪塞过去。而杜丽娘之病，正是“只因你讲《毛诗》，这病便是‘君子好逑’上来的”。因杜丽娘已届婚配之龄，父母却未能为其早择佳偶，以致迁延深闺、抑郁无聊。在汤显祖看来，青年女子的室家之愿，是杜丽娘入梦生情的根本原因，恰如天地有春有秋一般，适婚女子的生理欲望是自然而然、不可遏制的。《惊梦》一折，汤显祖详尽地展示了杜丽娘因无边春色而伤感。适婚女子的情欲，正如春色必然降临大地，是不可遏制的，因此汤显祖从儒家室家之愿出发，对杜丽娘的情欲予以同情、理解和支持。杜丽娘伤感的，正是自己处于颜色如花的适婚年龄，却不能早得佳婿，“吾今年已二八，未逢折桂之夫；忽慕春情，怎得蟾宫之客?”“吾生于宦族，长在名门。年已及笄，不得早成佳配，诚为虚度青春，光阴如过隙耳。”杜丽娘不满父母挑拣名门，使自己婚事耽搁、青春虚掷，因而心怀幽怨、春情难耐，“则为俺生小婵娟，拣名门一例、一例里神仙眷。甚良缘，把青春抛的远！俺的睡情谁见？则索因循腼腆。想幽梦谁边，和春光暗流传？迁延，这衷怀那处言！”杜丽娘的独白清晰地说明，一往而深的情并非“不知所起”，而是来自自然欲望，或者说形色之性。“单则是混阳蒸变，看他似虫儿般蠢动把风情扇。”因此，形色之欲不可压制，更不可回避，而应予以正视。因此，汤显祖认为，杜丽娘的病，正因婚姻不及时、情欲不得舒展而致。陈最良为杜丽娘看病，“《毛诗》病用《毛诗》去医。那头一卷就有女科圣惠方在里”。这一段生搬硬套《诗经》的药方，虽有插科打诨的色彩，但对理解杜丽娘之情颇有价值：

〔贴〕师父，可记的《毛诗》上方儿?〔末〕便依他处方。小姐害了“君子”的病，用的史君子。《毛诗》:“既见君子，云胡不瘳?”这病有了君子抽一抽，就抽好了。〔旦羞介〕哎也!

〔贴〕还有甚药？〔末〕酸梅十个。《诗》云："摽有梅，其实七兮"，又说："其实三兮。"三个打七个，是十个。此方单医男女过时思酸之病。〔旦欢介〕〔贴〕还有呢？〔末〕天南星三个。〔贴〕可少？〔末〕再添些。《诗》云："三星在天。"专医男女及时之病。〔贴〕还有呢？〔末〕俺看小姐一肚子火，你可抹净一个大马桶，待我用栀子仁、当归，泻下他火来。这也是依方："之子于归，言秣其马。"

若按一般情理来看，陈最良的话可谓荒诞不经且语涉淫秽，但汤显祖并非仅为调剂气氛，而是借陈最良之口，以"既见君子，云胡不瘳""摽有梅，其实七兮""三星在天""之子于归，言秣其马"等语，明白无误地强调了杜丽娘的病因所在。这些诗句大约皆歌咏青年男女的室家之愿："既见君子，云胡不瘳"说的是女子见到意中人的欢喜；"摽有梅，其实七兮"表达的是女子叹息韶光难挽的恨嫁之情；《诗·唐风·绸缪》"绸缪束薪，三星在天。今夕何夕，见此良人"，《诗·周南·汉广》"之子于归，言秣其马"，表达的是新婚的快乐或对新婚的期待。①

如果结合时代背景，本来"老成尊重"的杜丽娘因读儒家经典而引发伤春之情，进而因伤感于欣欣向荣的万物而起男女之情，则汤显祖这一情节设置是颇有深意的：汤显祖吸取了心学"六经注我"、自求本心的读经方式，不满于儒家经典在僵化的伦理说教下失去"仁"的本质。他将杜丽娘的情欲之思理解为众生皆具的形色欲望，如同自然界万物的生长荣枯，同为天地生生不已之仁的体现，学者心怀万物一体之仁，则必然对这种来自生命本身的不可遏制的情欲，持尊重和

① 王仁铭：《〈牡丹亭〉中的特殊人物——论陈最良》，《江汉论坛》1990年第10期。

理解的态度。杜丽娘梦见柳梦梅、寻梦及至为情而死，皆说明自然欲望的难以遏制、不应遏制，这种情欲作为天地生生之仁在个体身上的表现，一旦不能实现，得不到疏导，人身也就失去生意，人生也会枯槁。洞悉杜丽娘病亡始终的花神直言："他与秀才梦的绵缠，偶尔落花惊醒。这女子慕色而亡。"汤显祖以《诗经》之文，证实了青年适婚男女之大欲及室家之愿，是自然合法、不容否认的形色之性，是天地生生之意的表现之一。事实上，儒家虽然主张克制欲念，但并不否定适婚男女的形色大欲，主张婚姻以时，力求避免怨女旷夫的产生，礼法正是为了保证男女大欲得到疏导。王明阳主张"此心纯是天理"，但在训诫百姓时也主张："男女长成，各宜及时嫁娶。"① 这也是汤显祖理想社会的一个部分，所谓"婚姻以时歌《伐柯》"。②

汤显祖对杜丽娘思春之情的同情和歌咏，确实吸取了罗汝芳对生生之仁的强调。晚明学者很少能像汤显祖那样，站在女性的立场上写出女性的内心苦闷（姑且不论这是否符合闺阁女子的心理）。而后来尤其是明末的诸多文人，却对女性的自然情欲讳莫如深，他们笔下多情而贞节的闺阁少女，实际上沾染了浓重的夫权意识，沦为最符合男性鉴赏标准的赏玩对象。杜丽娘这一形象的塑造，显示了心学对汤显祖的切实影响。作为一名年方少艾的深闺女子，杜丽娘慕色而亡、情死情生的情节，依据的并非现实生活之逻辑，而是依据了汤显祖的心性之思。杜丽娘这一形象能感人至深，乃是因为她作为一名意象化的人物，凸显了汤显祖对人类不得舒展的男女之大欲的悲悯，展示了汤显祖对于生发人类与自然的生生之仁（在《牡丹亭》中，它是情欲）

① （明）王阳明：《南赣乡约》，吴光等编校《王阳明全集》，上海古籍出版社2012年版，第509页。

② （明）汤显祖：《南柯记》，中华书局1958年版，第53页。

的歌咏，从而拨动了一代又一代人的心弦。

笔者在上编第一章论证过，阳明心学力避宋儒理气二分法可能带来的心与理的分裂，反对“性”“理”脱离形而下成为悬空存在的物事，以致无助于身心的实修。因此，晚明心学学者主张由形而下言形而上，喜怒哀乐之情、百姓日用之欲，是他们积极面对与探讨的对象，因为他们认为道德践履必须以人皆有之的情、欲为基础，心性之学才不会着空。对于宋儒乃至阳明力持的性善论，一部分心学学者从形而下的气质出发，亦提出了一些不同观点。“明代后期，心学家对人性的看法有所转变，认为气质亦不可不谓性，习与性成，倾向一种自然的、发展的人性论。所以必须非常小心地在日常生活的细节中分辨出对与错来。”① 嘉靖年间（1522—1566）人、南中王门的杨豫孙（字幼殷）就气质言性，认为善恶只是习得的结果，“刚柔气也，即性也。刚有善者焉，有不善者焉，柔有善者焉，有不善者焉。善不善，习也，其刚柔则性也”②。并对程颢所言的“恶亦不可不谓之性”持赞许态度。晚明著名学者谢在杭（名肇淛）曰：“性有善恶之言，未甚失也，而《孟子》力排之；反经合道之言，未甚失也，而宋儒深非之，皆矫而过正矣。”③ 汤显祖亦曾提出，性善说为药世之方。在《牡丹亭》中，汤显祖借助“慕色而亡”的杜丽娘，表达了形色之欲乃人性必有的人性观。他对待“欲”的态度与宋儒主张无欲的观念有着明显不同，他在《答高景逸》中曰：“无欲主静，谈学所宗。千古乾坤，销之者欲。有能一日，仁寿在斯，第概观斯人，有欲于世者未必能动，无欲于世者未必能静，就中消息，讵可详言。至于世局纷

① 王汎森：《晚明清初思想十论》，复旦大学出版社 2004 年版，第 133 页。
② （清）黄宗羲：《明儒学案》，沈芝盈点校，中华书局 1985 年版，第 621 页。
③ （明）谢肇淛：《五杂俎》，上海书店出版社 2001 年版，第 273 页。

啾，正坐人生有欲。世弃已久，世寄为谁?”①

汤显祖的语气中有着不见用于世的隐隐苦涩，他对“欲”的观点的确有别于宋儒。在汤显祖看来，欲是乾坤中不可能去除的客观存在，完全无欲者有如槁木死灰，个体之欲是个体道德理性存在的基础。欲当然并非仅为私欲，而是既可指物质欲望，又可指某种意愿、意图乃至道德意志，这种中性的内涵有似于孔孟所言之“欲”。何心隐《辨无欲》可视为晚明士人反对宋儒无欲论的代表，在这篇文章中，何心隐开门见山地指出濂溪所言的无欲不符合孔孟本意，因为孔孟并不主张无欲，在孔孟那里，“欲惟寡则心存，而心不能以无欲也”。而且孔孟所言的欲既含有“欲鱼欲熊掌”的物欲，也含有“欲生欲义”的道德之欲。正因为人既有物欲，又有道德之欲，因此个体才会自觉克制过度的物欲，甚至为实现道德之欲而舍弃生命，可见，个体调整内心的物质之欲，方可见伦理道德的存在。无欲，也就无以存心。“欲鱼欲熊掌，欲也。舍鱼而取熊掌，欲之寡也。欲生欲义，欲也。舍生而取义，欲之寡也。能寡之又寡，以至于无，以存心乎？欲仁非欲乎？得仁而不贪，非寡欲乎？从心所欲，非欲乎？欲不逾矩，非寡欲乎？能寡之又寡，以至于无，以存心乎?”另外，在何心隐看来，孔孟谈无欲时是有上下文的，并非强调天下人都须去除人欲，而是为了表达“己所不欲勿施于人”的推己及人、仁人爱物之心，以保育天下人合理的欲为旨归。“孟子言无欲其所不欲，亦似言无欲也，然言乎其所不欲，乃己之不欲也。”② 而濂溪所言的“无欲”完全否定物欲，已经背离人情之常，不顾内心的道德之欲更是自相矛盾。

---

① （明）汤显祖：《汤显祖全集》（2），徐朔方笺校，北京古籍出版社1999年版，第1439页。

② （明）何心隐：《辨无欲》，容肇祖整理《何心隐集》，中华书局1960年版，第42页。

李贽似借鉴了何心隐对待欲的态度，不过在肯定合理之私欲的必然性上，他比何心隐激进。与汤显祖相交好的屠隆，在面对“男女之欲，去之为难者何”的困惑时，综合考察三教，委婉指出男女之大欲不可能尽去，“道家有言，父母之所以生我者以此，则其根也，根固难去也。古天竺先生号称离欲，盖以空得之。虽上帝所治，犹为欲界。高真上仙，偶动一念，辄往人间。而古帝王广设后妃、御妻、世妇。儒者曰以广继嗣，非为欲也。亦或以不能遣之，而以此正人道，防淫也。……孔子曰：‘吾未见好德如好色者也！’其辞亦痛切足悲哉！根之所在，难去若此。即圣人不能离欲，亦淡之而已。离则佛，淡则圣，抑而寡之则贤，纵而宣之则凡。’”[①] 面对人皆有之的饮食、男女大欲，晚明心学从生生之仁出发，持肯定与尊重的态度，力求对合理的情欲予以疏导而非一味遏制。罗汝芳曰：“万物皆是吾身，则嗜欲岂出天机外耶？……若其初，志气在心性上透彻安顿，则天机以发嗜欲，嗜欲莫非天机也。若志气少差，未免躯壳着脚。”[②] 笔者认为，罗汝芳表达了两层意思：其一，人欲乃人性中必然存在的部分；其二，士大夫肯定“嗜欲”，与“万物皆是吾身”相联系，意在发挥一体之仁，推己及人，保育他人的欲望。晚明心学学者中确实有一种肯定甚至鼓吹人欲的言论，但是这种言论并不导向士大夫本人的纵欲（至少从理论上看是这样的），而是经过一个转折，变为对细民百姓之欲的尊重与引导。士大夫多主张尊重细民的欲望，并将这种欲望引导到礼法道德的范畴中。

汤显祖在性、情、欲的观念上与宋儒存在不同之处，这在《牡丹

---

① （明）屠隆：《与李观察》，阿英编《晚明二十家小品》，河北人民出版社 1989 年版，第 113 页。

② （清）黄宗羲：《明儒学案》（二），沈芝盈点校，浙江古籍出版社 1985 年版，第 49 页。

亭》中有比较集中的体现。汤显祖谈性以谈情为基础，就《牡丹亭》来看，个体由欲望而生情，情须自然合乎礼法。这里有对先秦儒学性情观的吸收，也有对泰州学派尤其是罗汝芳高标生生之仁的借鉴。虽说“情不知所起，一往而深”，但就剧本而言，杜丽娘感叹如花美貌经不起似水年华，失望于“不得早得佳配，诚为虚度光阴”，以致梦见书生“恰恰生生抱咱去眠”，即使“淫邪展污了花台殿”，醒来后不是觉得羞愧，而是反复回味追寻梦中之境。可见，情之所起，正在于“欲”字，“痴情慕色”并不是情之过度而为欲，而是生之谓性的大欲引发了情，故情一往而深。所谓“一点色情难坏，再世为人，话做了两头分拍”“还则怕邪淫惹动阴曹怪，忌亡坟触犯阴阳戒。分书生领受阴人爱，勾的你色身无坏”。[①] 这正是汤显祖在心学学术风潮的影响下，以自得的心态获得的先秦儒学的原初观点。在汤显祖看来，男女情爱是人性不可去的部分，即使英雄如刘邦、项羽也无法跳出男女之情：“事业易萎谢，恩爱难销沉。虞歌与戚舞，英雄同此心。”[②] 而相对男女之情的真挚缠绵，张巡杀妾的行为却显得残忍不情，至少汤显祖认为张巡是为了成全忠君死国的虚名而杀戮无辜的小妾：“吴起张巡总为名，到头才识此中轻。若言铜雀分香假，泣向虞兮亦世情。”沈际飞对此诗的评论是“千秋定案”。[③] 男女之情欲为人性之固有，这与宋儒所言的由天理而来的纯善之性，有明显区别。形色之性，得到汤显祖的重视与承认，虽然他绝不认为个体可以止于形色之性。“孟子恐人止以形色自视其身，乃言此形色即是天性，所宜宝而奉之。知此则思生生者谁，仁孝之人，事天如亲，事亲如天。……故

① （明）汤显祖：《牡丹亭》，徐朔方笺校，人民文学出版社 1978 年版，第 186—187 页。

② （明）汤显祖：《汤显祖全集》（2），徐朔方笺校，北京古籍出版社 1999 年版，第 913 页。

③ 同上书，第 965 页。

大人之学，起于知生，知生则知自贵，又知天下之生皆当贵重也。”①汤显祖认为人不应贱视形色之欲，而应正视它、尊重它的合理性，如此方为有情之人，才会真正推己及人，用世济民。《南柯记》中，大槐安国琼英郡主受命为公主瑶芳择一有情之人，淳于棼被琼英郡主美貌吸引，但琼英本是蝼蚁，女身、美貌都是假象，淳于棼却将禅师“蚁子转身”听成“女子转身”。汤显祖借此寓指淳于棼对形而下的形色世界抱有热情，是有情、多情之人，他亦因此被选中为驸马，“选郎须得有情人，谁似淳于好色身”②。尊重形色之性，个体方能由一己形色之性的合理性，推己及人，充分承认他人形色之性的合理性，仁人爱物，由情欲而进乎伦理道德，这与心学思潮是吻合的。

由对情的肯定，汤显祖进而认为宋儒低估了形而下之情欲的力量，正因为无视情欲，宋儒之“理”亦往往失去有效性，显得僵化、不近情理。杜丽娘与父亲金殿对质，杜宝坚持认为不可能有死而复生之事，所以面前活生生的杜丽娘必然是鬼怪的化身。这是因为杜宝以常理忖度，无法相信杜丽娘情死情生的真实性。汤显祖说“第云理之所必无，安知情之所必有”，是不满于杜宝不及情的拘执古板。杜宝在杜丽娘为情而病时，尚不以为然，“一个娃儿甚七情”，陈最良更是“从不晓得伤个春，从不曾游个花园”。杜宝秉持的是严谨的理学人生态度，陈最良则是枯守宋儒传注的腐儒，尤其是陈最良，他的“不知足而履”、开药方时对经书的生搬硬套，都显示了宋儒“格物穷理说”并不一定能养成博而能约的通人，反而有可能养成不及情进而也就不通理的迂腐、板滞之人。宋儒尤其是程朱主张性体情用，虽然并没有

① （明）汤显祖：《汤显祖全集》（2），徐朔方笺校，北京古籍出版社1999年版，第1225页。

② （明）汤显祖：《南柯记》，中华书局1958年版，第26页。

客观上否定情存在的合理性，但情因感于外物便有可能着于物欲、偏离中和，乃至蜕变为恶的存在，情因而被视为消极力量，纯善的“性”优先于情，“性其情”、以性克制情过于泛滥来检点人欲，成为程朱对情的基本态度。汤显祖恰恰借对情欲的歌咏，指责了这种观念极端化、机械化以后可能产生的流弊。

第三节 对夫妇伦理的推扬

汤显祖在《牡丹亭》中肯定了男女大欲乃人性之必然，但也表达了对理尤其是夫妇伦理的重视，在汤显祖看来，这二者是不可拆分的。周群先生认为：“汤氏所论，溯其源，实由李贽开其端，李贽云：‘非情性之外复有礼义可止也。’汤显祖虽未直接阐论‘情’与‘礼义’的关系，但通过对‘性’、‘志’的阐释而与李贽的理论殊途同归。李、汤所论宣告了礼义的规范作用不复存在，宣告了文学从礼义的囚笼中解放了出来。文学不再是封建教化的工具，统治者意志的传声筒，文学走上了依循自身规律发展的道路。”[①] 周群先生的说法似乎拔高了汤显祖的反礼教精神。汤显祖既揄扬至情，又在《牡丹亭》中对礼教持认可态度，这一状况令当今很多学者替汤显祖感到遗憾，并认为汤显祖思想具有因乎时代局限的矛盾性。需要指出的是，汤显祖对“礼”的重视并不亚于他对“情”的揄扬，笔者在前文已经分析过，这里受到了心学学术倾向的影响——在汤显祖看来，圣王因人情

① 周群：《儒释道与晚明文学思潮》，上海书店出版社 2000 年版，第 174 页。

而制礼，情与礼本非对立关系。曾受教于汤显祖、号称临川四大才子之一的章世纯（字大力）曰："夫礼者养也，即食色而是也，必歧为两以相衡，于是各以所见为轻重矣。……礼苟在人情之外，则为群情之所共排，方不可一日存于天地之间，又安得与食之存生、色之得妻者较哉？""夫欲食欲色，人情也，不欲紾兄臂亦人情也，不欲逾东家墙亦人情也，究之亦情为情屈，安在其情为礼屈欤？"①在章世纯看来，道德、礼法本就是为了保育天下人合理的人欲，二者间本不应有矛盾，真实、合理之人情绝非与礼相对立的存在，礼本身亦是人情相互协调的结果。换言之，适度的情也就体现为礼。在情礼关系上，汤显祖与章大力有相似之处。汤显祖的情往往与形色之欲相通，但他亦坚持情须止乎礼义，在《牡丹亭》中，汤显祖传达了这样一个观念：男女大欲与礼法道德，都是人性中存在的，由肯定形色之性进而肯定礼法，实则是汤显祖思想中密不可分的两面，男女之情的适度与合理，便是礼法本身，礼法不在人情之外。"今欲希孔，先希颜乎？其功自复礼始。"②让杜丽娘在现实世界与柳梦梅苟合，是汤显祖不认同的，苟合行为破坏礼法，将有损杜丽娘宦门小姐的形象。梦中之苟合，则当不得不贞洁的证据，这是花神为杜丽娘向判官求得宽赦的理由之一；杜丽娘那在现实世界忠心为国、立下功勋的父亲，以及她本人与柳梦梅的命定夙缘，使她游魂私合柳梦梅的行动具有一定的合法性。而杜丽娘在现实世界对伦理规范的自觉遵守，使她成为一名多情而不淫荡的女性（在女性形象的塑造中，多情与淫荡的界限是晚明剧作者需要小心把持的界限）。需要注意的是，杜丽娘在还魂后对贞操

① （明）章世纯：《章大力先生全稿》，北京出版社 1998 年版，第 579 页。

② （明）汤显祖：《汤显祖全集》（2），徐朔方笺校，北京古籍出版社 1999 年版，第 1227—1228 页。

观的认同与遵守，与她感梦而亡一样，具有高度的自觉性。因为她在与柳梦梅私奔以后，个人的操守不再有洗刷清白的可能，即使在父母面前“鬼可虚情，人须实礼”亦不能作为自我辩护的理由，而只具有自我道德满足的功用。

这一点上，汤显祖显得与罗汝芳的精神气质更为相近，虽然罗汝芳赞同颜钧“制欲非体仁”的命题，但是与颜钧不同，罗汝芳更多正统士大夫的色彩，他终身奔走于追问心性大道的路途中，关注个人立言对社会道德与名教的促进作用。他甚至非常想恢复明初朱元璋的统治，多次在讲会上真诚赞美“我圣祖高皇帝”将理想的社会带给了大明子民，同时并不像他的同时代人那样批评过于严厉的刑罚，而是认为作为士人应该注重心性的讲求与实修。他一再提倡的孝悌慈，不仅仅是他由个人生活经验出发对圣贤经典的印证，也是他对朱元璋《圣谕六教》的真诚响应。如何在谈论心性的时候，不流于空虚，将修身与齐家治国平天下的达用合为一体，是罗汝芳理论思考的起点之一。汤显祖的《贵生说》，与罗汝芳一再强调的生生之仁有明显的联系。汤显祖肯定个人形色之生可贵，主张世人由个人形色之生的可贵推到人人之生皆可贵，认识到对万物有生生之功的天地如父母一样可敬。在汤显祖看来，仁孝之性可使个体不耽溺于一己形色之欲，而能有更高的追求，推己及人，成大人之学，故曰“大人之学，起于知生，知生则知自贵，又知天下之生皆当贵重也”[1]。可见，汤显祖秉承心学对万物一体之仁的发挥，由人欲的正当性得出伦理、礼法的必要性，因为只有如此，方能保育天下人的形色之欲而不是放纵个别人的私欲。对于“能引百姓之身邪倚不正”的“破坏世法之人”，汤显祖是持否

---

① （明）汤显祖：《汤显祖全集》（2），徐朔方笺校，北京古籍出版社1999年版，第1225页。

定态度的。汤显祖亦曾在《秀才说》中自剖了罗汝芳心性之问对自己的触发，“或曰：‘日者士以道性为虚，以食色之性为实；以豪杰为有，以圣人为无。’嗟夫，吾生四十余矣。十三岁时从明德罗先生游。血气未定，读非圣之书。所游四方，辄交其气义之士，蹈厉靡衔，几失其性。中途复见明德先生，叹而问曰：‘子与天下士日泮涣悲歌，意何为者，究竟于性命何如，何时可了？’夜思此言，不能安枕。久之有省。知生之为性是也，非食色性也之生”①。汤显祖在遂昌（今属浙江）知县任上作的《秀才说》与《牡丹亭》的创作时间甚近，由《秀才说》而观，汤显祖在遂昌前后，思想上大致经历了一个转变，之前注重破除陈说，不乏猖狂慢教之弊，之后跳出好高自许的格套，对心性的认知更为中允和深刻。这一思想变化，在晚明并非个案。值得肯定的是，汤显祖的思想转变，尽可能地保持了转变前的可取之处，赋予“生之谓性”新的内涵。生之谓性，包含对个体食色之欲、生生之大欲的尊重和理解，并以之为基础，使礼法、伦理更切合“百姓日用”，避免了宋儒性理不切身心之用的弊端。这种思想在阳明后学那里已经存在，由于人欲尤其是男女大欲的天然本能属性，阳明学者很少对其大肆谈论，但心学学者刘元卿借一则小故事表达的理欲观，与汤显祖是相通的。“有寺在深僻山中，老僧畜一幼徒，从小未下山，不识人间世物色。既壮，携入市，见物辄指示之曰此某名也。忽见倚门妓女，不识云何，师曰：‘此老虎子也，善食人，宜谨避之。’至暮归山，师问曰：‘今日眼中见者，何物为尔所爱？’徒徐思曰：‘吾终爱老虎子也。’佛氏谓情欲即性命，岂不诚然？顾所谓性

① （明）汤显祖：《汤显祖全集》（2），徐朔方笺校，北京古籍出版社 1999 年版，第 1228 页。

也，有命焉。更须深透一步，不然，宁不借口于性命而恣情纵欲乎？"[1] 值得注意的不是刘元卿对男女大欲的肯定，而是他在承认男女之欲的合法性后，强调个体对人欲必须"深透一步"，实际上也就是回归礼法、进入人伦，这与汤显祖在《牡丹亭》中表达的理欲观是极为相似的。

《牡丹亭》肯定了杜丽娘"怀春"的必然性，但也让杜丽娘在还阳后强调"鬼可虚情，人须实礼"，这与汤显祖的用世情怀相关，意在强调男女大欲不可也不必遏制，但不能也不应脱离夫妇伦理。细言之，有以下两层内涵。

第一，在肯定男女大欲之必然性的基础上，强调夫妇伦理道德的重要性。汤显祖抒写适婚女子对异性的渴慕，与他重视夫妇之道的思想不可分割。关于这一问题特别需要提到的是汤显祖的《李超无问剑集序》。李超无在晚明并无多大影响，汤显祖与他的相交应该也并不深，李超无之所以引起汤显祖、钱谦益的注意、同情，更多是因为他任诞的行为和蒙冤而死的不幸。按照钱谦益《李生至清小传》的记载，李超无是一名自诩才高、任情放纵的青年士子，他因为醉后骂座被官方怀疑为富户失窃案的幕后主使，蒙冤入狱后恃才谩骂县令与富户，以致"令益恨且惧，令狱吏扑杀之"。他与汤显祖有过短暂的交集，但汤显祖并不认同他叛离儒家正统生活轨道的生活方式，故曾"作诗讽之"。[2] 在与汤显祖短暂的思想碰撞中，汤显祖曾为李超无的《问剑集》做了一篇序，即《李超无问剑集序》。这则材料在明末直至清代甚少有学者关注，中华人民共和国成立后的学者对李超无及其与汤显祖的短暂交往与思想交锋也并不感兴趣，但常会援引《李超无

① 彭树欣编校：《刘元卿集》，上海古籍出版社 2014 年版，第 534—535 页。

② 毛效同编：《汤显祖研究资料汇编》（上），上海古籍出版社 1986 年版，第 268 页。

问剑集序》的最后一句“若吾豫章之剑，能干斗柄、成蛟龙，终不能已世之乱，不足为生道也”，将豫章之剑解读为汤显祖被官方打压、得不到施展的治世理想与抱负。例如，侯外庐先生在《汤显祖〈牡丹亭还魂记〉外传》中引用这句话以论证汤显祖“在青年时期怀有用利剑来砍伐世界的壮志”，在《论汤显祖〈紫钗记〉和〈南柯记〉的思想性》中侯外庐先生再次引用了这句话，“汤显祖指的‘梦’当然是幻想，即和当时现实世界相对立的另一种社会图景。……用汤显祖自己的形象语言，这就是‘若吾豫章之剑，能干斗柄、成蛟龙，终不能已世之乱！’”① 侯外庐先生的文章写成于20世纪60年代，今天读来，依然有着建立在精思明辨基础上不容否认的深刻性。但侯外庐先生将“豫章之剑”理解为汤显祖具有反封建礼教之超前性、战斗性的政治理想抱负，是值得商榷的。笔者举侯外庐先生的两篇文章为例，只是为了说明中华人民共和国成立初学术界在汤显祖研究中，对于《李超无问剑集序》这一材料的解读具有某种迎合时代话语的倾向。进入新时期，学者在解读“若吾豫章之剑，能干斗柄、成蛟龙，终不能已世之乱”这句话时，往往还是不假思索地沿用20世纪50年代的解读。老一辈的戏曲大家自不待言，“豫章之剑”被理所当然地视为主张破解封建礼教、解放人欲的理想，“在政治生活中，汤显祖没有做到用‘豫章之剑’‘已世之乱’”②。成熟于20世纪八九十年代的学者亦较为普遍地沿袭了之前的解读，之所以如此，是因为将汤显祖解读为以情抗理之启蒙思想家的思路早已成为学术界定论，而《李超无问剑集序》的末句则一向被从全文割裂开来，作为这一定论的证据之一，并

① 侯外庐：《论汤显祖〈紫钗记〉和〈南柯记〉的思想性》（发表于《新建设》1961年第7期），毛效同编《汤显祖研究资料汇编》（下），上海古籍出版社1986年版，第815页。

② 张庚、郭汉城：《中国戏曲通史》（中），中国戏剧出版社1992年版，第467页。

恰到好处地渲染了汤显祖人文主义理想不见容于封建王朝的失落。

事实上，学者一直都未正视汤显祖在《李超无问剑集序》中流露的对夫妇伦理的重视。当李超无“问剑”于汤显祖时，他是以抛弃人伦尤其是夫妇之伦的游侠面目出现的，兹将汤显祖对他的训诲过程引述如下：

> 余笑而问曰：“既冠而娶乎?”曰：“未也。”“然则剑不可得而问矣。吴人而知干将乎？其师铸剑三年，而金铁之精不流。夫妻俱入冶炉中而剑就。干将夫妻，不能自投，短发剪指而已。今子独雄而无雌，而又奚铸焉?”生曰：“先生其无戏。”曰：“非戏。”曰：“子谓必夫妻而剑耶?”“庄生说天子之剑，裹以四时，制以五行，论以刑德，开以阴阳。阴阳者，夫妻也。若然者，上决浮云，下绝地纪。列子所称视之不可见，若有物件。或见影而不见光。乃是物也。然铸此剑者，皆不能杀人。生尝斩发而为僧，亦知有不杀人之剑乎？杀人者，非剑也。若吾豫章之剑，能干斗柄，成蛟龙，终不能已世之乱，不足为生道也。”①

通览《李超无问剑集序》短短六百来字，处处可见汤显祖“讽”劝李超无的用意。汤显祖在初次见到前来求见的李超无时，对其印象是“尽奇侠之气”，汤显祖不否定侠气，但不认为士人可以止于侠，故在李超无询问“何师何友，更阅天下几何人”时，明言自己以儒学为正宗，“达观以侠故，不可以竟行于世。天下悠悠，令人转思明德耳”。可见，汤显祖对李超无探究剑术与兵略的侠者行径是否定的，因为他认为真正能治国的只能是肇始于夫妇伦理的儒家道德，李超无那种过于鲜

① （明）汤显祖：《汤显祖全集》（2），徐朔方笺校，北京古籍出版社 1999 年版，第 1109—1110 页。

明的个性、不肯成家立室的行为有悖儒家伦理，不可能生发、构建出具有普遍适用性的伦理观，是不能长久的。从这里看，汤显祖对“个性”的推崇，或许并没有我们想象的那么强烈。汤显祖所言的“豫章之剑”亦无特别意味，不过是直用典故，之所以在“豫章之剑”前加一“吾”字，并非指豫章之剑与汤显祖本人有何渊源，而是因为龙泉、太阿剑曾为雷焕在豫章丰城（今属江西）所得，雷焕又是精通名剑玄奥的豫章人。汤显祖渲染“豫章之剑”“能干斗柄，成蛟龙”的神妙之处，是为了以欲抑先扬的方式全盘否定李超无所问之剑的社会价值，进而点醒李超无，令其明白豫章之剑“终不可已世之乱”。这与后来钱谦益《李生至清小传》中描述的汤显祖（字义仍）对李超无的态度一致，“（李超无）谒义仍于玉茗堂，髡发鬖鬖，然时时醉眠妓馆。义仍作诗讽之，所谓倒城太平桥者，皆临川勾栏地也”。[①] 陆云龙关于《李超无问剑集序》的评语便直言“‘达观以侠故，不可以竟行于世。天下悠悠，令人转思明德耳’，数语亦是提醒超无”[②]。而罗汝芳极力发挥的正是孝悌慈的伦理道德，主张在普普通通的家庭、社会生活中寻得人生的意义。在谒见汤显祖之前，李超无曾“负笈游四方”，剃发，复又蓄发从戎，他的人生放诞而任侠。而汤显祖真正倾心的是王艮、罗汝芳的治国思想，故第一次见到李超无，便欲以师说归正李超无。对于汤显祖的劝诫，李超无无法做到心悦诚服，故在参拜罗汝芳之像后依然选择侧重武事边略的侠之道路，并以“弓箭之余”的心得《问剑集》再次求教于汤显祖，不服来辩的意味甚浓。汤显祖则借“剑”之一字，从干将莫邪夫妻共同铸剑引入，刻意发挥，明言李超无所问之剑乃“杀人之剑”，真正有价值的剑是“不杀人之剑”，即“裹以四时，

① 毛效同编：《汤显祖研究资料汇编》（上），上海古籍出版社1986年版，第268页。
② 同上书，第463页。

制以五行，论以刑德，开以阴阳”的天子之剑，而“阴阳者，夫妻也”。汤显祖这段话，意在委婉地将李超无劝回平常生活中，诱导其娶妻，不可做蔑视人伦的游侠，伦理纲常才是维持世界正常运转的利剑。但是很明显，李超无未能领会或不愿接受汤显祖的观点。汤显祖只得因势利导，通过四时、五行、刑德、阴阳绕到夫妻即家庭伦常中，并明确告诉李超无，任何宝剑对人世的价值都是有限的，即使豫章之剑如龙泉、太阿，也不能救世。人伦肇始于夫妇，夫妇伦理是世界运行的根基，因此汤显祖主张李超无娶妻生子，复归正常的生活轨道。汤显祖在此申明了自己建基于夫妇伦理基础上的儒家治世方略。若将“豫章之剑”理解为汤显祖个人具有反封建礼教内涵的治国思想，明显与全文意旨不符，也与汤显祖一贯的思想不符。

结言之，汤显祖主张适婚男女要及时步入婚姻，缔结夫妇之伦。“父母之命、媒妁之言”的礼法固然有时耽误了适婚男女的婚姻幸福，但是作为人伦之始的基本礼制，通常情况下不仅可以节制个体的情欲泛滥，更可赋予男女之情郑重其事的合法意味，男女双方亦将因他们所受的束缚，对彼此享有合法的权利和更坚实的义务（封建婚姻与家族利益相关，是重要原因之一，即使在婚恋自由的当下社会，男女之情依然以经过必要的仪式、跨入家庭为最终归宿）。就像他强调“父母之命”应以子女幸福为首要关注点、父母须及时为儿女完婚一样，汤显祖从不曾主张废弃礼法。清初吴吴山（名仪一，字舒凫）曰：“夫孔圣尝以好色比德，诗道性情。《国风》好色，儿女情长之说，未可非也。若士言情，以为情见于人伦，伦始于夫妇。丽娘一梦所感，而矢以为夫，之死靡它，则亦情之正也。”① 吴吴山认为汤显祖由言情

① 蔡毅编：《中国古典戏曲序跋汇编》，齐鲁书社1989年版，第1247页。

而言人伦，可谓有识之见。

第二，与对夫妇之道的重视相关，汤显祖让杜丽娘还魂之后说出“鬼可虚情，人须实礼”，更含有对女性由私情进入婚姻现实的忧虑，这是汤显祖强调夫妇伦理的动机之一。男女大欲人皆有之，但男女之情有生死不渝之至情与一时苟且之“急色”的本质区别。《西厢记》的才情得到晚明士人的众口喝彩，但莺莺未婚失身也招来有违礼教的质疑，并被视为有资惩劝的例子，提醒女子不可闲逛寺庙、不可拥有太慧黠的婢女、不可与中表之亲过于亲昵，等等。虽然汤显祖并不认为崔莺莺与张生的行为不妥，但前提是他认为崔张之情数经波折，二人的行为已经证明他们对彼此之情的真诚，他们的婚姻亦属天定。“以君瑞之俊俏，割不下崔氏女；以莺莺之娇媚，是独钟一张生，第琴可挑，简可传，围可解，隔墙之花未动也，叙其所以遇合甚有奇数焉。若不会描写，则莺莺一宣淫妇耳，君瑞一放荡子耳，其于崔张佳趣不望若河汉哉!”① 但并非每一位与男子有私的女子，都能有崔莺莺的幸运。汤显祖对女性命运的思考，有着超越时代和性别的深邃，当然这背后与他汲取自心学而形成的个人见解有关。他从生生之仁出发，推己及人，对于卓文君出于室家之愿而巨眼识才、私奔相如的违礼行为，持理解和宽容的态度。但封建社会女性与男子私奔，有类娜拉的出走，开头的奔放未必能带来结局的美好。汤显祖的可贵之处在于，他对男女之私情更少风花雪月的赏玩态度，而是从现实出发对女性的命运感到忧虑。在《相如二首》中，汤显祖如是感慨：“（其一）相如美词赋，气侠殊缤纷。汶山凤凰下，琴心谁独闻？……知音偶一时，千载为欣欣。上有汉武皇，下有卓文君”“（其二）令君有严客，

① 吴毓华编：《古典戏曲美学资料汇编》，文化艺术出版社1992年版，第130页。

临邛自清光。王孙尔何为？众宾临高堂。足可富蹲鸱，安知穷凤凰。幸然有好女，琴心能见伤。蛾眉扬远山，芙蓉留薄装。一身犹可分，谁能羞夜亡？如何挂缨女，亦学横在床。此心当语谁，此意难自忘。两好不终栖，遗文来见将。但惜相如死，谁念文君狂！"[①] 在相如贫穷潦倒、不见知于世人的时候，文君却能巨眼识人，成为相如的知音，并慷慨追随相如私奔而去。然而，相如却最终辜负了文君的深情，使文君有白头之叹，汤显祖因而深为文君不平和惋惜。有鉴于此，青年适婚女性在婚前即使恨嫁，亦须守礼而不乱，方能赢得婚姻幸福的起点。汤显祖与晚明士人的好谈性理不同，他习惯拈一个"势"字、结合社会现实作心平气和的分析，因此，他时常露出在命运面前的无奈，却又力争在有限的条件下作积极的努力。晚明没有一个文人能像汤显祖这样超越男尊女卑的观念，对于青年女性的室家之愿给予如此程度的理解和同情。"鬼可虚情，人须实礼"，与其认为是汤显祖出于"时代局限"对女子解放的保留，不如认为是汤显祖在仁人爱物之心下，对女子现实命运的关切，从而主张男女之情应进入夫妇伦理。

第四节　以仁爱之情反非礼之礼

儒家除去大而化之的"别夫妇"三字，甚少论述男性在夫妇关系上应持有的态度，心学同样如此。心学学者讨论的人伦关系一般都是君臣、父子、兄弟等，这是传统社会男性需要倾心关注的事

---

① （明）汤显祖：《汤显祖全集》（2），徐朔方笺校，北京古籍出版社 1999 年版，第 866—867 页。

业，至于夫妇、男女关系，则甚少关注。或许因为夫妇、男女是绝不可去的人欲之大者，单纯以理学文字作深入讨论会流于自设“迷魂阵”，因而士人对其多悬置不论。但在作为消遣文字的戏曲创作中，爱情题材极为泛滥，士人曲家在戏曲创作中，并不是单纯地歌咏风月，而是自发在戏曲创作中对婚恋牵涉的理欲关系进行探讨，并折射出心学思想的影响。肯定男女之大欲，同时肯定伦理道德，由男女之情见出伦理道德的存在，是晚明爱情剧创作的重要特点。从情礼关系而言，晚明“十部传奇九相思”的爱情剧，多可视为《牡丹亭》的同调。当今学者多强调，作为重情思潮的组成部分，晚明爱情剧中情理处于矛盾乃至对立的关系。需要注意的是，即使在情与理似乎“对立”的剧作中，因为伦常涉及多维的社会关系，情实际上亦是“理”的鲜明体现，尤其是从一而终之夫权的体现；当剧作者从夫妇一伦出发，涉及家庭内部的伦理问题，那么在从一而终的女德面前，父母之命亦会成为被批评的对象（从这一层面看，情即理是诸多婚恋剧的主旋律）。情反对的只是理的机械化、教条化、形式化，而不是反对理本身，这突出体现在对父母之命的质疑上。如果我们认为晚明爱情剧主张女性的解放，可能并不准确，因为很多时候女性的多情只是对男性欲望的回应，这一点笔者在前文已经分析过。而与男性欲望的扩张相关，晚明戏曲中男女私情在最初的不合礼法之后展示的即夫权与父权（主要指岳父）的矛盾。而无论是肯定夫权还是訾议父权，剧作者实际上都表达了对礼法的肯定，对非礼之礼的质疑。

一方面，从肯定夫权来看，没有剧作者认为，男女之情可以摒弃传统道德理性的束缚。除去私订终身这一点违背了父母之命，男女主人公的爱情均合乎他们的身份。

由于士大夫在封建社会的特权，他们偷香窃玉的行为只是无伤大雅的少年心性。因此，笔者重点考察女性的私情行为。在与男性一见钟情、私自结合后，她们须更严谨地恪守女德，夫权成了她们对抗父权、冲破父母之命的伦理动因。一个直接的证据是，这些与男性一见钟情的女性集中了那个时代男性对女性的所有幻想：美丽的容貌、聪慧的心灵、纯洁的闺阁少女的身份，最为重要的是恰到好处的多情——只对男性主人公多情，并能在婚姻不谐的情况下，将多情转化为从一而终甚至自杀身亡的女教行为。以《西湖记》为例，举人秦一木外出游学，偶于西湖邂逅段百万之女段如圭，拾到其遗失的珊瑚玉树，于是改扮为穷儒，投入段家为誊写文章的佣工，寻机与段如圭相见，并归还珊瑚玉树，表达爱慕之意。段如圭坚贞自守，不肯假以颜色，致使秦一病不起。如圭于是借弟弟之手，传哑谜邀秦相会，秦欲与之苟合，如圭坚执不从，以大义礼法进言于秦，促秦赴春试，并约为婚姻，愿嫁秦为妻室，二人虽情话绵绵一宵，却并没有做违背礼法之事。秦一木虽不得与如圭苟合，然而他对如圭的敬爱超过了不能占有她的遗憾，因为在秦一木看来，社会上的诸多女性往往一经勾引即与人苟合。作者此处宣扬女性节操的意图非常明显。如圭甚至因为与秦一木的片言之约，而恪守陈诺毫不怀疑，在“遭到”他人求亲的时候，不仅坚决不允，且打定主意，若被逼他嫁，将一死以全名节。“段如圭贞良不失，秦一木风月无穷”，有赖于段如圭矛盾性的性格，礼法与风月得以结合在一起。在微弱的爱情之光下，剧本渲染的是大登科与小登科的男性庸俗社会理想，以及封建社会的等级、礼法意识。在汪廷讷的《投桃记》中，潘用中担心舜华会难以抗拒父命而他嫁，“怕你做了桃李春风墙外枝”。舜华的答复是：“我一点心儿天地神明共鉴之。

既牵丝，宁复参差，便是侯门纳礼，一死何辞。”① 可见，朱元璋立国之始大力倡扬的阴教，实际上直到明末也没有遭到实质性的打击，反而成为风月剧情节设置的一个重要依据。男性剧作家在描写男女私情时，往往将女性的父亲刻画得庸俗、势利、残苛，态度显得十分不恭，客观上反映了封建男性对“出嫁”从夫的认同，对女方父亲父权的揶揄，正如《三报恩》剧中人物鲜于同所言：“从来五大之中，君亲之下便是师。没数着岳丈。”②

可见，晚明剧作家在描写男女私情时，的确肯定了人欲，但人欲远不是全部。不仅男女私情不能和人欲解放简单划一，而且在男女私情中不同性别、不同地位的人物，其需要遵守的行为规范并不一致。对于身份低下的侍婢而言，人欲解放往往是个伪命题，较高身份的男性对她们的垂青以及婚前与她们的亲近关系，都是对她们的恩赐。对于男性而言，人欲的解放也是不必要的。更多时候，人欲的解放乃是针对身份较高的闺阁少女而言。除此之外，在传奇作品中，青年男女之外的人物，尤其是中老年的士大夫阶层，他们代表的往往是严肃的儒家伦理社会。他们是封建家长的代表，但他们的存在亦表明在儒家理想的社会秩序中，不同年龄的人物有着相当不同的社会职责与义务，从而导致他们以不同的道德面貌出现。

另外，就父母之命而言，晚明戏曲的确不乏微词，并多有青年男女违背父母之命的情节存在，但其根本原因是文人对“父母之命”在保证子女婚姻幸福的有效性上缺乏信心，他们认为一些“父母之命”已经遗失了圣人立言的初衷，变为徒有其表的“乱命”，沦为“非礼之礼”。

① （明）汪廷讷：《投桃记》（下卷），商务印书馆1955年版，第22页。

② （明）毕魏：《滑稽馆新编三报恩传奇》（下卷），商务印书馆1955年版，第33页。

晚明心学启示学者叩问本心，必然引发学者对一些既定礼法的怀疑。不可将天理格套化，而应以良知体察具体情境中“仁”的真正表现方式，这种观念在心学学者中日渐成为共识。明前期儒士对程朱理学亦步亦趋，虔诚地奉程朱理学为权威并敦行实践，虽切实地起到了修身养性的效果，却也将伦理道德格套化，容易导致学者思维僵化，执一不化，使礼法失去“仁”的本质而教条化，这是心学学者一致批判的。自信本心的晚明士人对“理”的理解发生了某种微妙的变化：礼的权威性降低，在富有争议的行为上，注意叩问内心情感的仁爱与不忍，对刻意守外在之礼而导致的冷酷残苛行为并不认同。

晚明剧作者秉持生生之仁，并不认为适婚青年男女的一见钟情、私订终身是人人得而诛之的罪行。青年男女的大欲，正如天地的四季荣枯一般，是不可避免的。这种观点，除去《牡丹亭》，在晚明其他戏曲作品中亦有反映。傅一臣据二拍中“错调情贾母詈女，误告状孙郎得妻”的故事作杂剧《错调合璧》。在傅一臣看来，情欲为人所固有，即使忠贞节义之人亦在所难免，“人非木石，谁能无情？所以志士有怀春之诱，贞女兴摽梅之思”[①]。《投桃记》写潘用中与黄舜华的爱情故事，潘用中所居旅店与舜华闺房对望，二人一见生情，用中以胡桃相投，舜华答之以诗，以帕裹胡桃复投过去。舜华因思念潘用中而致病，其母请朱医生诊视，朱的诊断结果是：“不疼不痒，如醉又如醒，欲火炎炎积渐成。”黄母道：“小姐生之深闺，哪里得有欲火来。”朱医生“笑云”：“老夫人，人非土木七情生。”[②] 而潘用中闻得谢国舅向黄裳求亲，自认姻缘无份，一病沉重，朱医士的诊断亦是

① 蔡毅编：《中国古典戏曲序跋汇编》，齐鲁书社1989年版，第885页。

② （明）汪廷讷：《投桃记》（下卷），商务印书馆1955年版，第4页。

"气炎炎浑身欲火"。[①] 对于适婚男女的大欲，剧作者并不曾口诛笔伐，而是多借儒家传统的摽梅之思、伤春之情进行审美化的描写。《盐梅记》第八出"春闺肠断"，钱白珩对春景而伤怀，"我岂不愿意气舒扬，我岂不知无端暗伤？怎禁那无数春忙，都种在心儿上。只落得目断遥天月过墙"。[②] 深闺少女的伤春，往往都有着固定的寓意：情欲恰如春日万物的生长一般，不可遏制，自然而然，是人之常情；春日的短暂，又寓指了女子青春的弹指即逝、容颜的瞬间凋零。《诗经》咏叹的摽梅之思，正有类于此。因此，宋道光窥见钱白珩暗自伤春后，顿感自己有机可乘："花心已摇动，蝶使可相通。我才见珩娘意况，无非对景伤春。思乡之念，可以高悬；作合之机，已兆于此。"[③] 在晚明爱情剧中，思春恨嫁之情是剧作者屡屡歌咏、玩味的对象，它可能引发未婚男女的私自结合，但无论如何，它是人情必有，是夫妇伦理的起点。而礼本乎人情，未能及时完婚的青年男女私自结合，其"越礼"之处便显得暧昧难言，可以谅解。

因此，剧作者写青年男女渴望幸福美满之婚姻，在邂逅意中人时，情难自已，进而私订终身，并非完全出于对个人情欲的张扬，而是与儒家传统的室家之愿颇有关系，剧作者亦以之为依据，对"父母之命"的有效性表示怀疑。孟子曰"父母之心，人皆有之"，故反对逾墙钻穴之苟合，主张在父母的主持下使青年男女及时完成婚礼，使天下没有怨女旷夫。但由于婚姻问题牵涉的多维社会关系，具体情境中，"父母之命"亦非不容置喙的绝对法则。晚明士人认为，个体唯父母之命是从，有可能徒守形式而遗弃本质，流为不仁不智。守经行

---

① （明）汪廷讷：《投桃记》（下卷），商务印书馆1955年版，第22页。

② 佚名：《盐梅记》，康保成点校，中华书局2004年版，第17页。

③ 同上书，第18页。

权是晚明通俗文学在这一问题上的普遍态度。事实上，即使圣人舜亦曾不告而娶，孟子的解释是："告则不得娶。男女居室，人之大伦也，如告，则废人之大伦，以怼父母。是以不告也。"① 王明阳对这一观点作了重复，但是他强调，舜不告而娶的本心是为了人伦而非私欲。可见，儒家学者虽然警惕男女色欲的过度，却也认为违背适婚男女室家之愿的做法有违仁道。如果父母不能体察子女之心，及时为他们择取佳偶，难免会使情窦初开的儿女酿成私情。重视写情的剧作家从"仁"出发，对一些过于拘执礼法的行为作了富有批评意味的展示，并通过剧作说明，男女之大欲不可遏制，但并不一定会与礼法相悖，表面上唐突礼法的男女主人公在内心的伦理感上却可能更为真诚。"父母之命"的礼法背后，应是父母对夫妇之道的尊重，是他们疼爱子女、为子女谋求幸福的仁爱之心。但缺乏智慧的父母在为子女选择婚配对象时犯错误，是经常性的现象，更有甚者，嫌贫爱富、趋炎背义的父母亦在在有之，以致重视片言之诺的女子不得不违背"父母之命"。

在史槃的《樱桃记》中，穆爱娟自幼与丘奉先青梅竹马，且双方母亲已有婚约。然丘奉先前来相访，爱娟之父却有心悔婚。因察觉爱娟与丘奉先有私情，穆父决然将丘奉先赶出家门，后又听信相面者之言，将爱娟许配给丑陋的浪荡子管晏。就连丫鬟瓶儿也埋怨："我想老爷好没正经，听了相士之言，就把小姐轻轻的许了管公子。小姐一闻此言，日夜悲啼，只要寻死觅活。"② 穆父识人不明，仅凭个人喜好决定女儿终身幸福，史槃对其持批评态度。穆父得知女儿饮食少进，劝女儿依父母之命嫁给管晏："我儿，大凡男女婚姻皆凭媒妁父母之

① 杨伯峻译注：《孟子译注》，岳麓书社 2009 年版，第 169 页。

② （明）史槃：《新刻出相点板樱桃记》（下卷），商务印书馆 1955 年版，第 3 页。

命，私合乱伦，国人父母贱之。你前日与丘五私会，本该重责，恐坏汝名，伤吾体面，所以隐之。我今将汝许赘管晏，当从父命，勿生他意。”爱娟则答以“凡事慎初”，自己幼时已经由母亲做主许配给了丘奉先，穆父命女儿改嫁实为背弃诺言；最重要的，婚姻大事关乎个体终身幸福，穆父强行要女儿嫁给丑陋顽劣的管晏，必将葬送女儿终身，故爱娟觉得父亲乃无情之人，“门楣父母招，岂从儿好？但既属夫妻，百岁缘非小，儿郎也要才和貌，忍得将儿堕劣糟”。[①] 穆夫人亦觉管晏“相貌丑不过了”，与爱娟不般配，终难琴瑟和谐：“老爷古言道得好，佳人有意郎君俏，与他便作夫妻恐终难到老。”事实上，穆父不顾女儿悲啼与妻子责备、强迫爱娟重阳成亲的忍心之举，已经沦为徒守礼法形式的迂执，背离了圣人所立“父母之命”的初衷。幸亏黄巢及时将爱娟劫走，方才成全了爱娟与丘奉先的姻缘。而剧中另一女主角丁香，则没有爱娟那么幸运。她本被贪财的母亲以 50 两白银许配给黄巢，后又听从“母命”和兄长之命，别抱琵琶，委身管晏为妾。她对母亲借自己身体谋骗钱财的行为颇为不满：“我母呵，只顾财不度势，把孩儿卖来作垢泥，思量展转心头悔。没识见，顺着娘心意。”[②] 后黄巢劫持爱娟而去，为掩人耳目，至丁婆店中，胁迫丁香与爱娟换了衣服，随后杀了丁香母子，将丁香割去头颅，尸身扔在路旁，因而众人皆以为爱娟被杀。而管晏的头亦被黄巢送给穆父，穆父遂将二人合为一体下葬。史槃明写丁香之魂不满管晏的头安在自己尸身上，遂至穆父处相求。穆父认为，管晏是她丈夫，将管晏的头安在她尸体上，也算一鞍一马。丁香道：“虽然是也好算一鞍一马，却都是我母亲贪恋着钱财，调弄着咱，有那些恩爱，咳，有那些和洽。”

① （明）史槃：《新刻出相点板樱桃记》（下卷），商务印书馆 1955 年版，第 7 页。
② （明）史槃：《新刻出相点板樱桃记》（上卷），商务印书馆 1955 年版，第 23 页。

虽然听从母命委身管晏，但她与管晏毫无感情，管晏的头安在她的尸身上，她也与其毫无干系："你道是李花接种到梅花，那晓得到春来依旧是梅花发。虽则是奴家重抱琵琶，指尖儿伤今吊古好自嗟呀。怎好传言送语替他人达，怕我还是我，他自还他。"[①] 父母之命并非总能保证子女的婚姻幸福，不辨良莠、误信他人而葬送儿女终身幸福的并非罕事；女性更有着从一而终的大节要求，有的父母轻易许婚又轻易悔婚，女性坚持大义，则是值得肯定的选择。史槃明确批评了"父母之命"在遗失本质内涵后的荒唐。

又如，据史槃《吐绒记》改编的《红情言》，卢纶之女湘鸿偶于做针线时吐绒舟中，被书生皇甫曾误以为有情于己，以诗挑之，湘鸿虽有感但并未接受，而是私和一首。婢女凌波将湘鸿之诗偷送给书生，书生入舟求欢，被湘鸿以礼相拒，但也两下留情。后卢纶匆匆开船，湘鸿不得已将书生藏于舟中，以父亲的郁金丸令其含之，以免其饥饿，舟泊岸时，书生上岸而去。后武士衡向卢纶借郁金丸，郁金丸不见，卢纶拷问婢女凌波，凌波被指私会男子，湘鸿见自己已难全清白，遂离家出走，在投河时被金焦卢府收养。凌波亦出走寻找小姐，冒湘鸿之名寄宿渔家，被官府送回卢纶之处，卢纶斥其带坏小姐，败坏家声，"贱人，纵怀春有女，隔蓝桥谁传玉杵"[②]。将其打死，吩咐夫人将其殓葬后将棺木寄放庵庙，诡称女儿湘鸿已死（后凌波醒转，夫人将其救下，将空棺寄放于寺庙）。卢纶亦曾思念女儿，但坚持认为与闺门礼法相比，宁可舍弃女儿。夫人怨其残苛："妾闻抚幼以慈，有过则儆戒一番，谁似你恶语凌辱他，自然留不住了。"卢纶称："父子之情，我岂不知"，但为了礼法，"从教闺阁恣逾闲，我宁同伯道终

① （明）史槃：《新刻出相点板樱桃记》（下卷），商务印书馆1955年版，第29页。

② （明）王介人：《红情言》（上卷），文学古籍刊行社1956年版，第43页。

单”“倘相留遗垢朱门，倒不如碎裂斑斓”。后湘鸿偶至寺中进香，看到自己的棺椁，推知凌波代己受过，被父亲打死，因而悲不自胜。丫鬟桐枝建议她询问父亲讯息，原本思念父母的湘鸿心灰意冷道：“问他怎的，李代桃僵事已终。”① 如果说，湘鸿私会男子，有污家声，则卢纶不惜处死无辜的丫鬟且对外宣称女儿已死的忍心之举，同样伤害了人伦天性，不符合父亲应有的仁爱之情。虽然《明律》规定父亲可以处死不肖的子女，但作者还是严厉批评了卢纶的残苛无情。《何文秀玉钗记》中，宰相之女王琼珍得土地托梦，告知何文秀与她有秦晋之分。因此，当见到行乞至苏州的何文秀时，王琼珍不嫌弃其贫穷，让丫鬟锦云私下将何文秀约至花园相见，二人互赠定情之物，但并无苟且之事。王宰相察知女儿“可能”与何文秀有私情，勃然大怒，登时打死锦云，并命仆人将女儿与何文秀沉水处死。王宰相虎毒食子的行为，完全抵消了他对礼法的维护，作者对他残忍不情的行为并不赞同。后王琼珍与何文秀历经磨难，终于夫贵妻荣、衣锦还乡，王宰相却又改变了态度，认为此一时彼一时，“一朝富贵回来，前羞顿洗”。作者以前后态度的巨大落差，凸显了王宰相强调“父母之命”背后的功利动机，而仆人们对王宰相前倨后恭的反复调侃、嘲笑，正可见剧作者对王宰相嫌贫爱富的嘲讽，对其“父母之命”的否定。在冯梦龙的《万事足》中，民女柳新莺被贪财的父亲卖与村社，作为祭品与独角大王成亲，等待她的命运便是死亡，幸高谷仗剑劈退邪神，救下柳新莺。新莺坚决认为父亲如此对己，天恩已绝，不需再回父亲身边，在个人婚姻问题上，她自作主张，对高谷以身相许。《景园记》中，张忠甫携子张皆吉在富豪罗仁卿家中读书，张忠甫为罗小姐授书。张

① （明）王介人：《红情言》（上卷），文学古籍刊行社 1956 年版，第 58 页。

皆吉与罗小姐互慕彼此的才貌，私订终身，老夫人亦中意张皆吉。情理本来是兼美的。后湖北赵葵召张忠甫前去为书记，临行前罗仁卿主动向张忠甫提出，以女儿配张皆吉为妻。不料，张忠甫的学生辛无文觊觎罗小姐，贿赂县令强媒硬保，畏惧强权的罗仁卿遂轻易抛弃诺言，一口答应将女儿改配给辛无文。老夫人颇为生气，指责丈夫："你盟言犹在，如何把初心易改。全不顾礼义纲常，却怎生一旦胡赖。"① 虽然罗仁卿对女儿的婚事具有父母之命的权威，但是很少有士人赞同父母嫌贫爱富、朝三暮四，随意更改女儿的婚事，剧中同为父母，老夫人与罗仁卿在女儿婚事上产生了严重分歧，而剧作者亦并不曾谴责罗夫人不能听从夫命，而是表达了明确的倾向，因为罗仁卿的行为是"不义"、不合天理的。

作为相反的例子，《盐梅记》中，钱惟义本想为女儿钱白珩买一名贴身丫鬟，不想却买了男扮女装的宋道光，孤男寡女自然结为配偶，而后宋道光应试而去。钱惟义见女儿日渐露出有孕的状态，方知不妙，将奶娘毛姆找来责问，才知女儿与宋道光同床共枕、私自结合的真相。钱惟义恨毛姆糊涂没有见识，自己买人时一时匆忙，无心辨别男女，若毛姆能精明识人，自己早知宋道光是男子，万不得已也可成就女儿的私情，兼顾礼法，保全女儿颜面，不至于今日出乖露丑，置女儿于被动局面，更使家门蒙羞：

> 乞婆，你当初假若有主意呵，【前腔】合先把情悰细剖，使我得乘机配友。那时呵，那里辨他胎含豆蔻，也泯却无行翠眉羞。到如今，曲糵儿已造就亡河酒，这门楣怎保着名不臭。②

---

① （明）王元寿：《景园记传奇》（下卷），文学古籍刊行社1956年版，第24页。

② 佚名：《盐梅记》，康保成点校，中华书局2004年版，第54页。

可见，青年男女违背“父母之命”，其背后多是某些父母关于子女婚事的决定已经偏离了这一礼法的本质。除此之外，剧作中谴责青年男女私自结合有违礼法的人，其自身品质与动机亦并不一定可靠。以汪廷讷《投桃记》为例，谢国舅得知舜华与用中有私情，遂携二人传情的诗帕前去皇后处揭发，他口中所言的皆是冠冕堂皇的儒家伦理道德，但他的动机是为满足一己之私，“笑司马全无三省，有女不从婚聘，竟不知做了濮上桑间，却看承是德耀坚贞，难平。我悠悠怨恨何曾忘半顷，如今这口气出得着了。教两下暗中机阱，那时节伤风败名。悔不把娇娥依咱红定”①。而舜华父亲黄裳态度暧昧，惧怕国舅势力，对女儿不从这桩婚事十分恼火：“这样富贵人不嫁，待要嫁谁？”舜华视奸佞的国舅为冰山，以忠奸之说凌驾于父命之上，使得父命失去价值。需要指出的是，在晚明爱情剧中，男女私情与父母之命的冲突很多时候并不是最主要的情节脉络。觊觎女主角美色或忌妒男主角才能的不道德之士，有意引起误会、设置困难，使男女主人公的爱情经历悲欢离合的波折，与忠奸、善恶之争紧密相关。他们有意利用儒家礼法，企图使男女主人公背负伤风败俗的道德污点，但令人失望的是，他们的目的并不是维护儒家伦理道德的神圣性，而是为了借儒家伦理道德满足个人私心。与之相比，男主人公反而具备了道德上的优越性，男女私情虽然违背了礼法中的父母之命，但可纠正父母在被人蒙蔽后犯下的错误。《金钿盒》中，权次卿的行为不合礼法，但是妫英的兄长亦完全不能承担封建伦理规定的责任，他仅因与浪荡子臭味相投，便竭力欲将妹妹许配之。因此，他向母亲告发妫英与权次卿有私情，并不被母亲采信。与之相比，作者认为，权次卿爱慕妫英是没有恶意的，权

① （明）汪廷讷：《投桃记》（下卷），商务印书馆1955年版，第26—27页。

次卿的才华和地位使他成为妫英最合适的婚配人选。

晚明剧作家在描写男女之情的同时，因室家之愿、婚姻以时是人们的共识，因此，对于旷夫怨女的私自结合行为，剧作者往往持宽容和理解的态度。在晚明剧作家看来，为人父母须考虑子女在婚事上的心意，及时完成他们的婚事，对于既成事实的儿女私情则不如顺水推舟。依然以《投桃记》为例，潘父对为情病重的儿子非常担心，但是得知儿子乃是因与舜华的私情致病，又倍感愤怒。

【小外怒云】我潘昉生这等不肖之子，可不有玷家声。

【小生】劝君宁耐休得生嗔也，他命隔黄泉路不遥。

【小外】似此子伤风败俗，有不如无，便死了何害。

【小生】大人，岂不闻不孝有三无后为大，况司马与公同朝，亦且交情甚密，若晏兄往恳，正所谓窈窕淑女，君子好逑。定谐柯斧之盟，永遂室家之愿。岂不两全其美？望大人垂察。

【小外叹息沉吟介】既承二兄开谕，敢不俯从。……望吾儿领袖时髦，岂知他眷恋妖娆，家声未振，物议先招。罢罢罢，只得将错就错。①

这段曲词详细展示了家庭内部伦理道德具有的暧昧性。恰如孙奇逢所言："骨肉之间，多一分浑厚，便多留一分天性，是非正不必太明。"② 潘昉本来为礼法不惜儿子一死，但由于用中是独生子，用中一死，则潘昉又触犯了不孝有三、无后为大的孝道。用中之友彭不群则对用中怀同情与理解的心态，认为作为父亲的潘昉可以顺水推舟，成就淑女君子的良缘。不排除潘昉为体面而故作严父之状，因为他很快

① （明）汪廷讷：《投桃记》（下卷），商务印书馆 1955 年版，第 30 页。

② （清）黄宗羲：《明儒学案》，沈芝盈点校，中华书局 1985 年版，第 1374 页。

便选择了妥协。作者在此比较明显地表明了自己的立场。第二十九出“廷证”，作者设置皇上（小生）出面处理此事，恰表明了作者主张从生生之仁出发，成全怨女旷夫的私情。

> 【小生】普天率土，文教独超千古。更喜关雎在河浒。【小旦】旷女怨妇，愿一体相看，两情休负。

皇帝以谢国舅揭发时所交的诗帕为证，使用中与舜华承认了私情。二人的父亲十分惶恐，双双谴责自己的子女：“家声清白，被诲淫女子，自贻羞辱”“狂且不修名检，甘向濮上桑间征逐”。并建议皇帝严惩，“望吾皇雷行电察，并加诛戮”。而觊觎舜华未遂的谢国舅亦在旁推波助澜，认为潘用中与舜华的两情相悦是败坏纲常、有伤风化的行为，“郑卫淫风须杜。若姑容，纲常沦坏，怎绵尧祚”。但是皇帝拒绝了谢国舅的建议，虽然他认为谢国舅的话并非毫无道理，但室家之愿亦是人之常情，“谢卿所言，固是正理，但是男室女家，谁无此愿。佳人才子，遇亦不常”。皇帝不仅宽恕了一对触犯礼法的有情人，而且兴致勃勃地要求用中将自己当初所和的诗呈进，并赞叹其诗情思凄婉、笔力清新。恰如晚明文人对民间情歌的认同一般，皇帝不仅赐婚，而且赏识用中的才华，将其召为紫薇郎。用中与舜华的婚姻，在山穷水尽的时候，得皇帝眷顾，瞬间柳暗花明。这位通达人情以治民、不肯滥用刑罚、赏识文人之才情的风流天子，无疑是作者个人理想的寄托。

父母之命，本以保全儿女的婚姻幸福为基本目的，但世间婚姻往往充满未知数，非人力可以控制，若私合的姻缘能够带来荣华富贵的结局，则在“天作之合”“夙世因缘”之类命定观念下，越礼的行为也便在现世幸福前显得不那么重要。《种玉记》中，卫青本想将妹妹许配给霍仲孺，但发现妹妹少儿与霍仲孺形迹可疑后，十分愤怒：

“你晓得我是个好汉子，怎肯坐视妹子与人做这等鼠窃狗偷之事？我意欲结果了他。”① 而当霍仲孺与卫少儿的婚姻带来霍去病与霍光这样的贵子、富贵荣华滚滚而来时，似乎天意亦赞同霍仲孺与卫少儿的姻缘，因此二人的私合也便成了命中注定的行为。在剧本的结尾，卫青对妹妹少儿与霍仲孺的私通予以原谅：“下官卫青一向嫌我妹子与霍仲孺私通，如今两甥一个威镇边疆，一个望隆公辅，休文夫妇皆受殊封，非假昔日之缘，安有今日之遇。事由天合，我亦何必谆谆记怀?”将才子佳人的私合视作天作之合、奇缘、夙缘，从而使私情合法化，也是晚明戏曲常用的手法。

结言之，晚明爱情剧对礼法尤其是“父母之命”的“冒犯”，其背后是父母之命在为子女谋求幸福婚姻上的失效。剧作者肯定了适婚男女室家之愿的正当性，并主张以之为基础，调整遗失了本质内涵的外在礼法。这与心学注重形而下，主张从百姓日用的人情去确立礼法道德，深有关系。当今学者在研究晚明爱情题材剧作时所言的“情理对立”“以情抗理”，有着不容置疑的深刻性，但似乎曲解了晚明士人对“理”的理解，有着人为割裂晚明情理观的瑕疵。

① （明）汪廷讷：《玉茗堂批评种玉记》（上卷），商务印书馆 1955 年版，第 20 页。

第八章　无善无恶：李贽及其影响

李贽肯定人欲为人性中必然的存在，但是并不否定道德伦理，他大致发挥心学“无善无恶心之体”的思想，肯定细民百姓追求个人欲望之满足的正当性，强调士大夫不可太生分别之心，须善与人同、达乎至善。另外，李贽的确开出了不拘泥于善恶名色、超越善恶的审美境界。这一切都与“童心说”对“真”的强调相呼应。李贽要求士大夫的是真善合一、关注人情物理以成人济物的至善，但是由于晚明众声喧哗的接受语境，尤其是商业的介入，李贽被误读成放纵人欲的典型。

第一节　无善无恶的推进：从《童心说》说起

李贽在晚明的影响不可小觑，但是黄宗羲在《明儒学案》中没有收入他，不仅是因为他的异端色彩，更在于“他是一个不成体系、不名一家的人物，他没有理气论，没有天理、人欲论，没有人性论，也没有经世论，非儒非佛，脱离常规，难以捉摸”①。

李贽的“难以捉摸”集中体现于他的《童心说》一文。现在学者一般将“童心说”视为自然人性论，从而将李贽纳入最激进的思想家之列。但是这样界定，又与李贽在戏曲批评中对伦理道德的强调相矛盾。马积高提出了一个有代表性的问题：“卓吾既然强调人的自然之性，肯定人的情欲，反对拘守名教，而他在对这些小说、戏曲的评论中，却反复提到忠、孝、节、义等封建伦理道德，这不是自相矛盾吗?”② 笔者认为，如果从心学自身的脉络重新阐释《童心说》的内涵，也许可以更好地解释这一矛盾。

部分学者认为《童心说》的思想源于禅宗。这里需要指明的是，阳明心学吸收了禅宗的一些理论，但并不能说明心学就是禅学，二者有着本质的区别。明代殷勤劝诱汤显祖皈依佛教的达观，认为程朱依然有由情立论的弊端；阳明心学则注重从形而下的情欲喜怒、日用工夫中修身养性，对佛禅空谈性理、遗弃世用、将形上形下撅为两截的倾向持警惕态度。李贽兼顾儒释道三家，根本用意在追问大道，破除名相、门户、教条等观念带来的执念，因此，即使证明《童心说》借鉴了禅宗，与《童心说》等于或者赞同禅宗依然不可混为一谈。另有学者认为李贽的《童心说》来自罗近溪的“赤子之心”，但是王龙溪对李贽的影响更大，李贽多次对龙溪的学术思想不吝赞美仰慕之词，在《龙溪先生文录抄序》中称许龙溪著作曰：“故余尝谓先生此书，前无往古，今无将来，后有学者可以无复著书矣，盖逆料其决不能条达明显一过于斯也。”③ 而对近溪则有所指摘，且明言近溪论学不如龙

① ［日］沟口雄三：《中国前近代思想的演变》，索介然译，中华书局1997年版，第52页。

② 马积高：《宋明理学与文学》，湖南师范大学出版社1989年版，第203—204页。

③ （明）李贽：《焚书》，中华书局1975年版，第118页。

溪。“龙溪先生全刻，千万记心遗我！若近溪先生刻，不足观也。盖《近溪语录》须领悟者乃能观于言语之外，不然未免反加绳束，非如王先生字字皆解脱门，得者读之足以印心，未得者读之足以证入也。”① 笔者从李贽界定童心的核心词汇入手，并参考龙溪的思想，从而推敲童心说的真意所在。

李贽界定童心为“最初一念之本心”，在“本心”这一词汇的使用上，多数心学学者都将其当作至善之先验道德本体的代名词，在龙溪处，本心也是良知或现成良知的意思。若李贽的本心是对心学术语的借用，那么，本心所指应该是良知心体，道德伦理是其题中之义。不过，没有直接的证据说明李贽是在心学层面使用“本心”，在李贽的《焚书》中，“本心”出现的频率甚低，而且主要指真实之意图，没有明确的道德意味。

但李贽的“童心说”，与心学的学术思路确有以下三个相似之处。

首先，笔者认为借用阳明对“孩提”一词的界说，可帮助理解童心。“先生思振其衰弊，以为人皆可尧、舜，独持此不学不虑之良知。而作圣之功，不废学虑。孩提之不学不虑，与圣人之不思不勉本体同，而求端用力在于致。”②“已而静久，思离世远去，惟祖母岑与龙山公在念，因循未决。久之，又忽悟曰：‘此念生于孩提。此念可去，是断灭种性矣。’”③ 这种孩提已具良知本体的观点，在龙溪集中也有类似的表达。例如，龙溪《闻讲书院会语》：“良知良能、不学不虑，天之性也。故曰：‘孩提之童无不知爱其亲，无不知敬其兄，’取诸在我，不假外求。性外无学，性外无治平天下者，征诸此而已。但圣学

① （明）李贽：《焚书》，中华书局1975年版，第48页。

② （清）邵廷寀：《明儒王子阳明先生传》，吴光等编校《王阳明全集》，上海古籍出版社1992年版，第1559页。

③ 吴光等编校：《王阳明全集》，上海古籍出版社1992年版，第1226页。

不明，世人多务好奇慕外，反忽近而求诸远，忽易而求诸难，不从真性上照察理会，终日经营于身心之外。”[①] 因此，心学强调良知本体人人皆有，且以童子孩提的行为证明先验道德本体在现实生活中的呈露，那么孩提之心也就是良知，致良知也可视为保护孩提之心。罗近溪的赤子之心与良知本体亦颇为相似。李贽说丧失童心的人“全不复有其初”，初心，在心学中，一般亦被用作良知的代指。李贽似以“初”指称人的先验本体之心，但是他也不曾解说“初心”的性质。

其次，“童心说”极端排斥闻见道理，承袭的恰是心学自信本心、排斥义袭的理论倾向。心学将一切道理收归为心本体所固有，因此，对闻见口耳之学持消极态度，尤其是当闻见与个体之心不能相印证时，则个体的良知本心很可能被遮蔽，出现不能转法轮而被法轮转的被动局面。而一些学者以口耳闻见之学为幌子，不仅不能恪守伦理道德，反而行不善之事，则是最糟糕的情况。因此，像大多数心学学者一样，李贽力排闻见义袭。李贽在《童心说》最后一段突然将抨击的矛头指向儒家经典，也透露出李贽对心学思路的承袭：他将心体置于经典之上，以经典为我心的注脚。

最后，李贽为王龙溪作传时亦叙及天泉证道，流露出对“无善无恶心之体”的认同。李贽对龙溪怀有深深的敬仰之情，将其视为儒学正宗，称龙溪“遂令良知密藏，昭然揭日月而行中天，敦令洙泗渊源，沛乎决江河而达四海。非直斯文之未丧，实见吾道之大明”[②]。“李贽对王畿所感兴趣的是其解脱理论，故而也就对其无善无恶的良知主张尤为看重，他在《续藏书》中为王畿立传时，对天泉证道的记

① 吴震编校：《王畿集》，凤凰出版社2007年版，第6页。

② （明）李贽：《续藏书》，中华书局1959年版，第439页。

述几乎完全取材于龙溪全集的说法，并对钱德洪的‘四有说’表示不满。”[①] 左东岭先生认为，李贽对龙溪的解脱理论感兴趣，似乎并不完全合乎事实，因为李贽在传中反复强调龙溪是得大道之人，但李贽主要是在“洙泗渊源”的儒学范畴内肯定龙溪的体道成就。龙溪主张即本体而工夫，推崇先天正心说，多次使用“一念之微”指称个体之心发用的第一步，而个体对“一念之微”的考察，能够探明个体之心是否纯乎良知。“思默云：‘“思虑未起”之说，平居犹可取证，至如见孺子入井，怵惕恻隐之心，乃至狂奔尽气，运谋设法救拯他，分明是起了，安得谓之未起？’予谓：‘此等处正好默识。若不转念，一切运谋设法，皆是良知之妙用，皆未尝有所起，所谓百虑一致也。才有一毫纳交要誉恶声之心，即为转念，方是起了。’”[②] 王龙溪提出以一念之微为入手处，作致良知、先天正心的功夫。这种方法有似于慎独。一念之微的关键之处在于，它是个体之心发动的第一念，是真实无伪的，但它有可能是善的，也有可能是不善的。李贽的“最初一念”与龙溪的“一念”有相近之处，都指向先验的心体。但由于李贽未曾界定“初心”的性质，“最初一念之本心”是否为道德层面的本体依然难以确定。

综上所述，笔者认为李贽以本心、初心描述了某种先天性的心体，但李贽在《童心说》中并没有界定本心、初心的内涵。为了解李贽所言的本心、初心究竟何指，笔者尝试从李贽的著作中进一步了解李贽关于“性”的观点。

“夫道者，路也，不止一途；性者，心所生也，亦非止一种已

① 左东岭：《顺性、自适与真诚——论李贽对心学理论的改造与超越》，《首都师范大学学报》（社会科学版）2000 年第 1 期。

② 吴震编校：《王畿集》，凤凰出版社 2007 年版，第 473 页。

也。”[①] 今天学者多指出，李贽注重功利，肯定人性有私。诚然，李贽的确有很多肯定人性之私的言论，“趋利避害，人人同心”[②]。“寒能折胶，而不能折朝市之人；热能伏金，而不能伏竞奔之子。何也？富贵利达所以厚吾天生之五官，其势然也。”[③] 但如果认为李贽主张以人欲、私心为人性的全部，主张自然人性论，则或有过度诠释之嫌。李贽的确因其“人皆有私”的观点而被当时士人指责为“以自私自利之心，为自私自利之学，直取自己快当，不顾他人非刺”[④]。但李贽对这一指责明显不能接受。事实上，李贽对人之欲望的肯定，是以民胞物与的仁爱之情为基础的，他主张“因性牖民”，顺民情以求治。从这一层面而言，李贽忠实地发挥了阳明心学“与愚夫愚妇同的，是为同德”的精神，力求切近人情物理，使百姓万民可以并育而不相害。李贽指出，士大夫不可好高自许，以自己都未必能恪守的道德规范束缚百姓，而应从百姓之“同”出发去亲民，同情他们合理的欲望，因此李贽不讳言人欲的存在，以求“善与人同”，“夫知己之可能，又知人之皆可能，是己之善与人同也，是无己而非人也，而何己之不能舍？既知人之可能，又知己之皆可能，是人之善与己同也，是无人而非己也，而何人之不可从？此无人无己之学，参赞位育之实，扶世立教之原，盖真有见于善与人同之极故也”[⑤]。类似的观点，在晚明并不罕见。为有效地治理百姓，吕坤亦曰：“民情有五，皆生于便。见利则趋，见色则爱，见饮食则贪，见安逸则就，见愚弱则欺，皆便于己故也。惟便，则术不期工而自工；惟便，则奸不期多而自多。君子固知

① （明）李贽：《焚书》，中华书局1975年版，第87页。

② 同上书，第41页。

③ 同上书，第17页。

④ 同上书，第265页。

⑤ 同上书，第43页。

其难禁也……禁其所便，与强其所不便，其难一也。故圣人治民如治水，不能使不就下，能分之使不泛溢而已。堤之使不决，虽尧、舜不能。"[①] 吕坤此处对"民情"的界定与李贽颇为相似，他认为细民是趋利避害、自私自利的，主张对民情应予以引导而不是堵塞，一味遏制细民的欲望，即使尧、舜也不能求得天下大治。

李贽肯定人欲，与吕坤不无相似之处，李贽并不主张士大夫放纵私欲，而是强调士大夫在体贴和了解细民之人情物理的基础上，更好地保育百姓，收到平治之效，这与李贽论学不乏功利、现实之色彩是一致的。因此，李贽强调，士大夫不可执定善恶之名相而太生分别之心，"分别太重，自视太高，于'亲民''无作恶'之旨亦太有欠缺在矣"[②]。"知有己不知有人，今古之号为大贤君子，往往然也。"[③] 李贽明言，善恶的区分一旦过度，极可能导向消极的后果："其智而贤者，相率而归吾之教，而愚不肖则远矣。于是有旌别淑慝之令，而君子小人从此分矣。岂非别白太甚，而导之使争乎？"[④] 肯定人性有欲但并不主张士大夫纵欲自恣，李贽的观点在晚明并非空谷足音。作为正统士大夫，吕坤极为重视教化世人，但他亦认为人性有善，但并非全是善，"善是性，性未必是善"。指出人欲亦是性的组成部分，"孟子以耳目口鼻四肢之欲为性，此性善否？"[⑤] 但他同样强调士人须追求"天德只是个无我，王道只是个爱人"[⑥]。肯定人欲的合理性，从而推己及人，发挥一体之仁，力求保育普通百姓；但士大夫不应使自己与

① （明）吕坤、洪应明：《呻吟语　菜根谭》，吴承学等校注，上海古籍出版社 2000 年版，第 270 页。

② （明）李贽：《焚书》，中华书局 1975 年版，第 266 页。

③ 同上书，第 187 页。

④ 同上书，第 87 页。

⑤ （明）吕坤：《呻吟语正宗》，王国轩译注，华夏出版社 2007 年版，第 104 页。

⑥ 同上书，第 90 页。

愚夫愚妇没有分别，不可以人欲合理为借口，放纵一己欲望。正如洪应明在《菜根谭》中所言："己之情欲不可纵，当用逆之之法以制之，其道只在一忍字；人之情欲不可拂，当用顺之之法以调之，其道只在一恕字。今人皆恕以适己，而忍以制人，毋乃不可乎？"① 同样，李贽深负士大夫的精英意识与济世情怀。就像他惯用的上上人与下下人的对立，他并不主张士大夫像普通百姓那样为名利奔竞，他自己更是"狷性如铁""愚之所好察者，迩言也。而吾身之所履者，则不贪财也，不好色也，不居权势也，不患失得也，不遗居积于后人也，不求风水以图福荫也"。② 忠孝节义等伦理道德，他并不反对，"我未尝不言孝弟忠信也，而谓我以孝弟为剩语，何说乎？"③"人有五死，唯是程婴、公孙杵臼之死，纪信、栾布之死，聂政之死，屈平之死，乃为天下第一等好死"，④"我尝自谓我能为忠臣者，以此能忘家忘身之念卜之也，非欺诞说大话也"⑤。

可见，李贽虽然肯定人欲存在的必然性，但并不否定忠孝节义、伦理道德为天性固有的组成部分。李贽在《阿寄传》《唐贵梅传》中对忠仆、节妇的表彰可说明这一点。以《唐贵梅传》为例，婆婆逼迫唐贵梅与富商苟且，唐贵梅因不从而受尽折磨，婆婆又告官称其不孝，通判毛玉接受贿赂而严刑逼供，唐贵梅不肯说出婆婆的秽行，无奈之下自缢身亡。李贽对此十分愤怒："池州通判毛玉，非素读书而居民上之君子乎？……今通判贪贿而死逼孝烈以淫，素读书而沐教化者如此，孝烈唐贵梅宁死而不受辱，未曾读书而沐圣教者如彼：则先

---

① （明）吕坤、洪应明：《呻吟语 菜根谭》，吴承学等校注，上海古籍出版社2000年版，第382页。

② （明）李贽：《焚书》，中华书局1975年版，第41页。

③ 同上书，第265页。

④ 同上书，第163页。

⑤ 同上书，第181页。

王之教化亦徒矣。”[①] 在李贽看来，唐贵梅作为下层百姓，完全是发自本心地遵守忠孝节义。可以说，李贽反对假道学、假人，乃是因为他们行善不是出于本心，而是为了求名干誉，甚至有毛玉一流士大夫口称仁义而行若狗彘，这是李贽断断不能容忍的。但是如果说李贽将伦理道德一笔抹杀，则并不符合他的本意。在谈及父亲、君主的乱行时，他依然以忠孝为重要的行为准则：

> 夫子传之曰：“干父用誉，承以德也。”言父所为皆破家亡身之事，而子欲干之，反称誉其父，反以父为有德，如所云“母氏圣善，我无令人”者。如是则父亲喜悦，自然入其子孝敬之中，变蛊成治无难矣。倘其父终不肯变，亦只得随顺其间，相几而动。夫臣子之于君亲，一理也。天下之财皆其财，多用些亦不妨；天下民皆其民，多虐用些亦则得忍受。公有大贤在其间，必有调停之术，不至已甚足矣。只可调停于下，断不可拂逆于上。[②]

因此，笔者认为李贽在《童心说》中反对义理，大致是为了批评以下三个现象：其一，一部分士人在有心为善的心理动机下，日趋走向伪善，甚至以善为名，为自己谋私利，沦为言行不一的假道学。其二，假人不仅是道德假，更可能因对儒家伦理道德的义袭模拟而流于毫无主见与新意的人云亦云、“言不由衷”。其三，反对士人在求道的过程中为善恶之名束缚，行好作恶，从而在心本体上着了一分意思，执一不化，失去循天则自然流行的至善。李贽在《童心说》中以严厉的口吻指责六经、语、孟，并非为了否定儒教伦理，而是因为，圣贤经典本应是我心的注脚，若只能人云亦云，将失去圣贤本意，适得其

① （明）李贽：《焚书》，中华书局1975年版，第209页。

② 同上书，第73页。

反；并不有心于道的士人会在掌握经典中的伦理道德规范后，刻意将其作为掩饰个人内心私欲的、博取美名与富贵的工具，他们动辄以圣贤经典要挟他人，泯灭真知，打击才智之士，为祸不浅。王阳明曾经拒绝一名在门下弟子看来颇为聪慧的士人，因为王阳明认为这名士人在掌握王学后，不会按其作切身的修为，反而可能片面发展沽名钓誉、谲诈投机的心思与手段。这是儒学尤其是心学极力批评的现象，李贽基本上延续了这一思路，对六经、语、孟的负面作用作了严厉的批评，但他绝不是要将儒家经典一笔抹杀，而是强调对圣人立言真意的体悟。对于受条件限制不能体悟大道的士人，李贽强调，如果他们欲作世间完人，则往圣前贤的著作是需要认真研读的。

心学学者指出至善之心体具有灵明的特征，与恶相对的具体的善，很可能成为心体的障蔽，至善本无善无恶（无善无恶在后阳明学者的论述中，越来越趋向于缺失伦理标准的善恶相对主义），它没有一定的外在规则作为依循，至善甚至不可言说而强言说的，在它面前，千圣皆为过影，一己的是非亦不足为万世法。至善不反对善，但反对拘泥于具象之善，执一不化，主张个体不应自私用智，不可做好作恶，强生分别之心，从而达到顺应万物、廓然大公的境界。正如东方朔先生所言："所谓心体无善无恶，其根义便在于阳明所说的'不作好恶'。但'不作好恶'又并不是日常语言中所谓的一任好恶造作，无关于人己，随其翻腾，'谓之不作者，只是好恶一循于理，不去又着一分意思。'由此可见，作为至善的心之体之所以又是无善无恶，乃是指心之体不动于气（也就是循理而行）。"① 对比之下，笔者认为，李贽的思想正是对心学无善无恶之至善心体的推扬：一方面，李

① 东方朔：《刘宗周评传》，南京大学出版社 1998 年版，第 71 页。

贽的“人皆有私”，延续了心学注重形而下的一贯特点，“愚之所好察者，百姓日用之迩言也”①。他将“无善无恶”推入现实的、形而下的层面，发挥“无善无恶”不做好作恶的主张，体察百姓人情物理，论证了人皆有之的欲望的合理性，主张顺民情而治，进一步发挥了儒家的一体之仁。“无善无恶，是谓至善，于此而知所止，则明明德之能事毕矣。由是而推其余者以及于人，于以亲民，不亦易易乎！”② 另一方面，因此，李贽的不以孔子之是非为是非，实则为了唤醒有志于求道之人，不可拘泥于外在格套、拾取他人余唾。虽对假道学的虚伪与真道学的无能感到失望，但李贽的无善无恶并不否定善，甚至暗含了更为严格的道德倾向。

在明了李贽的心体是对“无善无恶心之体”的发挥后，笔者认为，《童心说》强调“最初一念之本心”，极为强调个体之真，则童心之真既可指细民百姓真实的人情物理，即百姓日用之迩言，亦可指真与善紧密结合的极高的道德境界。就后者而言，李贽主张士人的善须发自本心，言行相符，是真诚无伪的；而至善不拘泥于善恶名色，李贽主张士大夫应在人情物理的变化之上建立道德规范，赋予“理”周流变动的特性。粗略而言，童心既指“下下人”的人情物欲，又指“上上人”追问心性所得的至善真见。可见，《童心说》肯定“下下人”的物欲，但是童心本身并非仅指百姓的物欲之真。如果认为童心止于“私心”之真，并不符合李贽对文人好货好色、假道学近乎苛刻的批判。李贽认为圣人亦离不开物质需求，私是人性必然的组成部分，但他并不主张所有人都局限于“穿衣吃饭”的层面；强调执政者应使普通百姓的合理物欲得到尊重与满足，士大夫应关注百姓日用使

---

① （明）李贽：《焚书》，中华书局1975年版，第41页。

② 同上书，第2页。

天下人各得其所，是李贽提穿衣吃饭的目的。“间或见一二同参从入无门，不免生菩提心，就此百姓日用处提撕一番。”[①] 李贽认为，察百姓迩言，关注人情物理，得出百姓的“共好而共习，共知而共言”[②]。乃是大舜、孔孟直至阳明、心斋一致认可的、悟入大道的重要途径。就愚夫愚妇与士大夫两个群体的道德水准而言，李贽所持标准并不一样。从李贽与耿定向的论战中，可见李贽往往不惜以最苛刻的道德标准要求文人、以最严厉的眼光审视标榜心性之学的士大夫。我们从他对当时士人谋求名利的刻薄讥讽中，可以看到他近乎洁癖的人格理想，可以视为一个佐证。这一思想在晚明清初非常普遍。顾炎武便曾说过：“人之有私，固情之所不能免……近之君子必曰：有公而无私。此后代之美言，非先王之至训。”[③] 顾炎武从原始儒学中寻求人欲合理的论证，他同样主张限制上层统治者的“私欲”，以满足天下人之公欲。“合天下之私以成天下之公，此所以为王政也。”[④] 这也能帮助我们理解，何以李贽既讲“人皆有私”，又对士大夫谋求富贵作严厉的批评。诚如左东岭先生所言：“李贽……对不同类型的人又是有不同要求的。”[⑤]

值得指出的是，与李贽对人皆有私的肯定相关联，在强调万物并育而不相害的同时，李贽亦将“无善无恶”中不加拣择的意味作了推进与发挥。阳明发挥明道不除庭草之意，意在强调士人须不作善恶、廓然大公以循天理自然的流行。李贽亦借此为人欲正当性作论证，“不知善与人同之学，而徒慕舍己从人之名，是有意于舍己也。有意

① （明）李贽：《焚书》，中华书局1975年版，第40页。
② 同上。
③ 黄汝成集释：《日知录集释》，上海古籍出版社2006年版，第148页。
④ 同上。
⑤ 左东岭：《从本色论到童心说》，《社会科学战线》2000年第6期。

舍己，即是有己；有意从人，即是有人。况未能舍己而徒言舍己以教人乎？”[①] 李贽反对耿定向以道德规范约束世人、强要人同的拣择之心，认为耿定向姿态过高，并不符合一体之仁，而是为自己博取美名。而李贽言圣人不能无私，虽因而遭受批评甚至毁谤，但李贽认为自己的言论更能顺应民情，为此，他甘愿置世人毁誉于不顾，置身卑辱之地：“非敢自谓庶几于道，特以居卑处辱，居退处下，居虚处独，水之为物，本自至善，人特不能似之耳。仆是以勉强为此举动，盖老而无用，尤相宜也。”[②] 李贽将“无善无恶理之静”从本体论直接运用于现实中，认为善恶就像人名一样，由约定俗成而来，未必名实相副，因此他提出应思考“善恶未分之前”，对善恶之说提出质疑：“由是观之，则所谓善与恶之名，率若此矣。盖惟志于仁者，然后无恶之可名，此盖自善恶未分之前言之耳。此时善且无有，何有于恶也耶！噫！非苟志于仁者，其孰能知之？”[③] 这与阳明后学对“无善无恶心之体”的解释几乎没有区别，不同的是，李贽以“无善无恶”之说怀疑既定的善恶之名，从而对既定的善恶标准产生解构作用。也许是对心学“百姓日用即道”命题的共鸣，李贽经常会对儒家比较深奥的命题作通俗化的理解，但是他用本体层面的“无善无恶理之静”来解构现实生活中具体的善恶概念，虽不乏启发意义，但负面作用同样显而易见。

综上所述，李贽发挥了无善无恶的命题。“就工夫实践而言，‘无善无恶’说的核心思想强调的是让至善的道德本体自然流行发用，不要有意去为善……否则，一起心转念，有所思虑计算，便不免使善行

---

① （明）李贽：《焚书》，中华书局1975年版，第43页。

② 同上书，第259页。

③ 同上书，第23页。

的发生异化为获取善名或别有所图的工具与手段，丧失了为善本身为所当为的自在价值。如乍见孺子入井时由于‘纳交’‘要誉’‘恶其声’这三转念，救援行为便不再是恻隐之心的表现而成为义袭的伪善。”① 除去不可有作好作恶之心外，李贽将“无善无恶的至善”又推进一步，所谓“人之是非，初无定质”。② 反对执着于往圣的成言将其权威化、神圣化，是李贽秉承心学而来、抨击格套与蹈袭的学术特征。反权威、反格套，是李贽最重要的思想特征，他不承认权威的存在，因为权威遮蔽个体本心，使他们放弃对大道真理的寻求，只知随人脚跟打转。李贽解读儒家经典时，往往将圣人的言行事迹作生活化的复原，以生活化、世俗化的眼光作出“李贽式解读”。而在对圣人经典“求真”的解读中，李贽发现人欲乃至私欲的必然存在，虽圣人不免，从而破坏了道德规范的神圣性、权威性，“夫圣人亦人耳，既不能高飞远举、弃人间世，则自不能不衣不食、绝粒衣草而自逃荒野也。……则知势利之心亦吾人禀赋之自然矣”③。这也是明末三先生指责李贽“无忌惮”的原因。与反对权威紧密相连的是，李贽绝非凡是儒家的伦理纲常学说便予以反对，而是尝试将被儒家权威化、神圣化的观念重新置于考量的起点，从而使道德伦理与时推移，切合当下人情物理，求得更精进的认知和更有效的济世之略。袁小修曾指出，李贽认为“天下事决非好名小儒之所能为”④，因为“世之小人既侥幸丧人之国，而世之君子理障太多，名心太重，护惜太甚，为格套局面所拘。……世儒观古人之迹，又概绳以一切之法，不能虚心平气，

---

① 彭国翔：《良知学的展开——王龙溪与中晚明的阳明学》，生活·读书·新知三联书店2005年版，第416页。

② （明）李贽：《藏书》，社会科学文献出版社2000年版，第7页。

③ 张建业主编：《李贽全集注》（第十四册），社会科学文献出版社2010年版，第255页。

④ 阿英编：《晚明二十家小品》，河北人民出版社1989年版，第277页。

求短于长，见瑕于瑜，好不知恶，恶不知美。至于今接响传声，其观场逐队之见，已入人之骨髓而不可破”。所以，李贽有意打破世人执念，“细心读之，其破的中窍之处，大有补于世道人心。而人遂以为得罪于名教，比之毁圣叛道，则已过矣”[①]。故袁小修不无惋惜地认为，“特其出之也太早，故观者之成心不化，而指摘生焉”[②]。可谓的见。

第二节　晚明语境下的李贽学说传播

晚明心学的流传并非以统一的声音出现，不仅心学内部存在不同甚至对立的门户，同一门派的学说也会在流传中不断自我更新与变化，并不严守师传。而心学外部的批评声音亦随着社会危机的加重而汇成不容忽视的思想潮流，最终在明末刘宗周那里得到总结。李贽的学说处于万历中后期，在众声喧哗的晚明，他不乏矛盾之处的学说在传播中难免发生蜕变，而李贽学说对通俗文学的影响，其间正以这一蜕变为过渡，并推进了这一蜕变。

今天学者多以“自然发于情性，则自然止乎礼义”[③] 之说证明李贽对自然情感、欲望的推崇，在心学语境中，此说依然与克己无私有着不可分割的联系，对于有心学背景的士人来说，他们不太可能将此说完全理解为人欲的任情自恣。心学学者尤其是王畿与泰州学派，多

① 阿英编：《晚明二十家小品》，河北人民出版社 1989 年版，第 276—277 页。

② 同上书，第 277 页。

③ （明）李贽：《焚书》，中华书局 1975 年版，第 132 页。

将良知视为人心的本来面目，若能克服个体之欲望、闻见道理的障蔽，则人心纯为良知本体，情性也就纯乎礼义、自然合乎天则。有意为自然，属于在本体上着了一层意思、多了一分人为的安排，故与矫强无异。按照心学情即性的观念，情作为“性”的表现与载体，情性是二而一、一而二的关系，此亦承理气观的蜕变而来。情若不着于形体私欲，自然纯与“性”为一，无须刻意矫饰、屋上起屋。可见，由晚明心学的现成良知而来，情若不能超越形体私欲，则情将沦为不自然的状态。这与我们今天所言的“自然”恰恰相反。事实上，李贽大量袭用心学的词汇及思路，但在使用时并不照搬，而是以己意进行发挥。比如，他多次使用“自然”一词，但与阳明心学以至善心体为前提的循天理流行之自然，既有联系又有区别，使今天的读者极易产生误读。更易让当今学者困惑的是，当时士人在一些心学的核心词汇上已经不能统一，邓豁渠（名鹤、号太湖）以人欲之真为真，认为“色欲性也，见境不能不动，既动不能不为羞，而不敢言，畏而不敢为者，皆不见性”[①]。耿定向说他亲眼在《南询录》中见到此言，当非虚谬，但后来邓豁渠因心虚嘱咐门徒将这句话删去。邓豁渠的言论让耿定向感到忧虑，耿定向承认人不可能脱离形而下的声色嗅味，“口味目色耳声是人之生机，使口不知味，目不辨色，耳不闻声，便是死人，安得不谓之性?”但他认为这不是人性之根本，人性之根本须从天命上考察，仁义礼智的天道决定个体真性必须表现为不容已的忠孝之心，“合命处，方是真性也。仁义礼智天道，更何声臭可言？故谓之曰命。然既落着父子君臣身上来，便已降在衷了，故忠孝之心自不

① （明）耿定向：《里中三异人传》，邓豁渠《南询录校注》，邓红校注，武汉理工大学出版社2008年版，第89页。

容已”[①]。因为心体至善是心学学者普遍认同的前提，而着于一己之私的情、欲，则是背离心之本体的“伪”“妄”。关于到底什么才是真，欲即真（应该说“激进”的泰州派学者，提人欲的本意在于强调天下之公欲，而不是为一己之私欲辩护）还是本体至善才是真、欲只是迷妄，晚明学者的理解并不统一。在这样的语境中，学者的言论本应更为谨慎，但李贽一些袭用心学语汇而作的断语，语气极端，难免引发误会。沟口雄三由心学“自然”二字认为，晚明进步的思想者如李贽在寻求自然本来的理观，“自己所具有的‘不容已’之情就是自然本来的原态。这个理观，表明到达了阳明理观的极限。可以说，自然本来之理几乎任凭各人的自然的裁量。如果沿着这条路走下去，自然反而从本来性绝缘，而埋没于私欲的喧闹中，成了已不是自然的本来”[②]。“埋没于私欲的喧闹中，成了已不是自然的本来”，恰可见发自至善本体的“真”，如果被推得过高，而学者又遗弃了工夫与一定外在规范的束缚，极可能等同于私欲之真。李贽的“真”，由于他所持“童心”乃是针对上上人与下下人而言，因此，真不仅仅为人欲之真，亦有德性之真、至善之真。李贽还有“穿衣吃饭即是人伦物理”的著名论断，他也因而被认为是肯定人欲解放、持自然情性观的思想家，但是笔者在前文已经反复论证过，李贽这一命题的含义要远比肯定人欲更为丰富。他肯定形而下的人欲，同时主张学者从形而下的人情物理出发，追问心性大道，这两面相辅相成，“穿衣吃饭即是人伦物理……学者只宜于伦物上识真空，不当于伦物上辨伦物。故曰明于庶物、察于人伦。于伦物上加明察，则可以达本而识真源。否则只在

---

① （清）黄宗羲：《明儒学案》(2)，沈芝盈点校，浙江古籍出版社1985年版，第77页。

② ［日］沟口雄三：《中国前近代思想的演变》，索介然、龚颖译，中华书局1997年版，第79页。

伦物上计较忖度，终无自得之日矣。支离易简之辨，正在于此。明察得真空，则为由仁义行；不明察，则为行仁义，入于支离而不自觉矣，可不慎乎！”[①] 李贽用语措辞向来不以中和为追求，他强调除却穿衣吃饭无伦物矣，意在突出后文的“于伦物上加明察，则可以达本而识真源”，从而强调问道者不应将精力放在人伦物理的相关礼法、制度等外在形式的探求上，也不应空谈心性而沦为玩弄光景，而应注重当下真实的人情物理，士大夫当以之为基础“由仁义行”，而不是死守固定的伦理道德规范去模拟因袭、强要人同，沦为“行仁义”。正如阳明所言，对父母的尽孝不能依靠外在晨昏定省等礼节的讲究，而应力求尽孝之心的诚实无伪。若真心为孝，自然会对父母的饮食起居之种种需求感同身受，从而无微不至地侍奉好父母。如果将精神放在所谓礼仪制度、名物器数的讲求上，则有可能沦为蹈袭模仿的行仁义，而不是发自本心的“由仁义行”。现实生活中，个体往往因各种目的而执末失本，“于伦物上辨伦物”，错用了精神，“入于支离而不自觉”“穿衣吃饭，即是人伦物理”，恰是李贽式的断语，除去对百姓合理物欲的肯定之外，李贽亦不留余地地指明，世间种种皆如百姓日用之衣食，平平常常，并无什么繁复高玄的“伦物”需要耗费精神去思量讲求，关键须体悟到伦物的本质所在，则可将工夫一以贯之到生活日用之中。在此，我们可举严厉批评李贽“倡为异说”的邹颖泉（善）为例，借以说明，李贽于穿衣吃饭明察真源的观点，并非个论。“舍人伦庶物，无所用其明察矣。……今世所谓明心者，不过悟其影响，解其字义耳。果超果神者谁与？若能神解超识，则自不离日用常行矣。故下学上达，原

① （明）李贽：《焚书》，中华书局 1975 年版，第 4 页。

非二时，分之即不可以语达，即不可以语学。”①

心学学者最初坚持此心纯为天理的良知本体论，因此，他们所言的“自然”“真”等概念，都以良知心体为前提，具有鲜明的道德伦理意味。但是心学主张气即理，注重形而下的人情日用，正面人欲人私的存在，甚至肯定人性中先天有欲的存在。但可以肯定的是，士大夫在确定人欲合理时，多本着万物一体之仁，意在实现保民而王；士大夫阶层则有着强烈的精英意识、济世情怀，他们致力于体悟心性大道，躬行道德践履，从而以先觉者的姿态将自己与细民拉开距离。即使在李贽处，这种意识亦牢固存在。事实上，晚明心学内部正经历着思想的交锋，进行着内部的调整与讨论，本身就是充满矛盾性的存在，因为士人心性体悟、道德修养有别，他们的接受视野亦不尽一致，同一学者、同一理论往往被解读出截然相反的结论。

由于李贽思想的复杂与多面，其在晚明的被接受，将是更为复杂的现象，并必然引起广泛的争论。晚明一些识见高超的文人，的确从李贽的著作中感受到了富有新意的真解、奋勇追问心性大道的狂者精神。袁宏道曰：“幸床头有《焚书》一部，愁可以破颜，病可以健脾，昏可以醒眼，甚得力。”② 李贽的确是一位勇于追求心性大道的文人，而他体道的方式倾向于王畿的顿悟，注重根器的深厚，以不凡的才、识、胆为进乎道的前提，因此他李贽式的激亢确有破除格套、醒人耳目的功效。沈德符曰：“温陵李卓吾，聪明盖代，议论间有过奇，然快谈雄辩，益人意智不少。秣陵焦弱侯、泌水刘晋川，皆推尊为圣人。”③ 但李贽在晚明世人口中的形象是互相矛盾的。虽然真正了解李

① （清）黄宗羲：《明儒学案》，沈芝盈点校，中华书局1985年版，第384页。

② （明）袁宏道：《袁宏道集笺校》，钱伯城笺校，上海古籍出版社1981年版，第221页。

③ （明）沈德符：《万历野获编》，中华书局1959年版，第691页。

贽的士人，为其胆识与高见折服，但若断章取义，他得罪名教的言语又确实不少，极有可能产生不良的后果。亲见过李贽的朱国帧称："今日士风猖狂，实开于此。全不读《四书》本经，而李氏《藏书》《焚书》，人挟一册，以为奇货。坏人心，伤风化，天下之祸，未知所终。"① 钱谦益关于李贽及其徒弟的记录，可以反映出李贽本人在晚明的形象裂变。钱谦益直言，"余少读李卓吾之书，意其所与游者，必皆聪明辨博，恢奇卓诡之士"②。当他发现李贽的门人方时化、汪本钶都是朴实持重之人时，心里不免疑惑。后袁小修向钱谦益描述李贽的为人是"恶浮华，喜平实，士之矜虚名，炫小智，游光扬声者，见则唾弃之，不与接席而坐"③。钱谦益揣摩再三，方觉对李贽有误解之处。

事实上，若受教者没有心性修养的相关基础，很可能误解李贽的思想，将其"二十分胆"与"二十分才""二十分识"割裂开来，从而拘执于"二十分胆"，以猖狂自恣、放纵私欲的言行收取炫人耳目的效果，进入另一种格套。这是对李贽的思想由理解上的毫厘之差，流为行为上的谬误千里，其微妙之处难以言表，必须依靠求道者的细心体悟，而能否悟入，则取决于长久的积累过程与过人的天赋。但李贽"嗔性"甚重，对求教者甚少栽培、点拨的耐心，不够审慎的赞许与同样草率的否定，使李贽很难发现一位足够如意的门人，反而时常将自己置于尴尬之地。袁小修记录的一则掌故，颇为耐人寻味：

袁无涯来，以新刻卓吾批点《水浒传》见遗，予病中草草视

① （明）朱国祯：《涌幢小品》，《明代笔记小说大观》，上海古籍出版社 2005 年版，第 3483 页。

② （清）钱谦益：《牧斋初学集》，（清）钱曾笺注，上海古籍出版社 1985 年版，第 917 页。

③ 同上书，第 918 页。

之。记万历壬辰夏中，李龙湖方居武昌朱邸，予往访之，正命僧常志抄写此书，逐字批点。常志者，乃赵瀔阳门下一书史，后出家，礼无念为师。龙湖悦其善书，以为侍者，常称其有志，数加赞叹鼓舞之，使抄《水浒传》。每见龙湖称说《水浒》诸人为豪杰，且以鲁智深为真修行，而笑不吃狗肉诸长老为迂腐，一一作实法会。初尚恂恂不觉，久之，与其侪伍有小忿，遂欲放火烧屋。龙湖闻之大骇，微数之，即叹曰："李老子不如五台山智证长老远矣。智证长老能容鲁智深，老子独不能容我乎?"时时欲学智深行径。龙湖性褊多嗔，见其如此，恨甚，乃令人往麻城招杨凤里，至右辖处，乞一邮符，押送之归湖上。道中见邮卒牵马少迟，怒目大骂曰："汝有几颗头?"其可笑如此。后龙湖恶之甚，遂不能安于湖上，北走长安，竟流落不振以死。[①]

万历壬辰（1592），李贽的《焚书》已经刻出，思想已经相当成熟，但是亲炙其门、奉伺左右的年轻人，竟不得其门而入。值得注意的是，常志和尚本是行为温和拘谨的"恂恂"之人，因见李贽赞叹《水浒》中的豪杰，竟"一一作实法会"，刻意模仿《水浒》中的豪杰行径。据许自昌记载："闽有李卓吾名贽者，从事竺乾之教，一切绮语，扫而空之，将谓作《水浒传》者必堕地狱当犁舌之报，屏斥不观久矣。乃愤世疾时，亦好此书，章为之批，句为之点。"[②] 可见，李贽对《水浒传》中英雄的赞扬与批评，本含有愤激讽世的意味，除去对朝政世态的抨击，亦有破除格套因袭、标举真性情的用意，绝不可作"实法"理解，无原则地蔑弃礼法、以出格言行要人叫好，都绝非

① （明）袁小修：《游居柹录》，刘如溪点评，青岛出版社 2005 年版，第 193 页。
② （明）许自昌：《樗斋漫录》，上海古籍出版社 2002 年版，第 8 页。

李贽的本意。拘泥于名色、不解名色设立时之初衷，这类行为恰是李贽讥讽和抨击的对象，李贽在《寒灯小话》中曾述及常志的类似行为，常志常向人借银而又“随手辄尽”，有人认为常志能够轻财，但是李贽并不这样认为，“若常志辈，但见假借名色以得人之银，若甚容易，而不知屡借名色以要人之银，人实难堪。况慷他人之慨，费别姓之财，于人为不情，于己甚无谓乎？是太奢之过也。”[1] 轻财本为重义，否则只是从他人脚跟打转的低级模仿，甚至有邀誉之嫌。常志不肯甘于百姓之常，贪慕“轻财”的美名，但僧人之财本来自施主，要他人多次施财，成全自己轻财的虚名，本身便给他人造成负担，何况常志散漫用钱并不一定都出乎仁义，“古之言轻财者、必曰重义，未有无故而轻财者也”[2]。常志的行为乃是“学无真志，皮相相矜，卒以自误”[3]。常志错解李贽的意思，除去自身的不善学，李贽“为上上人说法”教导方式，遗弃了漫长的渐入工夫，的确误导了常志，使常志认差了路头。而李贽以“上根人”自居，不仅不及时指正，反而心生厌弃。由常志受教于李贽的经历来看，学者若想从《焚书》中得到切身受用，而不被误导为猖狂自恣之人，是有一定难度的。

王心斋之子东崖与李贽颇有学术渊源，东崖大致标举现成良知，他沿袭王龙溪不拘格套的无善无恶，发挥明道不除庭草的万物一体之仁，追求曾点之乐。黄宗羲对东崖的评价，约略可以拿来评价李贽：“此处最难理会，稍差便入狂荡一路。所以朱子言曾点不可学，明道说康节豪杰之士，根本不贴地，白沙亦有说梦之戒。细详先生之学，未免犹在光景作活计也。”[4] 东崖难免玩弄光景之讥，遑论专“为上

① （明）李贽：《焚书》，中华书局1975年版，第191页。

② 同上。

③ 同上书，第118页。

④ （清）黄宗羲：《明儒学案》，沈芝盈点校，中华书局1985年版，第719页。

上人说法”的李贽，更遑论仿效李贽而不知李贽何以为李贽的时人。因此，朱国祯对李贽的分析，可谓心平气和的公允之论：“卓吾名贽，曾会之邳州舟中，精悍人也，自有可取处。读其书，每至辩穷，辄曰：‘吾为上上人说法。’呜呼！上上人矣，更容说法耶？此法一说，何所不至？圣人原开一权字，而又不言所以，此际着不得一言，只好心悟，亦非圣人人所敢言、所忍言。”[①] 所谓人生而上不可说，李贽的言论，富于创见和真知，但也不乏偏颇，极易产生流弊，对后学者的心性修养产生不良导向，所谓“李氏诸书，有主意人看他，尽足相发、开心胸；没主意人看他，定然流于小人、无忌惮”[②]。因此，对于焦竑对李贽的评价，朱国祯并不认同，“焦弱侯推尊卓吾，无所不至，谈及，余每不应。弱侯一日问曰：‘兄有所不足耶？即未必是圣人，可肩一‘狂’字，坐圣门第二席。’余谓此字要解得好。既列中行之下，不是小可。孟子举琴张、曾皙为言，而曰‘嘐嘐’。古人行不掩言，不屑不洁，吾未敢以为然。盖孔子尝言之矣，曰‘狂者进取’。取而曰进，直取圣人也。狷者有所不为，有不为，直欲为圣人也。‘取’字径捷，‘为’字谨密，乃二人分别处。故圣门之狂，惟颜子可以当之，曰‘见进未见止’；狷惟曾子可以当之，曰‘参也鲁’。此其气象，居然可可，下此则我狂简之狂”。[③] 在朱国祯看来，李贽的“狂”过于流露为行迹、言语上的破绽，而非孔门以圣人之道为旨归的狂。作为封建文人，必须考虑个人立论带来的社会后果，若涉及伦理道德层面更须谨慎。而李贽不加检束、为上上人说法的言论，一旦流入社会，其负面影响是不可估量的，这也是李贽被斥为“无忌惮”

① （明）朱国祯：《涌幢小品》，《明代笔记小说大观》，上海古籍出版社 2005 年版，第 3483 页。

② 同上。

③ 同上书，第 3486 页。

的原因。耐人寻味的是，曾下旨打击李贽的明神宗，在对付大臣的批评时，其言论却与李贽有神似之处，“今上（神宗）在御日久，习知人情，每见台谏条陈，即曰：‘此套子也。’即有直言激切，指斥乘舆，有时全不动怒，曰：‘此不过欲沽名尔，若重处之，适以成其名。’卷而封之”。[①] 李贽动辄批评士大夫好名虚伪，其初衷或是强调言行一致之真，但他不吝以小人之心度他人之腹的言论，却真切地打击了道德价值，混淆了道德标准，引发“埋藏君子，出脱小人”的后果。

因此，被学者公认得益于卓吾颇多的三袁，对卓吾也不乏批评之词。“与云浦论学，大约顿悟必须渐修，阳明所云：‘吾人虽渐悟自心，若不随时用渐修工夫，浊骨凡胎，无由脱化。’是真实语。卓吾诸公一笔抹杀，此等即是大病痛处。”[②] 袁中郎亦批评卓吾“偏重悟理，而尽废修持，遗弃伦物，偭背绳墨，纵放习气，亦是膏肓之病”[③]。

第三节　李贽戏曲评论对晚明戏曲的影响

李贽对晚明戏曲小说的影响甚巨，他富有创见与极端意味的言论，他被通俗文化夸大而失真的放诞人格，都成为戏曲创作与出版者刻意模仿的对象。这里笔者从李贽的戏曲批评出发，探讨他关于戏曲的相关观点及影响。

---

① （明）于慎行：《谷山笔尘》，中华书局 1984 年版，第 53 页。

② （明）袁小修：《游居柿录》，刘如溪点评，青岛出版社 2005 年版，第 183 页。

③ 同上。

首先，李贽的《童心说》主张童心自文，为文须注重对人情物理的展示，一方面打破了文体的外在优劣序列，另一方面也为后来士大夫抒写人欲之真实提供了论证。

“天下之至文，未有不出于童心焉者也。苟童心常存，则道理不行，闻见不立，无时不文，无人不文，无一样创制体格文字而非文者。”[①] 李贽在此实则表达了对外在格套、权威的消极态度，认为其无助于“童心”之发露，而只会导致人为的因袭模仿。在一些阳明后学那里，无善无恶的伦理道德意味日渐萎缩，循自然天则流行转为克服“有我”、避免滞于外在规则格套、不人为做作安排的至善。学者在善恶标准上，应警惕个人一己立场的先入为主，所以泯灭思虑意见，进而质疑既定的善恶标准，成为阳明后学的观点。李贽在《童心说》中极力发扬至善心体、自然天则与既定权威、格套、规则的不可共存，心体不着于有、无，没有方所，个体绝不可执一不化，故言《六经》《语》《孟》“方难定执，是岂可遽以为万世之至论乎？”[②] 若取消故有标准，就文体而言，则“无一样创制体格文字而非文也”，各种文体从通俗的词曲小说到典雅的馆阁大记，只要表达了童心真见，便并无所谓高下之分。“诗何必古《选》，文何必先秦，降而为六朝，变而为近体，又变而为传奇，变而为院本，为杂剧，为《西厢曲》，为《水浒传》，为今之举子业，皆古今至文，不可得而时势先后论也。故吾因是而有感于童心者之自文也，更说什么六经，更说什么《语》《孟》乎！”[③] 李贽将时文、戏曲、小说与圣人经典相并列，从而明确表达了这样一个观点：只要文章由衷，是真诚的，则不应以外在既定

---

① （明）李贽：《焚书》，中华书局1975年版，第99页。

② 同上。

③ 同上。

的文体优劣观来强作分别。这一观念，客观上为戏曲的流行作了文体上的论证。虽然文体代降的观点，在李贽之前便屡有学者论及，但是之前学者多将戏曲置于《诗经》至唐诗宋词的诗歌系统之中，李贽则以极端的口气强调：若都是“童心之自文”，则戏曲与圣贤经典之间没有优劣的区分。

袁宏道更进一步指出，里巷小曲为愚夫愚妇无心模仿前人的自歌，是他们喜怒哀乐与嗜好情欲的直接表现，展现了真实的人情物理，因而真切感人：“今之诗文不传矣，其万一传者，或今闾阎妇人孺子所唱《擘破玉》《打草竿》之类，犹是无闻无识真人所为，故多真声，不效颦于汉魏，不学步于盛唐，任性而发，尚能通于人之喜怒哀乐嗜好情欲，是可喜也。”[①] 天下皆假，而词曲能展示世人的七情六欲之真，因而有可取之处，这一特点首先便超越了没有己见、迷失个体之真的诗文。这一观念，给戏曲作了舆论导向，也对戏曲展现人情物理作了肯定。将李贽视为“异端之尤”的王骥德，同样从“渐近人情”的角度，肯定了戏曲的优越性。

李贽赞美《西厢记》为造化无工的化工之文，正是因为《西厢记》如实展示了人情物理。与宋儒对人欲的消极态度不同，李贽认为人欲亦是人性的一部分。《西厢记》的作者没有扭捏作态，真实袒露了青年男女的大欲，莺莺与张生的情欲发自本心，莺莺出于礼法的犹疑，同样发自本心，剧作者展示了情欲与礼法在人心中的本然存在，在行为上的自然流露，不曾以善恶标准扭曲人物，所谓“自然发于情性，自然止于礼义”，因而深得李贽的激赏。李贽的率性之真，包含基本的男女之大欲，拘泥于道德规范遮掩内心欲望，这种“假”本身

① （明）袁宏道：《袁宏道集笺校》，钱伯城笺校，上海古籍出版社1981年版，第750页。

便是不善的，正如他批点《水浒传》中好色的王矮虎曰："王矮虎还是个性之的圣人，实是好色却不遮掩，即在性命相并之地，只是率其性耳。若是道学先生，便有无数藏头盖尾的所在，口夷行跖的光景。"①

值得一提的是，对"真"的极端推崇，使李贽在评点戏曲时，往往不能接受人物"心口不一"的复杂性与多面性。尤其是当剧中人口出封建伦理之类的言辞时，便会被斥为"道学先生"，如《西厢记》中红娘一开始斥责张生不该随便探问莺莺情况时，李贽评为"道学先生也，红娘也；红娘也，道学先生也"。然试想若红娘对张生的发问欣然作答，亦绝不符合人物的个性。红娘后来固然为张生与莺莺的情缘奔走效劳，但这不代表她一开始的训斥张生是虚伪的表现；即使红娘心中此时并不反感张生的"多情"，但训斥张生依然是相国青衣必然的言行。李贽主张世人要么袒露迩言之真，要么真善合一，因此，他不能认同人物的伪饰行为，然而由于人性的微妙，言行伪饰与个性真实往往如镜子的两面，是相互依托的。在晚明爱情剧中，剧作者往往以直抒男性的欲望之真为洒脱真诚的表现，人物缺少层次性，这与李贽对"真"的强调不无关系。

其次，李贽批评戏曲，并不否定剧作者在戏曲中表达的真诚的伦理道德情感。他评价《昆仑奴》时强调"自古忠臣孝子，义夫节妇，同一侠耳"；肯定《拜月》可与《西厢记》相媲美，认为《拜月》"自当与天地相终始，有此世界，即离不得此传奇"，正是因为《拜月》抒发了人性中本有的伦理道德情感，可以"使人有兄兄妹妹，义夫节妇之思"；肯定《红拂》可以起到兴观群怨的儒家诗教效果……

① 厦门大学历史系编：《李贽研究参考资料》（第三辑），福建人民出版社1976年版，第81页。

王阳明相似的是，李贽主要是从戏曲有助世教的角度，肯定“今之乐犹古之乐”。但令人遗憾的是，与士人误读李贽相应的是，晚明剧作家并不关注李贽对戏曲世教功能的肯定。

晚明戏曲最关注的，依然是李贽思想中肯定情欲、性情之真的一面，片面吸取了李贽关于至善无善的思想。

本来，李贽以无善无恶的思想为出发点，所持的标准较为宽泛，既不摒弃善恶伦理，同时又超越伦理道德。学人不以个人好恶对“诲淫”之作进行去取，尤其是来自当下生活中个体感应之际的“真”，得到文人的重视。袁小修谈《金瓶梅》可视为一佐证：“今日偶见此书，诸处与昔无大异，稍有增加耳。大都此等书，是天地间一种闲花野草，即不可无，然过为尊荣，可以不必。往晤董太史思白，共说诸小说之佳者，思白曰：‘近有一小说，名《金瓶梅》，极佳。’予私识之。后从中郎真州，见此书之半，大约模写儿女情态具备……琐碎中有无限烟波，亦非慧人不能。追忆思白言及此书曰：‘决当焚之。’以今思之，不必焚，不必崇，听之而已。焚之亦自有存之者，非人之力所能消除。”① 但李贽对人欲的肯定，与一体之仁、因性牖民等儒家观点相联系；而无善无恶的观念，并未曾将伦理道德与人欲之存在视为对立关系，人性并不是划一的，就个体而言是多面的，就群体而言是多样的。所谓“夫人本至活也，故其善为至善，而其德为明德也。至善者，无善无不善之谓也。惟无善无不善，乃为至善；惟无可无不可，始为当可耳。若执一定之说，持刊定死本，而欲印行以通天下后世，是执一也。执一便是害道”②。只要稍阅李贽评点的《水浒传》，就不难发现，李贽从不曾主张废弃伦理道德，反而时时对不合伦理道

① （明）袁小修：《游居杮录》，刘如溪点评，青岛出版社2005年版，第194页。

② （明）李贽：《藏书》，社会科学文献出版社2000年版，第598页。

德的言行不一者、拘泥于伦理道德的谨小无用者耿耿于怀。“算来外面模样，看不得人，济不得事，此假道学之所以可恶也欤。”[①]“假道学所以可恶、可恨、可杀、可剐，正为忒似圣人模样耳。”[②] 在实践层面，他对伦理与法纪给予了相当的重视。朱仝放走宋江，李贽批评曰：“好个都头，只管做自家人情，都做了人情，如王法何？”“朱仝、雷横、柴进不顾王法，只顾人情，所以到底做了强盗，若张文远倒是执法的，还是个良民。”[③] 在男女两性问题上，李贽的确对《西厢记》赞誉有加，却也认为莺莺在礼法上不如《拜月亭》中的王瑞兰。王瑞兰在逃乱中还心存礼法，令人叹服；与张生私自结合的崔莺莺，亦反映了真实的人情，因而崔张是天地间本有的一等可喜之人。李贽在伦理道德上不拘执于具象的善，但是并不违背“至善”，而个人情感的介入，使他有时斤斤计较于纲常大义，有时又油然而生不忍之仁念。他不赞同红颜祸水论，但更钦佩武松能谨守伦理道德，拒绝潘金莲的诱惑，并最终在孝悌的真实冲动下，将“淫妇奸夫”枭首，且行为上“动容周旋中礼”，“从容次第、有条有理”地证明了潘金莲的罪行后方才动手。然而，武松血溅鸳鸯楼、为泄愤而滥杀，李贽亦评曰“恶”“只合杀三个正身，其余都是多杀的”[④]。宋江为赚秦明入伙，用计杀了秦明一家，李贽评曰：“宋公明此等事都恶毒，如何信得他？”[⑤] 对于谆谆告诫宋江不可不忠不孝的宋父，李贽认为是“贤父”。可以说，忠孝大义，绝非李贽所愿反对的，他往往不满于水浒英雄“只是要人做强盗”，亦往往从水浒英雄身上读出不计利害、以

① 厦门大学历史系编：《李贽研究资料参考》（第三辑），福建人民出版社 1976 年版，第 19 页。

② 同上书，第 21—22 页。

③ 同上。

④ 同上书，第 55 页。

⑤ 同上书，第 61 页。

身殉道的意味："燕青救主已自难得。今之食君禄而不能为其主者，既不堪做奴。若石家三郎，固然拼命，乃竟以孤身从法场上救取卢生，非忠义包身、胆智双绝，何以有此哉！如两君者，真卓老所愿百拜为师者也。夫依徊顾盼、算利算害，即做天官，何能博李卓老一盼乎！"[①] 忠义行为出于不计利害的第一念，纯真无伪，率性而纯善，是李贽推许的道德水准，这与他对无善无恶之至善的阐释相契合。值得一提的是，李贽的"率性"中承认基本的人欲，但是他并不认为伦理道德是人本于自私自利而为的行动，而是认为伦理道德与人欲皆是人性中所有的真实存在，可见，李贽对人欲的肯定与自然人性论有不容抹杀的区别。这有助于我们理解，何以李贽在戏曲评论中，一方面高度评价《西厢记》一类"淫词艳曲"，另一方面又充分肯定《拜月》合乎封建伦理道德，关键在于《西厢记》的男女之情、《拜月》的伦理之情皆出乎人性之真实自然，故而真诚无伪。相形之下，《琵琶记》由于刻意求工、宣扬伦理道德的意图，则被李贽视为流入第二义的作品。因此，李贽的戏曲评论，既肯定风教，也肯定风情。张生跳墙赴约，遭莺莺怒斥，李贽总评："此时若便成交，则张非才子，莺非佳人，是一对淫乱之人了，与红何异？有此一阻，写尽两人光景。莺之娇态，张之怯状，千古如见。何物文人技至此乎？"[②] 李贽至善无善思想对晚明士人的积极影响，大概集中表现在晚明的水浒戏上：李贽反感士大夫的言行不一，好高自许，远离百姓人情，这种批评意识集中表现在对《水浒传》的评点中。这激发了文人的胆识，使他们敢于不满权威，敢于放言指责不合理的社会现象，李贽对于《水浒传》的评

---

① 厦门大学历史系编：《李贽研究资料参考》（第三辑），福建人民出版社 1976 年版，第 102 页。

② 张建业主编：《李贽全集注 · 小说戏曲评语批语摘编》，社会科学文献出版社 2010 年版，第 631 页。

论，其影响之大波及戏曲，晚明水浒戏的主题基本上都采纳了李贽的思想观点。

但是，晚明士人在戏曲创作中大都更关注李贽肯定人欲之合理性、肯定情性之真、放松礼法束缚的一面。至善无善的思想，使李贽强调个体在体悟大道中须有真见，不可依循故有权威、道德标准轻易对世间人事作取舍与裁决。李贽发挥明道不除庭草的意思，从而推出超越善恶的审美境界。在关注百姓日用的人情物理的基础上，李贽肯定物欲的追求亦是人性的组成部分，对于士人来说，适度的欲望与独特的个性，如天地之闲花异草，只要不损害伦理大道，便可并育而不相害。正如龙溪所言："君子处世，贵于有容，不可太生拣择。天有昼夜，地有险易，人有君子小人，物有麒麟凤凰、虎狼蛇蝎。不如是，无以成并生之功。只如一身，清浊并蕴。若洗肠涤胃，尽去浊秽，只留清虚，便非生理。"① 事实上，就晚明社会而言，以善类自居的士人，轻易以"小人"冠以他人，往往会激成党争，不仅不能驾驭小人使人尽其用，更与朝政大事无补，造成国家元气的无谓消耗。无善无恶之说，确有混淆君子小人的嫌疑，但是无善无恶强调与愚夫愚妇同德，不可好名自高、强要人同，亦有消弭善恶二分之惯性思维的作用，从而引申出对天地间本有之人物、情性的宽容。李贽一再强调，士人的个性具有多样性，强行使士人的个性整齐划一，本非明智之举，更不符合儒家万物并育而不相害的主张。"莫不有情，莫不有性，而可以一律求之哉！"② 正如袁宏道所言："余观古今士君子，如相如窃卓，方朔俳优，中郎醉龙，阮籍母丧酒肉不绝口，若此类者，皆世之所谓放达人也；又如御前数马，省中闼

① 吴震编校：《王畿集》，凤凰出版社2007年版，第60页。

② （明）李贽：《焚书》，中华书局1975年版，第133页。

树，不冠入厕，自以为罪，若此类考，皆世之所谓慎密人也。两种若冰炭不相入，吾辈宜何居？袁子曰：‘两者不相肖也，亦不相笑也，各任其性耳。性之所安，殆不可强，率性而行，是谓真人。’今若强放达者而为慎密，强慎密者而为放达，续凫足，断鹤胫，不亦大可叹哉！”①

当李贽进入有书商染指的通俗文化、商业领域时，李贽对肯定人欲、肯定情性之真的一面被片面地放大，值得强调的是，将晚明一些小说戏曲中出现的人欲泛滥归因于李贽这一“异端”可能并不妥当，因为我们不应忘记的是，人欲的汹涌澎湃是人的本能之一，且总在寻找决堤而出的机会，毕竟，晚明通俗文学中以男女之情为中心的“人欲”在《诗经》里就已经出现过，只是描述得不够穷形尽相而已。因此，毫不意外的是，在晚明通俗文化领域，李贽由肯定人欲、人情而达乎保育万民的士大夫情怀被人为地掩盖了。一个明显的例子是，他的形象在晚明书商渔利的动机下被大大歪曲。《〈广谐史〉凡例》曰：“时尚批点，以便初学观览，非大方体，且或称卓吾，或称中郎，无论真伪，反惑人真解。”② 书商在托名卓吾时，为满足读者的猎奇心理，往往会通过对李贽生平有选择性的叙述，以夸张乃至虚构的手法创造出一个谑浪不羁的李贽。李贽门人汪本钶说：“（卓吾）一死而书益传，名益重……渐至今日，坊间一切戏剧淫谑刻本批点，动曰卓吾先生。”③ 可见，当时书商在刻意强化着李贽蔑视名教、放浪形骸的一面，这对李贽未必公平，不过也说明，戏曲从李贽处接受的影响，有倾向于“淫谑”一面。顾炎武

---

① 立人编校：《袁中郎随笔》，作家出版社 1995 年版，第 69 页。

② 杜云编：《明清小说序跋选》，广西人民出版社 1989 年版，第 43 页。

③ （明）汪本钶：《续刻李氏书序》，李贽《焚书　续焚书》，社会科学文献出版社 2000 年版，第 3 页。

明言，“自古以来，小人之无忌惮而敢于叛圣人者，莫甚于李贽”[①]。他采用了张问达弹劾李贽的言辞为证：“尤可恨者，寄居麻城，肆行不简，与无良辈游庵院，挟妓女，白昼同浴，勾引士人妻女入庵讲法，至有携衾枕而宿者，一境如狂。又作《观音问》一书，所谓观音者，皆士人妻女也，后生小子喜其猖狂放肆，相率煽惑，至于明劫人财，强搂人妇，同于禽兽，而不之恤。”[②] 张问达对李贽的攻击，沈德符早已指明不实，“温陵李卓吾……流寓麻城，与余友邱长孺一见莫逆，因共彼中士女谈道，刻有《观音问》等书，忌者遂以帏簿疑之。然此老狷性如铁，不足污也”[③]。然而张问达的奏疏恰显示，李贽的偏激言论容易使人“疑之”，焦竑亦认为李贽的言论有不无过激之处，虽然他坚持李贽之言“有关理性”。在与李贽熟稔的文人那里，褒扬是他们对李贽的基本态度；但是在与李贽没有直接交往的士人处，批评乃至诽谤日渐成为他们对李贽的主要态度。即使理学修养较深的士大夫，亦难免对李贽颇多人云亦云的偏见，“近时闽李贽先仕宦，至太守，而后削发为僧，又不居山寺，而遨游四方以干权贵，人多畏其口而善待之。拥传出入，髡首坐肩舆，张黄盖，前后呵殿。……此亦近于人妖者矣”[④]。谢肇淛在《五杂俎》中有不少大胆新奇超过李贽的创论，但他误认为李贽只是一以讹财为目的的无赖妖僧。可见，晚明一些文人以讹传讹，往往在没有阅读李贽著作的前提下，便认为李贽是色厉内荏、贪生怕死的张皇之徒，认为他有刻意迎合、怂恿人心危殆的一面：“往李卓吾讲心学于白门，全以当下自然指点后学，说个个人都是见见成成的

① 黄汝成集释：《日知录集释》，上海古籍出版社2006年版，第1070页。
② 同上书，第1069—1070页。
③ （明）沈德符：《万历野获编》，中华书局1959年版，第691页。
④ （明）谢肇淛：《五杂俎》，上海书店出版社2001年版，第163页。

圣人，才学便多了。闻有忠节孝义之人，却云都是做出来的，本体原无此忠节孝义。学人喜其便利，趋之若狂，不知误了多少人。后至春明门外，被人论了，才去拿他，便手忙脚乱，没奈何，却一刀自刎。"[①] 等而下之，"后生小子"更难领会李贽的真意，他们将人欲与真、道德伦理与伪之间画上简单的等号，为放纵情欲、猖狂自恣寻得理由。的确，情欲的放纵，在晚明文人中并非罕事，而很多放纵私欲的士人都以性情之真为旗帜。虽然李贽肯定人欲之真本不是为放纵人欲寻找理由，但他对道学先生的抨击，对无善无恶的推进，使他足以成为后来学人批评的箭垛："李卓吾倡为异说，破除名行，楚人从者甚众，风习为之一变。刘元卿问于先生曰：'何近日从卓吾者之多也？'曰：'人心谁不欲为圣贤，顾无奈圣贤碍手耳。今渠谓酒色财气，一切不碍，菩提路有此便宜事，谁不从之？'"[②] 虽然笔者认为李贽所持并非自然人性论，但如果现实中人性本就有自私纵欲的可能，则李贽的言论可能会为道心不坚的士人打开纵欲的方便之门，因此，后来士人对李贽的批评亦在一定程度上反映了李贽对时人的影响所在。结言之，后人有误读李贽而步入放纵欲望的可能，这对戏曲创作产生的不利影响，即笔者在下节要讨论的情欲审美化。我们会看到，在情欲泛滥的最后，剧本中基本的伦理道德已因失去说服力而缺位，剧作者仿佛跌入茫茫虚空，戏曲创作的艺术水准不仅不能有所进步，反而有所降低。

---

① （清）黄宗羲：《明儒学案》，沈芝盈点校，中华书局1985年版，第1475页。

② 同上书，第347页。

第四节　情欲的审美化与泛滥

沿袭先秦儒家的观点，李贽肯定人欲当为人性固有的部分，其本意在主张执政者顺应人情、因性牖民。然而他反复强调的迩言之真、人情之真，在传播中不可避免发生蜕变，在进入文学表现后，这一蜕变更为明显。袁宏道往往直接袒露自己在欲望面前的无力，甚至无意中夸大这种“欲望之真”以收得审美效果。“真”在心学语境中，本指作为个体本来面目的至善本心，与之相关，个体一己的私欲与情识被认为不符合本心的伪与妄。经由李贽的推进，“真”除却道德层面的价值，更具有审美价值，“夫沈之画，祝之字，今也；然有伪为吴兴之笔、永和之书者。不敢与之论高下矣。宣之陶，方之金，今也；然有伪为古钟鼎及哥、柴等窑者，不得与之论轻重矣。何则？贵其真也”①。而直言对富贵、名利的渴望，因能避开“假道学”之嫌，反而获得一种吊诡的审美价值。“孔子曰：‘富而可求也，虽执鞭之士，吾亦为之。’又曰：‘爵禄可辞也，白刃可蹈也。’将知爱富贵如此之急，而辞爵禄如此之难，弟亦何人，欲作孔子以上人耶？”②

经过晚明文人直陈物欲之渴望以求得审美化的“真”，李贽的“欲”逐渐转为士大夫释放自我情欲的借口，为士大夫坐拥数美的渴望提供了人性上的根据。这不能不说是李贽的悲哀。兼含人欲之真与至善之真的“真”，蜕变为个人欲望的如实诉求；由对他人欲望的肯

---

① 立人编校：《袁中郎随笔》，作家出版社 1995 年版，第 164 页。

② 同上书，第 146 页。

定，蜕变为辩护自我欲望的振振之词。与其对个人欲望遮遮掩掩，不如真实地袒露个人的欲望，而人欲的发自自然，莫过于男女之大欲。情欲因其来得率易而被等同于“最初一念”，爱情剧因而在写男女之情时，反复强调男女情欲的真实、至诚，反之，对这一欲望的遮掩会被认为虚伪不情。卫泳《悦容编》云：“诚意如好好色，好色不诚，是为自欺者开一便门矣。且好色何伤乎？尧舜之子，未有妹喜妲已，其失天下也先于桀纣。吴亡越亦亡，夫差却便宜一个西子。文园令家徒四壁，琴挑卓女而才名不减。郭汾阳穷奢极欲，姬妾满前，而朝廷倚重。安问好色哉？”[①] 李渔曰：“古之大贤择言而发，其所以不拂人情，而数为是论者，以惟所原有，不能强之使无耳。……我有美妻美妾而我好之，是吾性中所有，圣人复起，亦得我心之同然，非失德也。”“人处得为之地，不买一二姬妾自娱，是素富贵而行乎贫贱矣。王道本乎人情，焉用此矫情矫俭者为哉？”[②] 在晚明文人看来，男性对女色的爱好与适度占有，符合人性之本来。王季重曰：“诗三百，皆性也，而后儒增塑一字曰：诗以道性情。不知情即性之所出也。性之初，于食色原近，告子曰：‘食色，性也。’其理甚直，而子舆氏出而讼之，遂令覆盆千载，此人世间一大冤狱也。”[③] 因此，士大夫爱慕女色的行为，便无可厚非、无伤大雅。谢肇淛在《〈金瓶梅〉跋》中曰：“有嗤余诲淫者，余不敢知。然溱洧之音，圣人不删，则亦中郎帐中必不可无之物也。”[④] 冯梦龙汲汲于以通俗小说、戏曲行教化，但是早年与青楼女子相狎的他亦曰：“红颜殢人，贤者不免，以此裁士，

---

① （明）卫泳：《悦容编》，人民文学出版社1992年版，第76页。

② （清）李渔：《闲情偶寄》，华夏出版社2006年版，第123页。

③ （明）王季重：《王季重小品》，李鸣选注，文化艺术出版社1996年版，第176页。

④ 杜云编：《明清小说序跋选》，广西人民出版社1989年版，第46页。

士之能全者少矣。”[①] 这里需要强调的是，肯定色欲乃是针对男性而言，女性被排除在外。结言之，对于男性而言，他与他的附属品——女性之间的关系，并不应成为衡量其德行的决定因素。也就是说，男性爱慕美色，并非伤风败俗之事。

受晚明士人肯定色欲的影响，戏曲创作纵笔宣泄男性之欲望，视其为真性情的洒脱；然而令人遗憾的是，男性欲望之真的抒发，实则强化了男尊女卑基础上的男权思想，使晚明戏曲中两性之情日渐失去感动人心的力量。范文若推崇汤显祖，但他的《梦花酣》若绳以今人眼光，其思想性远不如《牡丹亭》，剧作者极力夸张男主角的多情，以致显得矫揉造作，实则纯为男性色欲主导下的放浪。然而，评者郑元勋错以风流纵欲为多情洒脱，认为《梦花酣》中坐拥双美的男主人公萧斗南要远比柳梦梅风流多情：“余尝恨柳梦梅气酸性木，大非丽娘敌手；又不能消受春香侍儿，不合判入花丛绣簿。”[②] 将男性的窃玉偷香视为风流潇洒、不拘小节、富有胆识的名士行为、豪侠做派，张琦的几部剧作可视为代表。《灵犀锦》中，得高僧传授五遁法的张善相只因一浪荡子偷窥未婚妻段小姐，便怒打浪荡子，后更将浪荡子前来寻衅的仆人踹死。既而遁入未婚妻家中，向段小姐的贴身丫鬟瘦红求欢。面对满脑子色欲的张善相，瘦红为其“情切”打动，欣然允许。瘦红更设计将小姐骗至花园，为张善相诱奸段小姐提供机会。在张善相看来，“若论钻穴逾墙，是读书人偷香的本等”。段小姐义正词严的拒绝，被他视为“假惺惺”的矫揉造作。《金钿盒》中，翰林承旨权次卿偶得一金钿盒的一半，本是白氏与兄弟相别时，相约为儿女

① （明）冯梦龙：《智囊全集》，中国文史出版社2003年版，第19页。

② （明）郑元勋：《梦花酣题词》，范文若《梦花酣》（上卷），商务印书馆1955年版，第1页。

婚姻的信物。权次卿告假娶亲的途中，偶见一绝色佳人，正是白氏之女徐妫英。权次卿竟冒名顶替为白氏的侄儿，从而入住白家，时时觊觎妫英。后欲求妫英婶母开口提亲，舟中偶遇婶母之女妫秀。见妫秀颇有姿色，权次卿神魂飘荡，竟趁其母上岸之际对其横加调戏。后妫英被匪徒劫持而去，白氏顾及家声，推称女儿已死。权次卿的反应不是悲痛难忍，而是旋即打起妫秀的主意："难道空叫她儿时姑娘，金盒终成画饼？前日见的那小女子，也有姿色，赚得此女为妾，也不虚此金盒。"[①] 虽然妫英曾察觉妫秀与权次卿间颇为暧昧，并慷慨允诺自己完婚后也会替堂妹玉成与权次卿的姻缘，但是妫秀并不为堂姐的失踪心急如焚，而是感觉有机可乘："奴家自见白家哥哥，不觉动情，舟中把姐姐汗巾，遗落与他，却被姐姐消遣一场。如今姐姐不知去向，母亲只说她死了。这段姻缘或者在我，也未可知。"[②] 于是谎托为妫英的鬼魂，夤夜前去勾引权次卿。权次卿初听说是鬼，避之不及，及至月光下见了妫秀姿色，又惹动"春兴"，与之私合。白氏前来看望"侄儿"，惊散二人，权次卿又谎称妫英托梦令自己与妫秀完婚。后匪徒被破，不肯从贼为乱的妫英得以安然归来，白氏妯娌争执不休，皆要以己女配与"白家哥哥"，权次卿道："孩儿吃亏都娶了。"白氏妯娌亦无异议。拜堂之时，同年卑士安前来，骗局被揭穿，二人皆对"一骗骗了两个"的"好手段"洋洋自得。整个剧本的情节热闹有趣，但是文人自命风流、以色欲为多情的倾向却也表露无遗。在叶宪祖的《四艳记》中"丹桂金钿"与《金钿记》取材于同一故事，但作者削去了权次卿与妫秀的情感纠缠，使权次卿渔色的特征不那么明显。

---

① （明）西湖居士：《金钿盒传奇》（下卷），商务印书馆1955年版，第36页。

② 同上。

玩花主人的《妆楼记》演述陈宜中与周意娘的爱情故事，陈宜中爱慕意娘美貌，“普救寺莺莺重面，张君瑞便疯癫”。但是作者写陈宜中与意娘的爱情，却掺入了太多男性的欲望。意娘丫鬟春梅，要求委身于陈宜中，作为成全陈宜中与意娘情事的条件。陈宜中欣然应允，与春梅露天野合后，立刻求与意娘相会，春梅亦怂恿：“趁我进去取茶，你可放胆走进帘去搂住小姐，如此如此。”几乎是帮助陈宜中诱奸意娘。作者对男女之情的描写力仿《西厢》的风流，可惜情感的炽热不及《西厢》，欲望的放纵与态度的轻佻却大大过之。即使几经磨难，陈宜中与意娘成亲当日，在书房见到春梅，见春梅出落得楚楚动人，又求欢于春梅，将当晚的成亲之期抛之脑后，倒是春梅觉得不妥：“昔日你是个白面书生，任尔偷香窃玉，今日做了紫衣贵客，不宜乱步胡为。况且今夜又是新郎，不可如此。”陈宜中答曰：“俗语云，迎新不如送旧，新婚不若远归，乞念客边，以速为妙。”① 轻佻薄情一至于此。晚明文人眼中，大致夫妇之情正、风流之情狎。虽然陈宜中是一位重节义、斥权奸的官员，却毫不妨碍他在两性关系上的“多情”纵欲，他可谓毫不遮掩自己“好好色”的本性之真。而封建官员的身份，更使男性在两性关系上享有不必专一的特权，专一难逃迂腐或者惧内的指责，滥情却能赢得少年风流、洒落豪侠的美誉。因此，我们不难发现，就男女情爱而言，男主人公的“解放”往往是“风流”甚至放浪的同义词。无怪乎金圣叹曾一针见血地指出晚明文人在纵欲与多情间的混乱：“我见今填词之家，其于生旦出场第一折中，类皆肆然早作狂荡无礼之言，生必为狂且，旦必为倡女，夫然后愉快于心，以为情之所钟在于我辈也。”②

---

① （明）玩花主人：《妆楼记》（下卷），商务印书馆1955年版，第45页。

② （清）金圣叹：《金圣叹评点〈西厢记〉》，上海古籍出版社2008年版，第3页。

再以冠名钟惺、谭友夏评点的《绾春园》为例，杨钰在威远伯阮翀家之绾春园偶然邂逅暂居此处的崔倩云，为其绝世之姿而惊心荡魄。崔倩云亦对杨钰有情，将自己题诗的、系有玉坠的手帕遗落在地，希望有朝一日得成眷属。不料崔倩云父母进香之后，携倩云匆匆上京。杨钰则误以为阮翀之妹阮蒨筠即邂逅的女子。后阮翀被全家抄斩，阮蒨筠不知去向。杨钰为此患相思病三年，春试时偶然得知蒨筠死里逃生且被阮翀寻回京城，喜不自禁，二人联成秦晋。洞房之夜，杨钰方知此蒨筠非彼倩云，竟掩面哭泣，“我那倩云小姐啊”，大概作者觉得非此不显杨钰情深，然过而不及，颇嫌做作。不过二人还是成夫妻之礼，且蒨筠愿让倩云居长。后蒨筠兄妹和杨钰至杭州四处寻访倩云，但崔家人去楼空。蒨筠劝慰丈夫道：“她生存不过人间等，只要你自心着紧。”评者曰：“阮小姐口便这等说，一定巴不得寻不见崔倩云的，不然何兄妹都是这一派冷话。”本来杨钰新婚之后，一心要寻找一位只有一面之缘的女子，已属放诞无稽。然而评者大概认为，杨钰作为风流文人，同时拥有两位女子，并不过分；蒨筠兄妹若有忌妒阻碍之意，便不合乎礼法，不符合正面人物的标准。寻访无果，杨钰一家返回扬州，意外得知倩云竟已先在绾春园，杨钰大喜过望，但担心对倩云说自己已婚会使其不悦，又担心蒨筠不悦。倒是蒨筠大度，“休得要疑奴有别言，将心更变，旧日情缘，大家都晓根源”。评者又曰：“说话都不斩截，只是个酸字浸满在肚了。”杨钰担心崔夫人不允，阮翀遂主动去提亲，杨钰还嘱托妻兄阮翀隐瞒自己已婚的事实，阮翀亦欣然答应。评者却无端斥责道：“阮蒨筠是假好人，孟尼姑是真呆子。然有心做了好人，何苦装出这许多醋意。”作者、评者在多情的帷幕之下，无限放大男性一己的情欲，因而对女性的“贤惠”极为苛刻。可见，晚明剧本中的男女自由恋爱、“人欲解放”，其

底色也许是我们难以接受的残忍、自私的封建男权意识。剧本以杨钰与崔小姐、阮小姐的婚姻结尾，崔阮惺惺相惜，不分大小，和睦相处。剧本一再以痴情赞许杨钰，然而在看到他坐拥娇妻美妾、功名姻缘两得意后，当今观者难免“意难平”。再以描写韩晋公（唐代韩滉）与妓女谢娟娘、李远娘之情事的《芙蓉影》为例，韩晋公偶睹鹃娘美貌，一见钟情，狎于鹃娘。鹃娘遂发誓再不留客，为韩晋公守节。面对富豪牛八的威逼利诱，鹃娘坚决不肯“失身”，遂被牛八设计关于家中，鹃娘宁可一死也不肯失身。而此时韩晋公得好友杜浩相赠妓女李远娘，虽记挂鹃娘，却依然与李远娘相伴半年，只因感于远娘的情意。

即使就《情邮记》这样一部以步武《牡丹亭》、描摹至情而自许的剧作来看，男性以个人欲望代替多情的倾向依然不容乐观。剧本叙述刘乾初于驿壁题诗一首，后紫萧与慧娘路过，因缘巧合，先后各题半首凑成一首和诗。紫萧本为慧娘侍婢，因王仁为巴结阿乃颜，但又舍不得亲生女儿，遂将精通文墨、姿色出众的紫萧冒认为女儿，献了出去。刘乾初先以为和诗的只是紫萧一人，奋勇追赶紫萧的马车，不顾危险以图与其有一面之缘。此处的确是一多情才子形象。然而一旦夙愿得偿，刘乾初便思慕起另一题诗女子慧娘，与紫萧新婚之际，即要求紫萧答应自己得到慧娘。虽知慧娘有才，却坚持要求与慧娘一见，以确定慧娘具有不世之容。可见多情的表面之下，用情不专、风流成性才是事实。及至刘乾初与慧娘成亲，本为侍婢的紫萧慨然让出正妻之位，虽然她在王仁一家最困难的时候舍身代主，但刘乾初对此并无异议。晚明的男女之情，看似有自由择配的一面，但是封建的等级、身份、婚姻制度从来不曾受到质的冲击。以风流自命的主人公，更以能坐拥娇妻美妾、妻妾和谐相处而沾沾自喜。真正能秉持良知与仁心，写出《牡丹亭》《娇红记》一类作品的剧作家并不多，男性的欲望、对尊卑的自觉捍卫，依然与“情”同行，甚至成为“重情”的动因。

除去将男性的色欲误以为性情之真，晚明剧作家受李贽对才、胆、识的肯定，往往以侠、胆、识为名，肯定青年男女私自结合、轻慢父母之命的行为。李贽对《红拂记》中红拂夜奔李靖、自完终身的行为，颇为赞许，认为红拂有女侠之风。这种以蔑视常格的侠推许慧眼识才、自订终身之女性的写法，亦对晚明爱情剧颇有影响。

《凤求凰》演述司马相如与卓文君之事，卓文君“豪侠无双”，一眼识破司马相如将留名万世，因而有意：“似我空负了满腔侠气，绝代容仪，非择旷古才人如司马长卿者，以为依归，则名随身尽，千载而下，谁复知有文君者?”[①] 夜奔相如时，文君心怀疑虑，丫鬟紫玉坦言既然志寄千秋，自不必“效龌龊女子，拘牵常格”。文君亦不忘向相如申明：“妾此行，实非感于丽情，徒慕君之雄藻。不待六礼而成，迹类奔鹑，仰托千秋以传，情深附凤，幸君子于皮貌之外相之。”[②]《二奇缘》中，杨维聪与入京赶考举子，被无赖小乙诱入被凶僧悟石把持的寺庙，同行举子几乎尽被杀害，杨维聪侥幸逃出，却又误扣小乙家门，小乙母亲谎称沽酒前去寺庙报信，其女淑儿心生不忍，以实情相告，并赠以盘缠，让杨维聪将自己绑在柱子上，放其逃走。杨维聪钦慕淑儿智勇多情，与淑儿订下婚姻之约，淑儿慷慨允诺。悟石谋反，想霸占淑儿，淑儿又女扮男装，全身而逃，终于得与杨维聪夫妇团圆。淑儿之母曾劝淑儿倚门卖俏，以便补贴家用，淑儿

① （明）湛慧居士：《评点凤求凰》（上卷），商务印书馆1955年版，第15页。
② 同上书，第20页。

严词拒绝："儿闻卓氏情挑，为千秋遗臭。"① 评者亦不觉淑儿的私订终身有违礼法，而是肯定她身为女流，能识书生于困投、伪帝于方盛，且能改装自保，可谓"侠女"。叶宪祖《四艳记》中"素梅玉蟾"叙述凤来仪与杨素梅的爱情故事。杨素梅应允了凤来仪欲谐欢好的恳求，理由是："奴想贞姬守节，侠女怜才，两者俱贤，各行其志。"② 侠女有才有识有胆，因而文人认为并不适合单纯用礼法去要求与束缚、评价她们。张琦《诗赋盟》中，骆俊英与于如玉都雅好文墨，一见钟情。于母见骆俊英人物俊雅，便收下骆父聘礼，玉成二人。不料于父有意虞世南之子虞基，亦许下婚姻。如玉父母一女嫁两家，二人各执己见，不肯退步。如玉郁郁而病，约骆俊英于花园私会，因后缘难料，骆俊英欲与如玉私合，如玉答曰："妾岂庸俗女子，假惺惺不通权变者，自分生死为君之妇，即一宿不为淫冶。"③ 李贽对于才、胆、识的标榜，为青年男女提供了私自结合、违背礼法的勇气和信心。

不过，尤其需要指出的是，戏曲对男女之大欲的肯定，一个不良后果是，部分剧作家混淆了情与欲的区别，"真"成为第一位的评判标准，佳人与淫妇的人物塑造上失去了应有的差别。晚明剧作者在描写佳人与荡妇时，使用的词汇极为相似，她们的心理、行为几乎难以区分。唯一不同的是，佳人能恪守贞节，一旦不能保全名节则佳人等同于淫妇，成为可诛杀的对象。在《水浒传》中放荡、泼辣的女性，如潘金莲、阎婆惜等，在水浒戏中宛如佳人。窃玉偷香、私自结合与迎奸卖俏的区别，几乎渺不可辨。沈自晋现存的《翠屏山》改编自

---

① （明）许恒：《笔耒斋订定二奇缘传奇》（上卷），文学古籍刊行社 1956 年版，第 13 页。

② （明）叶宪祖：《素梅玉蟾》，《四艳记》，商务印书馆 1955 年版，第 4 页。

③ （明）西湖居士：《诗赋盟》（下卷），商务印书馆 1955 年版，第 24 页。

《水浒记》中石秀杀嫂的故事，小说中潘巧云是位巧言令色的荡妇，丈夫死后改嫁杨雄，随即又因杨雄公事繁忙、夜不归宿而寂寞难耐，与和尚一拍即合、勾搭成奸，又欲勾引石秀以封其口，未遂后又反咬一口，令杨雄、石秀兄弟反目。小说突出的是潘巧云的欲壑难填、恬不知耻，因而她最后被剜心也就罪有应得。但沈自晋笔下的潘巧云不乏佳人气质，因杨雄不会怜香惜玉而心生幽怨，以致与义兄海和尚做出不贞不洁的勾当。剧作者虽照搬水浒故事情节，但笔端隐隐有对潘巧云的怜惜。因此，杨雄与石秀杀死潘巧云以成就英雄之名的行为，便显得有几分滑稽。笔墨粗糙的戏曲作品《金瓶梅》，大体抄袭小说情节，但剧作者明显以《西厢记》等戏曲作品对照小说中不无芜秽色彩的偷情桥段。文君私奔相如、《西厢记》中的崔张私情，成了男女苟合的榜样与借口。瓶儿约西门庆私会曰："早趁西厢月未沉，记取文君一片心。"[①] 西门庆跳墙赴约，亦曰："你看好像张拱跳墙的丹青，且待我略试韩寿偷香的手段也。"[②]

晚明的戏曲创作中，相当一部分文人并不清楚也不注重纵欲与至情的界限。在男性一己欲望独白的戏曲作品中，剧作者在多情的外衣之下，强化了有利于男性的既有道德规范。男性的多情止于放荡行为的外在模仿，青年男女的情感缺乏打动人心的力量，作品的艺术感染力亦随之大打折扣。

---

① （清）郑小白：《金瓶梅》（上卷），文学古籍刊行社 1956 年版，第 37 页。

② 同上书，第 41 页。

第九章　指情为性：冯梦龙、孟称舜对明末情性观的呼应

明末刘宗周坚持气一元论，认为理为气之理。但在情性观上，刘宗周与晚明学者关注形而下有所区别，他将气一元论与性善论糅合在一起，指出情只有性之情，本然之情皆由仁义礼智而发。这一观点在吸取心学思想成果的基础上，重新关注既定伦理道德的价值，暗示了极为严格的道德标准。明末剧作家注重抒发忠孝节义之情，可视对明末情性观变化的共鸣。

第一节　明末情性观的调整

明末刘宗周依循心学力避支离的学术倾向，在总结心学理气观的基础上，对情性关系作了进一步推进。刘宗周对程朱将心与性、理与气视为二物，从而导致形上形下的断裂局面感到不满，直言“朱子以未发言性，仍是逃空堕幻之见。性者生而有之之理，无处无之”①。在

① （清）黄宗羲：《明儒学案》，沈芝盈点校，中华书局1985年版，第1524页。

刘宗周看来，如果学者按照宋儒理气的二元论倾向研习心性之学，可能产生误入佛禅的结果：“后儒专喜言形而上者，作推高一层之见，而于其所谓形而下者，忽即忽离，两无依据，转为释氏所借口，真开门而揖盗也。”[①] 因此，理并非独立于气之外的一物，而是由气而生。

与理气观相应，刘宗周对七情的态度比阳明更为积极：“人生一时离不得七情，七情即是良知之魄。”[②] 但刘宗周对晚明世风有着深切的忧虑与强烈的不满，“世人无日不在禽兽中生活，彼不自觉，不堪当道眼观，并不堪冷眼观。今以市井人观市井人，彼此不觉耳”[③]。他的学说，有着唤起世人道德自觉、内外兼修的用世意图。刘宗周对于良知说与朱子理学的优劣皆有清醒的认识，他反对程朱理学带来的僵化不情，但也反对阳明末流的无忌惮：“呜呼，学术之难言也。王守仁之言良知也，无善无恶其弊也必为老庄顽钝而无耻，顾宪成之学朱子也，善善而恶恶，其弊也必为申韩惨刻而不情。佛老之害得宪成而救，臣惧一变复为申韩自今日始。”[④] 当时龙溪后学陶石梁等认为识认本体即可代替工夫，致使性理之学脱离日用流为空谈，而刘宗周关注的是性理之学如何在学者的日用人情中一以贯之，因此他力避“性若踞于形骸之表”的理论缺陷，追求理论的圆融，发挥性、理对人心的主导功用，将心与理滚作一团：性不是个体依靠明察来识认的心外之物，不是言语与智识把捉的对象，性就是心之条理，个体觉与不觉，性都具足于个体之心，性就是心。刘宗周注重情感的功用，但因乎社会危机的激发，他汲汲于以心性之学挽救人心，因而注重在日用中就个体之情做工夫，强调性是情之本然。在刘宗周看来，本然之心、本

① （清）黄宗羲：《明儒学案》，沈芝盈点校，中华书局1985年版，第1562页。

② 同上书，第216页。

③ 同上书，第1539页。

④ （清）黄宗羲：《行状》，董玚编《刘子全书》，第三十九卷，道光四年重刊本。

然之情纯善无恶，与仁义礼智之“性”相对应的恻隐、羞恶、辞让、是非之情，是四时不歇的太和之气在人心中的发用，是情的本然状态：“盈天地间一气而已矣，气聚而有形，形载而有质，质具而有体，体列而有官，官呈而性著焉，于是有仁义礼智之名。仁非他也，即恻隐之心是；义非他也，即羞恶之心是；礼非他也，即辞让之心是；智非他也，即是非之心是也。是孟子明以心言性也。”①

可见，刘宗周对晚明心学的理气观并非单纯的继承：他采纳心学的理气观，是有感于朱子的“理”有流入佛禅空谈的倾向，阳明后学中龙溪一派学者更是在讲学中“杂以因果僻经而新建之传扫地矣”②。性理之学流入佛老，不切身心，是刘宗周非常不满的现象。因此，他根据道德救世的宗旨，对理气观、情性观作了富有明末特色的改造。他认为，“性只有气质之性，而义理之性者，气质之所以为性也”③。黄宗羲在《明儒学案》中对明代理气说的评论，亦可见出明末学者对心学理气观的继承与调整。在肯定气即理的前提下，晚明一部分心学学者对性善论感到怀疑，主张“气质之外无性”的杨晋庵，同时提出“凡所称人心惟危也，人生有欲也，几善恶也，恶亦是性也，皆从气边言也”④。提出“性不过是此气之极有条理处”的唐凝庵，同时认为“刚柔强弱昏明万有不同矣，皆不可不谓之性也”⑤。晚明心学学者由气质论性，对程颢“恶亦不得不谓之性”的命题日渐发生好感，性善论因而有所动摇。这与晚明心学学者注重形下之百姓日用有关，而重视人情物理之当下状态，客观上亦促使学者以气质之性质疑纯善

① （清）黄宗羲：《明儒学案》，沈芝盈点校，中华书局1985年版，第1563页。
② （清）黄宗羲：《行状》，董玚编《刘子全书》第三十九卷，道光四年重刊本。
③ （清）黄宗羲：《明儒学案》，沈芝盈点校，中华书局1985年版，第1543页。
④ 同上书，第651页。
⑤ 同上书，第605页。

的义理之性。刘宗周、黄宗羲师徒在明末沿袭了晚明心学的理气观，并将心学理气观贯彻到情性观中，尝试将气即理与性善说糅合在一起。在肯定杨晋庵“一洗理气为二之谬”的基础上，黄宗羲接着批评杨晋庵“以不皆善者之认为性”的结论，存在不够透彻与圆融之处，因为在黄宗羲看来，善才是人的本然之性，人之所以不善，是因为其气质不够纯粹，“人皆有不忍人之心，所谓厥有恒性”。黄宗羲承认“气质之外无性，气质即性”，但同时强调，“气质之本然是性，失其本然者非性，此毫厘之辨，而孟子之言性善，即不可易也”①。通过将性善视为气质之本然，黄宗羲终于成功地将晚明新型理气观与性善说融合在一起，从而既坚持了气一元论，又凸显了道德伦理的价值。与理气观相应，黄宗羲在情性观上亦认为，情的本来状态是至善的，也就是性，孟子所言的四端即例证，“情与性不可离，犹理气之合一也。情者，一气之流行也，流行而必恻隐、羞恶、辞让、是非之善，无残忍刻薄之夹带，是性也”。情之所以不善，是因为作为形下的情，有迁于外物的可能，从而失去了本来面目：“不知情之迁，迁于外物耳，当其无物之时而发之，何尝不仍是恻隐、羞恶、辞让、是非之心乎？其不迁也明矣。”② 由真情得出一个“性”字，黄宗羲沿袭的是阳明注重心体、不分已发未发的学术路径，但他的宗旨在凸显性，凸显伦理道德之价值。

在情性观上，黄宗羲与乃师刘宗周可谓一脉相承。刘宗周亦认为情性不可二分：“心体本无动静，性体亦无动静，以未发为性，已发为情，尤属后人附会。喜怒哀乐，人心之全体，自其所存者，谓之未发；自其形之外者，谓之已发。寂然之时，亦有未发已发；感通之

① （清）黄宗羲：《明儒学案》，沈芝盈点校，中华书局1985年版，第650页。

② 同上书，第1038页。

时，亦有未发已发。中外一机，中和一理也。若徒以七情言，如笑啼怒骂之类，毕竟有喜时，有不喜时，有怒时，有不怒时，以是分配性情，势不得不以断灭者为性种，而以纷然杂出者为情缘，分明有动有静矣。”① 这与宋儒的性体情用不同。在刘宗周看来，仁义礼智，人生而有之，是人心之本然，是为性，情都是性所发，并无一个“有善有恶”之情与性相对，因此，情必然是纯善的：“仁义礼智，皆生而有之，所谓性也。乃所以为善也，指情言性，非因情见性也；即心言性，非离心言善也。后之解者曰：‘因所发之情，而见所存之性；因所情之善，而见所性之善。’岂不毫厘而千里乎？”“凡所云性，只是心之性，决不得心与性对；所云情，可云性之情，决不得性与情对。”② 刘宗周认为应“主情言性，非因情见性也”，实乃反对离性言情，取消情的独立地位，以免后学在体认人情时对性善之说感到怀疑。刘宗周赋予“情”普遍的心性学意味，表面上“情”在其理论系统中处于更为积极的位置。实际上，刘宗周借言情暗示了一种道德期待：个体必须以外在伦理道德约束情，以免情失去“性之情”的本来面目。刘宗周在明亡后绝食殉国，正出于君臣之至情，“君臣之义，本以情决，舍情而言义，非义也。父子之亲，固不可解于心，君臣之义，亦不可解于心”③。

刘宗周、黄宗羲对理气观、情性观的阐述，与他们身处明末社会危机中有关系，以道德救世，成为明末学者的共同倾向。刘宗周、黄宗羲师徒服膺阳明心学，但亦极力克服阳明后学偏离身心实修的弊端。“阳明而禅，何以处豫章、延平乎？只为后人将无善无恶四字，

① （清）黄宗羲：《明儒学案》，沈芝盈点校，中华书局 1985 年版，第 1533 页。

② 同上书，第 1536 页。

③ 同上书，第 1511 页。

播弄得天花乱坠，一顿扯入禅乘，于平日所谓良知即天理，良知即至善等处，全然抹杀，安得不起后世之惑乎？阳明不幸而有龙溪，犹之象山不幸而有慈湖，皆斯文之厄也。”① 刘宗周并没有否定阳明，而是指责后来学者遗失了阳明本旨。重视道德伦理之价值，本是阳明心学的特质之一。刘宗周不满于心学末流的空谈心性、脱略工夫，因而他极力强调道德践履的重要性，主张于寻常日用中切实做好心性工夫，真正将心与性结合在一起，避免空谈性理：“乃知孔门授受，只在彝伦日用讨归宿，绝不于此外空谈本体，滋高明之惑。”故刘宗周拈出“慎独”“诚意”，摒弃阳明心学中聚讼纷纭、徒滋高明之惑的“无善无恶心之体”不谈，反复强调道德意志、克念的重要性，“因感而动，念也。动之微而有主者，意也。心官之真宅也。主而不迁，志也”②。正如东方朔先生所言：“依宗周，学者只有工夫可说，本体处直是着不得一语，才着一语，便是工夫边事，言工夫即本体在其中，所以工夫之外别无本体。”③ 龙溪标举无善无恶之说，主张先天正心、即本体而工夫的学术路向，已然被刘宗周取消了合法性。

实际上，终晚明之世，对阳明后学遗弃工夫的批评，几乎一直伴随着龙溪、泰州学派的盛行，尤以东林学派的矫正最不遗余力。及至明末，龙溪几乎被视为王学空疏之弊的渊薮。即工夫而本体，由下学而上达，离开下学则无以上达，离开工夫则无以谈本体，成为明末学者的共识。这一共识是明末心学之外学者对心学弊端的批评，也可视为心学学者的自我修正，东林学派史玉池曰：“不知本体工夫分不开的，有本体自有工夫，无工夫即无本体。试看樊迟问仁，是向夫子求

① （清）黄宗羲：《明儒学案》，沈芝盈点校，中华书局 1985 年版，第 1561 页。

② 同上书，第 1562 页。

③ 东方朔：《刘宗周评传》，南京大学出版社 1998 年版，第 76 页。

本体，大子却教他做工夫。曰：‘居处恭，执事敬，与人忠。’凡是人于日用间，那个离得居处、执事、与人境界？”[①] 对心学末流的种种批评之声，在刘宗周那里，得到总结——他否定了天泉证道中龙溪四无说的真实性，几乎将王畿从心学体系中排除出去。刘宗周认为：“学者只有工夫可说，其本体处，直是着不得一语。才着一语，便是工夫边事。然言工夫，而本体在其中矣。大抵学者肯用工夫处，即是本体流露处，其善用工夫处，即是本体正当处。非工夫之外，别有本体，可以两相凑泊也。”[②] 刘宗周视龙溪为沿门托钵、学无所得的阳明罪人，意味着王学在明末作了自我修正，重新关注伦理道德、礼法规范的价值。

需要强调的是，刘宗周的工夫论主张内外兼修，既重视内在道德意志的操存，也强调外在行为上的躬行践履。刘宗周在生活方式上严谨自苦，为官清廉刚介，一反晚明士人有慢名教、务为洒脱的风习，可谓以身作则。为挽救晚明世风于一二，他对于后学的德行要求近乎苛刻，《人谱》中烦琐的规约令人望而生畏。如果我们承认，程朱有遗内而陆王有遗外的倾向，则刘宗周对内外都有严格的要求，“道统之传，自孔孟以来，晦蚀者千五百年，有宋诸儒，起而承之，濂溪、明道，独契圣真。其言道也，合内外动静而统一之。至晦庵、象山而始分。阳明子言良知，谓即心即理，两收朱、陆，毕竟偏内而遗外，其分弥甚，至先君子而复合。……即内而即外，即动而即静，体用一原，显微无间。盖自濂溪、明道以后，一人而已”[③]。刘宗周指情言性，正为了表达这样一种主张：喜怒哀乐的情感，应和忠孝节义紧密

① （清）黄宗羲：《明儒学案》，沈芝盈点校，中华书局 1985 年版，第 1473 页。
② 同上书，第 1559 页。
③ （清）刘汋：《年谱下》，董玚编《刘子全书》，道光四年重刊本，第四十一卷。

相连的，为忠孝节义而发，如此方可谓本心的真实情感。如果个体认为情有自己的特性，认为情必然有善有恶，甚至以无善无恶为借口，允许非性之情的存在，则个体实为不知人何以为人，已然堕入禽兽之中。“孟子曰乃若其情则可以为善矣，何故避性字不言？只为性不可指言也。……仁义礼智皆生而有之，所谓性也，乃所以为善也，指情言性，非因情见性也。即心言性，非离心言善也。后之解者曰，因所发之情而见所存之性，因以情之善而见所性之善，岂不毫厘而千里乎？凡所云性，只是心之性，决不得心与性对，所云情，可云性之情，决不得性与情对。”[①] 刘宗周取消了心与性、情与性、人心与道心、气质之性与义理之性这一系列具有相对性的概念，在他看来，心、情、人心、气质等都没有自己的固有之性，它们的本然面目便是性、道心、义理之性，世人之所以看到人心、情、气质中有恶的存在，那是因为人心、情、气质蔽于物欲、迁于外物以致失了“本色”的结果。“先儒心与性对，先生曰性者，心之性。性与情对，先生曰，情者，性之情，心统性情。先生曰心之性情。分人欲为人心，天理为道心，先生曰心只有人心，道心者，人心之所以为心。分性为气质义理，先生曰性只有气质，义理者，气质之所以为性。未发为静，已发为动，先生曰存发一机，动静一理。推之存心致知闻见德性之知，莫不归之于一。”[②] 为树立道德伦理的价值，刘宗周可谓苦心孤诣，当然，这与他强调“意为心之所存”“工夫结在主意中，方为真工夫”[③]的诚意论是一致的，实则都凸显了个体道德意志对于个体立身为人的重要性。

---

① （明）刘宗周：《学言》，董玚编《刘子全书》，道光四年重刊本，第十二卷。

② （清）黄宗羲：《行状》，董玚编《刘子全书》，道光四年重刊本，第三十九卷。

③ 同上。

黄宗羲秉承乃师的情性观，对文学表现的情提出了自己的看法。他认为情有“贯金石、动鬼神”的巨大力量，但情难以一概而论，古人的情发乎忠孝节义，思妇劳人的情皆是真实至正的万古之情，“古人之情，与物相游而不能相舍，不但忠臣之事其君，孝子之事其亲，思妇劳人，结不可解，即风云月露、草木虫鱼无一非真意之流通”[①]。黄宗羲认为，时人之情皆出自个人的物欲与荣辱，已经偏离了情之本真，“今人亦何情之有？情随事转，事因世变，干啼湿哭，总为肤受，即其父母兄弟，亦若败梗飞絮，适相遭于江湖之上”[②]。对于只从个人私欲出发、因个人得失而产生的情感波动，黄宗羲持否定态度，他认为这些来自“肤受”的情感，皆是无关乎道德纲常的一己之情，当处境更改这些感情也就随之消失，并不具备永恒的价值。黄宗羲认为，文人须注意区分“不及情之情”与“情至之情”，不可将二者混为一谈。这种情即理、仁义礼智为人心固有的思路，力图矫正心学后学冒认情识的弊端，暗示了一种更为严格的道德标准，不仅要求个体内在情感真诚无伪，合乎伦理道德，更对个体外在行为提出严格要求。这一倾向在明末戏曲中亦得到了回应。

第二节　合言情与风教为一的明末剧作

真情，至情，即为道理伦理本身，情之本然须纯为忠孝节义而发，这一情性观在明末剧作者的戏曲创作中亦有所体现。冯梦龙、

① （清）黄宗羲：《南雷文案》（上），浙江古籍出版社1985年版，第30页。
② 同上。

孟称舜的身上体现着比较明显的明末特色，他们有感于时代危机，主张由情言理，日渐在戏曲创作与批评活动中凸显教化动机，而且越至明末，他们对外在礼法的价值便越重视。冯梦龙、孟称舜身历世风佻达的晚明，又亲历社会危机深重的明末，他们的剧作有承袭晚明心学关注形下之情的一面，但亦与明末情性观的变化相呼应，主张情当为忠孝节义之情，这一点，在孟称舜的剧作中体现得尤其明显。

冯梦龙早年曾与青楼女子交好，生活不乏佻达之处，但他的人生失意之处甚多，不仅因贫穷被青楼女子辜负，更是功名蹭蹬、侘傺无聊，但他追求心性之学的志向穷且益坚。这突出表现为冯梦龙顺应时代潮流，提出了他独特的“情教说”。冯梦龙作过以阳明为主角的通俗小说，对李贽亦颇多推许之情，可见，冯梦龙对阳明心学不仅熟稔而且抱有好感。除此之外，虽然功名不达，但冯梦龙在治《春秋》上极有心得。这使冯梦龙不会割裂情性，而是更倾向于由情而理，指情为性。事实上，气与理不是二物的观念，不仅是阳明心学的基本学术倾向，也是孔子的基本态度（至少心学学者是如此认为的）。因此，笔者认为，“情教说”表明冯梦龙吸取了心学的理气观，他关注形而下的人情物理，主张由之推出伦理道德规范，力求在肯定情的基础上将情推进到一个纯为道德伦理的境界。笔者认为，冯梦龙的“情教说”大致可以包括以下三个方面。

第一，冯梦龙充分肯定形而下的情是个体不可缺少更不必去除的存在。如果个体没有情，也就无所谓形而上的性理。情是人的生意，也是天地生生之仁在个体身上的表现，“草木之生意，动而为芽。情亦人之生意也，谁能不芽者？文王、孔子之圣也而情。……情何尝误人哉？人自为情误耳。红愁绿惨，生趣固为斩然。即蝶嚷莺喧，春意

亦觉破碎。然必曰草木可不必芽，是欲以隆冬结天地之局。吾未见其可也！”[①] 没有情，个体便是死木槁灰。“万物生于情，死于情。人于万物中处一焉。……生在而情在焉。故人而无情，虽曰生人，吾直谓之死矣！”[②] 从这一角度看，圣人亦不能无情，“或问：‘孔子有妾乎？’观《孔丛子》载：宰予对楚昭王曰：‘夫子妻不服彩，妾不衣帛。车器不雕，马不食粟。’据此，则孔子亦有妾矣。人知惟圣贤不溺情，不知惟真圣贤不远于情”[③]。因此，冯梦龙认为宋儒的禁欲之说割裂情性，并无益于儒家伦理道德的推扬，“异端之学，欲人鳏旷以求清净，其究不至无父无君不止，情之功效亦可知矣”[④]。

第二，冯梦龙从生生之仁出发，对众生出于真情的行为持悲悯与谅解之心，进而主张顺应当下之人情物理，对一些不近情理的礼法规则作出调整。

晚明心性讨论反对死守外在的礼法规则，主张叩问于良知心体，顺应人情之变，以免违背天则。这种思想引导冯梦龙从仁爱之心出发，主张对外在礼教的不近情处作一些修补，反对非礼之礼的存在。例如，冯梦龙虽认为女德之凶，莫大于淫妒，但对为真情而私奔的行为，并没有给予严厉的抨击，而是认为“夫奔者，以情奔也”。如果女子为情而奔，世人无须对其私奔行为揪着不放，“春秋之法，使夏变夷，不使夷变夏。妾而抱妇之志焉，妇之可也；娼而行妾之事焉，妾之可也。彼以情许人，吾因以情许之。彼以真情殉人，吾不得复以杂情疑之”[⑤]。冯梦龙主张因男女大欲不能及时疏导而形成的私情，应

① （明）冯梦龙：《情史类略》，岳麓书社 1984 年版，第 468 页。
② 同上书，第 693 页。
③ 同上。
④ （明）冯梦龙：《情史》，岳麓书社 1986 年版，第 3 页。
⑤ （明）冯梦龙：《情史类略》，岳麓书社 1984 年版，第 36—37 页。

以进入家庭伦理为归宿。他讲男女之别，但是同时以封建文人不乏宽厚的方式，对女性给予尊重，告诫男性不可对女子始乱终弃。《莺莺传》以张生抛弃莺莺为善补过，冯梦龙则认为张生不过是一薄倖男子，并不可取，“我辈人亦自有我辈人事，慎勿以须臾之欢，而误人于没世也”①。冯梦龙不赞同女性的悍妒，但同时不认同男性的放纵欲望、喜新厌旧：“今纵欲之夫，获新而置旧；妒色之妇，因婢而虐夫。情安在乎？惟淫心未除故耳。不留他人余欢之地，而专以一己为快。”② 由情出发，冯梦龙对士人的个性持较宽容的态度，指出杜牧“天性疏狂，亦由情不能制耶”，对山辱身救友，用修放达自废，希孟热闹场中忽开冷眼，这些行为，都可以从真情上找到根据，无可厚非。

第三，冯梦龙对情的强调，以理为旨归。至情即性，即理、即礼，主张由形而下的情感而达乎天理与礼法，真情、至情为万古之性情而非一己之私情，即合乎天理、纲常的道德情感。

聂付生先生认为“冯梦龙既不可能对情作定量分析，也没有提出一套沟通情与礼教的构想。连他自己也越来越把握不了情与礼教的界线，经常不自觉地越位，甚至发展成为宣传礼教吹鼓手”③。聂先生指出了冯梦龙思想中情礼共存的事实，但他持情理二分甚至对立的二元观，自然会认为冯梦龙的情教思想自相矛盾。相似的观点并不少见，“冯梦龙为什么不以理学教化世人呢？从王阳明、李贽那里，他认识到理学的虚伪冷漠”④。赵维国先生在情理二分观念影响下，对冯梦龙

---

① （明）冯梦龙：《情史类略》，岳麓书社 1984 年版，第 108 页。

② 同上书，第 194—195 页。

③ 聂付生：《冯梦龙情教思想的逻辑分析》，《兰州学刊》2005 年第 3 期。

④ 赵维国：《论心学思潮与冯梦龙的情教思想》，《华东师范大学学报》（哲学社会科学版）1999 年第 1 期。

有着不自觉的曲解。事实上，冯梦龙既重视情，又尊重理与礼。因为心性工夫必须落实于情之上，性离开情则不可言。与其说冯梦龙“以情反理”，不如说冯梦龙受心学情性观影响，以“重情”的方式强调了心学语境中的“理”。

举“三言”中著名的《杜十娘怒沉百宝箱》为例，历来有学者将杜十娘投水自尽归结于李甲的绝情，又将李甲的绝情归结于未在作品中露面的李甲之父，认为李父不可能承认杜十娘，才是悲剧的根源。但即使以今天常人的眼光衡量，面对荡尽钱财、娶青楼女子归家的儿子，普天下大概没有父母会欣然接纳，遑论接纳“迷惑”李甲的杜十娘。事实上，杜十娘绝望的根本原因，正是李甲辜负其一腔深情、将其转卖他人的行为。在心学学者看来，李甲及觊觎杜十娘、巧舌如簧的孙富，恰是言不顾行、心口不一的伪道学典型。李甲对杜十娘始乱终弃，不坚于儿女之情，与他之前沉溺烟花、违背父训是相通的。至于孙富，虽然口谈君臣父子的大道理，且冠以为李甲谋的善意，但作者早已交代他的真实动机是占有杜十娘，因此，孙富规劝李甲浪子回头的侃侃而谈，不过是心学极力抨击的借伦理纲常之名以行一己私欲的奸诈行为。在心学影响下，冯梦龙以形象化的故事表明：天理应根植于内心的真诚感情，否则礼教只会徒有其表。正所谓“古之乱天下者，必起于情种先坏，而惨刻不衷之祸兴。使人而有情，则士爱其缘，女守其介，而天下治矣”①。冯梦龙借杜十娘的不幸遭遇说明：不是理学杀人，而是李甲、孙富之流并非仁人君子。冯梦龙清晰地展示了情与性的一体性，不及情或薄情之人，也绝不可能是笃行伦理纲常的君子。仁人君子必须深于情而无情，方可推己及人，发挥仁

① （明）张琦：《衡曲尘谭》，中国戏曲研究院《古典戏曲论著集成》（第四集），中国戏剧出版社 1959 年版，第 267 页。

爱之情，恰如冯梦龙自己所言：“己若无情，何以能体人之情？其不拂人情者，真其人情至深者耳。”①

冯梦龙高度赞扬情的功用，但对情泛滥而带来的后果，亦持批评态度。作为有社会责任意识的儒士，冯梦龙虽然强调情的必然存在，但亦认为过度、泛滥的情会产生不良后果，不善的情是因个体之心被私欲遮蔽，其情并非由本心流出，因为本然之情必然是至善的，必然合乎纲常大义。张凤翼的《灌园记》演述田法章与君后的爱情故事，田法章身为齐国世子，在国难之际化名王立，投身太史敫家中为仆。后太史敫之女君后得知法章身份，与其私自结合。二人私情东窗事发之时，在君后针锋相对的顶撞下，深为女儿无媒自嫁而耻的太史敫怒火中烧，然而恰值大将田单光复齐国，前来迎立法章，使太史敫失去了处死君后的时机与权力。晚明剧作在展示父母之命与儿女私情的对立上，大概没有一部剧作能超过《灌园记》的详尽与激烈。但冯梦龙恰恰对《灌园记》的情节设置颇多微词，因为在冯梦龙看来，田法章在国破家亡之下以儿女之情为先，君后在得知灌园奴竟是世子田法章后，不仅不劝其以国家大义为先，还主动提出委身田法章，事发后毫无愧疚之情并出言顶撞父亲，这都不符合至情的要求。“则灌园而已，私偶而已，灌园私偶何奇乎？而何传乎？……自余加改窜，而忠孝节义种种具备，庶几有关风化而奇可传矣。”② 虽然男女之大欲本无可厚非，但田法章与君后一为世子，一为名门千金，身处非常之时，其真情应关乎忠孝纲常，“夫法章以亡国之余，父死人手，身为人奴，此正孝子枕戈、志士卧薪之日，不务愤悱忧思，而汲汲焉一妇人之是获，少有心肝必不乃尔。且五六年间音耗隔绝，骤尔黄袍加身，而父

---

① （明）詹詹外史评辑：《情史》，春风文艺出版社1986年版，第132页。

② 蔡毅编：《中国古典戏曲序跋汇编》，齐鲁书社1989年版，第1341页。

仇未报也，父骨未收也，都不一置问，而倦倦焉讯所私德之太傅，又谓有心肝乎哉？”[①] 在冯梦龙看来，田法章的本然之情应为忧国思亲，而非以私情为先。即使以常理推之，冯梦龙的指责亦非没有根据的苛责。君后与法章本不应与忠国耿介的太史形成“情与理”的矛盾。可以肯定的是，冯梦龙对情是否合乎礼义，有着强烈的自觉。而在冯梦龙改定过的剧本中，人物守礼法的自觉性要比一般戏曲作品高。《酒家佣》中，忠臣之后李燮佣身于滕咨店中，后与滕咨之女幼鸾成亲。幼鸾重视礼法，恪守着封建社会对女性的训诫，当年老力衰的父亲命她当垆卖酒时，她自感女子不宜抛头露面而拒绝，但同时建议父亲雇佣一名帮工以解燃眉之急。她慧眼识人，察觉李燮不似佣工之流，断定他乃隐姓埋名的隐者，虽对他颇有同情之心，但无一丝与李燮钻墙逾穴的私意。《三报恩》中的梁德之女亦然，父亲命其赴寺观还愿，她答曰“身为女子，怎出闺庭”。

冯梦龙尊重忠孝节义之情，亦认可男女之间的至情，不过，冯梦龙认可的男女之情，乃是合乎伦理道德、浸润着道德意味的至情。在《楚江情叙》中，冯梦龙对袁于令在男女之情中掺入报复性的仇杀、妄杀十分不满，认为有失仁道，更不符合真情的仁善本质。“合通记观之，不过欲描佳人才子相慕之情而已，忽而杀一妾，忽而杀两生，多情者将戒心焉。余不得不为医此大创。”[②] 冯梦龙整理创作的《情史》收有唐薛调的《无双传》，在《无双传》中，围绕无双与仙客的姻缘，仙客母亲、无双父母、仙客的妾采苹、仆人塞鸿、义士古押衙都先后离世，冯梦龙虽肯定仙客与无双对彼此的痴情，却也颇为唏嘘伤感，“假使丁令威化鹤归来，见城郭人民俱非，即独存，亦何足乐？

① 蔡毅编：《中国古典戏曲序跋汇编》，齐鲁书社 1989 年版，第 1341 页。
② 同上书，第 1346 页。

吾不知王郎与无双偕老时，亦复念此否也？”[①] 因为无双与仙客的爱情已经无意中违背了晚明士人由情谈理的习惯，露出现实生活中凄凉残酷的一面。由于封建社会中个体处于多维人伦关系中，当个体遭遇父母、朋友、小妾、仆人的离世后，必然会因悲伤而无法再像未经世事时那样从男女之情中获得欢欣雀跃之感。在冯梦龙改定的梅考巳《墨憨斋新定洒雪堂传奇》中，一方面，对于贾云华私通魏鹏、违背礼教的一面，云华以病亡作了自我道德上的救赎，获得了家人的原谅。云华之母不肯成全自幼已有婚约的云华与魏鹏，云华虽思念魏鹏却无法启齿自表心事，死后留下一些情诗，嘱咐贴身丫鬟福福寻找机会将情诗寄给魏鹏。福福只得求助于云华的母亲和弟弟，二人不满于云华的私情，也觉得寄出情诗有辱家声，但更痛惜云华的死，在福福“死去应多久，万事总休……忍共亡魂作对头”[②] 的劝说下，最终伦常至情压倒关于外在声誉的顾虑，云华母亲和弟弟同意完成云华的心愿，“明知他如此因由，转教人怨尤，天大事也，只索干休，想他在泉台专把回信守，便索性依他与他寄投”[③]。另一方面，冯梦龙对云华超越生死而不渝的痴情大加赞美，而她的爱人魏鹏亦像她一般专一志诚，剧本详尽展示了真诚相爱的男女如何因被迫分离而失去生之趣味，甚至生命亦随之枯萎，令人信服地说明从一而终的道德并非外界强加的教条，而是至情不可遏制的题中之义。魏鹏与云华本有指腹之约，但魏鹏携带母亲书信前去完姻时，云华之母虽然热情却避而不谈婚姻，只留魏鹏在家闲住。魏鹏与云华几经试探，私自结合，后魏鹏得中进士，向云华之母提亲却遭拒绝，因云华之母舍不得将女儿远嫁。恰魏

---

① （明）冯梦龙：《情史类略》，岳麓书社 1984 年版，第 141 页。

② （明）梅孝巳：《墨憨斋新定洒雪堂传奇》（下卷），商务印书馆 1955 年版，第 26 页。

③ 同上。

鹏母新丧，鹏不得不归，魏鹏与云华痛哭而别。自感姻缘无望，相会无期，云华破镜断弦，以明至死靡它的心意。因思念魏鹏，云华日渐病重。丫鬟福福劝道："小姐你平生聪明过人，你每贱焦仲卿伉俪之伤生，鄙荀奉倩夫妻之灭性。何至自循覆辙，忽却良图？且魏生虽则居丧，谅已谋配。以小姐别图跨凤，岂少乘龙？何必深自忧煎，竟甘沦没。甚至形消骨化，割离骨肉之恩，纵然就死忘生，何异淫奔之辈？"福福认为云华与魏鹏的私情，本只是出于生理欲望的窃玉偷香，在男性而言只是一桩风流韵事，即使云华伤心而死，与淫奔之辈并无区别。魏鹏挑逗云华的确语涉淫秽，浸透着欲之色彩，但是晚明男女之情向来与欲同行。不过恰如冯梦龙所言，"情近于淫，而淫实非情"①，情包含了欲，但真情绝非淫，云华对福福的自辩深刻地表明了这一点：

这丫头你那里晓得，【金络索】（金梧桐）心中似转轮，片刻无闲暇，若是放得他时岂不愿抛他下，悠悠任此生。（东瓯令）谩喧哗，病症如何由得咱。他全无半句投机话。（针线箱）那更我道是情缘你道是差，休惊讶。（懒画眉）魂灵儿久不属儿家。（寄生子）到其间白骨黄沙，还管甚旁人骂。福福，我岂痴淫女子，不知命者之流乎。但以指腹前盟，死生密约，虽是萱亲钟爱，不果作双，当念女子事人，惟知从一，我之心事，魏生实知，身已许人，生何足爱。②

剧作者如实展示了男女之情的巨大力量，云华对魏鹏的从一而终并非出于刻意，而是出于男女真情的身不由己，因此至情就是贞操本

① （明）冯梦龙：《情史类略》，岳麓书社 1984 年版，第 194 页。
② （明）梅孝巳：《墨憨斋新定洒雪堂传奇》（下卷），商务印书馆 1955 年版，第 16 页。

身，这也是《洒雪堂》深得冯梦龙赞许的原因。男女私情往往由欲而生，难辞非礼、淫冶的指责，但私情若足够真诚又自然地合乎从一而终的伦理道德，赋予伦理道德本质性的内容，相比于个体外在的“从道理上”去勉强自己，更为可贵。因此，当云华病死后，阎王本欲责罚她不守礼法：“你私遇魏生，非以礼而合，卒致殒命，非得正而毙，难道娇红之多情，亦是莺莺之故辙，执迷如此，淫僻何辞？情之所钟，不在我辈，狱之所由，正为此人。”然而云华不惧刀山剑树，无一丝悔意，即使被罚托生为异类也甘心，唯独不肯放弃对魏生的痴情。气势汹汹的阎王反而先行妥协，将云华之魂送入金华宫，许其借尸还魂，再续前缘。云华在冥府表露的真情，纯乎至性天理，其最初的越礼行为亦因而与单纯的淫奔私合相区别，男女真情因而具有了永恒的伦理意义，“彭殇修短原无定，世间不死是多情，那里是人怕亡来鬼怕生”①。

真情，成了冯梦龙实现“心即理”的重要途径。他汲取了心学的理论成果，不再认为应以作为外在权威的“性理”压制个体之情，而是主张从个体内心寻得忠孝节义的依据。心学将伦理道德收归为人心本有，注重个人的所得与体悟，尤其是个体的道德觉悟与志向，不一味强调外在礼法的权威性，这与情教说有理论旨趣上的一致性。易于动人的情，最能实现心学标举的真善合一。冯梦龙集中表述了晚明之情的心性意义：“自来忠孝节烈之事，从道理上作者必勉强，从至情上出者必真切。夫妇，其最近者也，无情之夫，必不能为义夫；无情之妇，必不能为节妇。世儒但知理为情之范，孰知情为理之维乎！”②冯梦龙以真诚的感情为出发点，以情见性，不机械地以理学训诫世

---

① （明）梅孝巳：《墨憨斋新定洒雪堂传奇》（下卷），商务印书馆1955年版，第42页。
② （明）冯梦龙：《情史类略》，岳麓书社1984年版。

人，是因为理必须通过情才可言说，否则空谈性理便无切于世人的身心日用。“从情上出者必真切”，情教说以形而下的情为媒介，将真与善相合一，显示出冯梦龙深受晚明心学思潮的影响，并与重视道德礼法的明末情性观存在共鸣之处。

指情为性的情性观，同样为孟称舜所接受。孟称舜对汤显祖颇为倾心，他剧作中的曲词甚至有明显借鉴汤显祖之处。孟称舜亦认为男女大欲是不可抗拒的，“我看这些痴男女呵，似虫儿样蠢动把恩情恋”[①]。《娇红记》中娇娘与申生之情由互相倾慕、私自结合开始，最终演化为至死靡它的彼此忠贞。由于父母无意中的棒打鸳鸯，娇娘与申生先后悲伤而死，可见，由至情而来的从一而终，具有任何外力都无法摧毁的力量。孟称舜认为，就这一点而言，《娇红记》中的男女至情与《二胥记》中的忠君爱国之情是相通的，因为它们都发自本心、足够真诚，具有扶持世道纲常的力量。情与性本非二物，它们是“诚”在不同情感范畴的表现，“嗟乎！君臣、父子、夫妇、朋友之间事，何一而不本于诚者哉？余昔谱《鸳鸯塚》事，申生、娇娘两人慕色之诚，与二胥报仇复国之诚等，故死而致鸳鸯冢之应”[②]。《二胥记》中，楚王听信谗言，错杀伍子胥父兄及其家人三百多口，伍子胥自感忠孝难全，立志灭楚以报父兄之仇。申包胥见伍子胥有覆楚之心，明言自己身为臣子，将努力复楚，伍子胥提醒他道：“你待要忘家为国全忠信，则怕他行见昏。到头来也像俺伍员呵，一家的龆龀化为尘。”[③] 申包胥声称，若伍子胥的悲剧发生在自己身上，他将以君为尊，将不幸视为天命而接受，“想吾君，如天并尊；想吾亲，与君比

---

① 朱颖辉辑校：《孟称舜集》，中华书局2005年版，第52页。

② 蔡毅编：《中国古典戏曲序跋汇编》，齐鲁书社1989年版，第1350页。

③ （明）孟称舜：《二胥记》（上卷），文学古籍刊行社1956年版，第11页。

伦，死生荣辱总休论”①。在孟称舜看来，伍子胥的灭楚复仇、申包胥的复楚忠君，都是他们忠于内心情感的表现，都合乎伦理道德。从至情即性的层面而言，《牡丹亭》亦可被视为谈道之书，《娇红记》在心性学上的价值亦不逊于《二胥记》。“汤若士不云乎，‘师言性，而某言情’，岂为非学道人语哉？情与性而咸本之乎诚，则无适而非正也。余故取二胥事，谱而歌之，以见诚之为至细之见于儿女幄房之际，而巨之形乎上下天地之间，非有二”“此二记者，皆所以言道焉可也。”② 孟称舜本是有着理学背景的严谨士人，但他借戏曲参与心性之学的讨论，认为至诚的情包括男女之情，便是天理本身，恰可见晚明心学情性观对士人的影响。在《鹦鹉墓贞文记·题词》中，孟称舜更进一步认为男女真情必然合乎伦理道德，只有合乎纲常伦理的情才是真正的情，否则便是虚假不情。正如黄宗羲认为本然之情必然至善一样，孟称舜亦强调情的道德价值，“予谓天下之贞女，必天下之情女者何？不以贫富移，不以妍丑夺，从一而终，之死不二，非天下之至钟情者，而能之乎？然则世有见才而悦，慕色而亡者，其安足言情哉？必如玉娘而后可以言情。此记所以为言情之书也。孟子曰：‘乃若其情，则可以为善。’则此书又即所为言性之书也”③。孟称舜极力将从一而终的节操与至情画上等号，“情分正邪……看世间夫妇的，同衾异心，生死背负，既作张家之妻，旋为李氏之妇，只缘情少，造次孽端。果情所钟，上天下地，知有一人，一人之外，不知有他，虽谓忘情，亦何不可”④。这几乎是戏曲创作对以刘宗周、黄宗羲为代表

① （明）孟称舜：《二胥记》（上卷），文学古籍刊行社1956年版，第11页。

② 蔡毅编：《中国古典戏曲序跋汇编》，齐鲁书社1989年版，第1350页。

③ 同上书，第1353—1354页。

④ （明）孟称舜：《张玉娘闺房三清鹦鹉墓贞文记》（上卷），商务印书馆1955年版，第5页。

的士人所持之情性观的翻版了。正如明末士人对伦理的强调兼重内心与外在行为一样，孟称舜在《贞文记》中重提礼教的价值，并力图将其建立在女性内心的真实情感之上。张贞娘端庄持重，一言一行无不以封建社会女子的行为规范为准，她不仅对未婚夫沈佺不假辞色，“素守礼法”；在未婚夫病逝后，她更决然殉夫而死。状元王娟才貌更胜沈佺，且爱慕贞娘，与贞娘亦可谓才子佳人。但贞娘毫不动心，因为她已许配沈佺，若另改嫁，情便不真。贞娘父母委托道姑劝贞娘改嫁王娟：“自古才子佳人，多由苟合，何况明配。”在他人看来，贞娘改嫁王娟，不仅姻缘美满令人羡慕，而且合乎礼法。但在贞娘看来，自己本属意沈佺，沈佺一死便改变心意另嫁，内心与改节失贞者便无区别。贞娘罔顾父母之命、世俗幸福，实则为了坚守个体一心之天理、一念之良知。因为个体内心的良知超越短暂的人生，具有永恒的价值。“我想世间万情皆幻，百境都空，只有浩气长存，贞心不死。”[①] 在孟称舜看来，当时爱情剧中的情多属“见才而悦，慕色而亡”，并非至情。在《贞文记》中，孟称舜还塑造了一位南宋忠臣王远宜。与失去了未婚夫却依然坚持从一而终的张贞娘相似，他失去了自己的效忠对象——南宋朝廷，他追随的文天祥已经就义，他的君父已经被陆秀夫背着蹈海自尽，但他不能放弃“忠”君的信念。因为在孟称舜看来，女性对男性的“贞”，男性对君父的“忠”，才是这个世界真正具有永恒价值的东西，而虚幻的色相世界则是不真实的。因此，本可改嫁状元郎的张贞娘却伤心而死，本可藏身深山的王远宜却直入闹市，诛杀番官后挥刀自刎：“我要冲出去，亦何难哉？则叹区区酒盏大的小乾坤，俺这副莽身躯待存也在何处存，待奔也向那处

① （明）孟称舜：《张玉娘闺房三清鹦鹉墓贞文记》（下卷），商务印书馆 1955 年版，第 60 页。

奔，则索将一剑呵，把我这头颅刎。”[①] 张贞娘、王远宜并非无情之人，但他们的情已然成为刘宗周所言的“性之情”，纯为忠孝节义而发。这实际上已然形成另一种人性禁锢。孟称舜的戏曲创作稍后于冯梦龙，他对外在礼法的重视亦渐趋明显，对晚明士人一再强调的人情之同逐渐失去信心。这显示了孟称舜在时代危机中自觉的道德救世意识，但也反映了明末文人的内心彷徨：注重道德价值的心学，在国难当头之时必然会开出道德救世的方子。刘宗周严于人与禽兽的几希之辨，认为人心只有道心，情只有性之情，强调工夫所至即本体，这表明刘宗周希望以道德挽救时衰，故对道德意志极为重视。而从《娇红记》到《贞文记》的转变，足以说明孟称舜是刘宗周的同调，至少刘宗周绝食而死以尽君臣之情的行为，与孟称舜笔下的王远宜有相似性。

① （明）孟称舜：《张玉娘闺房三清鹦鹉墓贞文记》（上卷），商务印书馆 1955 年版，第 79 页。

结语　泛道德主义下的重情思潮

笔者认为泛道德主义是晚明心学的重要特征，对戏曲的各个方面都产生了影响；笔者也以汤显祖、李贽、冯梦龙等为个案，论述了晚明士人肯定情、欲的旨归在重塑伦理道德的价值。在晚明士人那里，对情、欲的肯定，与道德严格主义并不相悖，甚至是道德严格主义衍生的结果。有鉴于晚明重情思潮经常被视为对理的反抗，我们将对晚明重情思潮作一点个人思考，这也是本书的总结。

我们认为，晚明重情思潮的背后是心学的推动：晚明心学在学术倾向上力避支离、主张良知“彻上彻下”，心学对情的推崇，始终紧扣理、性等概念而谈，情与性亦处于为物不二的状态，故情具有浓厚的心性意味，真情即至性。心学关注形下的人情日用，主张因情制礼，拒绝礼的僵化与异化，赋予理周流变动之义。有着儒学教育背景与士人身份的晚明剧作者对心学情性观作了积极的回应，他们对真情的歌咏亦向心学情性观靠拢。

一　“至情”的心学背景

心学学者对程朱的理气二分观念不甚相契，反对心与理为二，他们认为心是彻内彻外、兼乎动静的。明末刘宗周如是概括这种学术倾向："形而上者谓之道，道不可言，可言者皆形下者也。虽形下者，而形上者即在其中。故圣人之教莫非下，亦莫非上也。……子曰下学而上达，直是语下不语上。"① 作为形而下的情与形而上之性、理的关系亦随之发生变化。曾有学者询问薛侃，"思与情真有善不善，如谓皆出诸性，性亦有善不善欤？"薛侃的回答是，"不加存养，心非本心，性非本性矣。既非本心本性，发而为思为情，安得皆善？如归诸情，则天下岂有心性之外之情哉？"② 薛侃明确指出，不善的情之所以会出现，是因为个体本心被物欲等遮蔽，至情必然就是性，情性是不可分离的。"不捐事以为空，事即空，不灭情以求性，情即性。……此即谓之微旨，而舍就事无微旨。恐不必会之而为一，亦欲二之而不能矣。"③ 正如蒙培元先生所言："心学派则更加强调情与性（即理）的内在统一性或同质性（但王阳明与陆九渊似乎并不完全相同），后来的心学家则更是'指情言性'了。"④ 因为反对形而上脱离形而下成为悬空的性理，主张气即理，学者更关注形而下的百姓日用，注重从喜怒哀乐之情上作工夫。这使晚明文人对于情的认知发生了以下两点变化。

首先，情是个体必有的，没有形下的情，也就无所谓性的存在。江右王门的学者比较注重个体之心的涵养，强调心性工夫的重要性，但他们对情性关系的认知亦颇具辩证色彩。在他们看来，喜怒哀乐之情是人心一刻不能去的存在状态，更是性得以存在的基础。邹守益曰："今人却以无喜怒哀乐为中，有喜怒哀乐为和，如何得合？人若

---

① （清）董玚编：《刘子全书》，道光四年重刊本，第二十九卷。

② 陈椰编校：《薛侃集》，上海古籍出版社 2014 年版，第 136—137 页。

③ （明）焦竑：《澹园集》（上），中华书局 1999 年版，第 83 页。

④ 蒙培元：《情感与理性》，中国人民大学出版社 2009 年版，第 107 页。

无喜怒哀乐则无情，除非是槁木死灰。"[1] 欧阳南野（名德，字崇一）亦曰："非情无以见性""无一刻无性，则无一刻无情，无一刻非发"。[2] 聂双江（豹）主张静中存养，但是他亦认为："圣人以天地万物为一体，疾痛疴痒皆切于身，一随乎感应自然之机而顺应之。其曰'无情'，特言其所过者化，无所凝滞留碍云尔。若枯忍无情，斯逆矣，谓顺应，可乎！"[3] 在理学家看来，心感于物，则为情，因此，人心不可能无感无情。戏曲受之影响，"人生于情"成为共识。徐渭曰："人生堕地，便为情使。"[4] 屠隆在《题红记叙》中亦曰："夫生者，情也。有生则有情，有情则有结。"[5] 吴炳曰："人若无情，有块处一室，老死不相往来已耳。"[6] 友人曾告诫张琦，士人不应耽溺于歌咏儿女之情，而应以性理之学为先。对此，张琦明言人不可能无情，伦理道德需就情而言，因为"人，情种也。人而无情，不至于人矣"[7]。

其次，性与情被界定为体用一源、显微无间的关系，恢复至善的心体，不能依靠扼杀内心的情感，而应依靠扩充内心真实至善的情感。"心无体，以天地万物感应之是非为体。"[8] 在阳明心学中，心彻上彻下，既是情也是理。这使阳明心学学者虽然很多时候不自觉地沿用了程朱关于情的观点，但心学的情性观发生了细微而深刻的变化。"朱子主张性情统一是毫无疑问的，但毕竟有形而上与形而下之分，性理是形而上者，情感是形而下者，形而上者不可'见'，只能从形

① （清）黄宗羲：《明儒学案》，沈芝盈点校，中华书局 1985 年版，第 345 页。

② 同上书，第 370 页。

③ 同上书，第 381 页。

④ （明）徐渭：《徐渭集》，中华书局 1983 年版，第 1296 页。

⑤ 蔡毅编：《中国古典戏曲序跋汇编》，齐鲁书社 1989 年版，第 1294 页。

⑥ （明）吴炳：《情邮传奇》自序，文献古籍刊行 1956 年版。

⑦ （明）张琦：《衡曲尘谭》，中国戏曲研究院《古典戏曲论著集成》（第四集），中国戏剧出版社 1959 年版，第 273 页。

⑧ 陈荣捷：《王阳明传习录详注集评》，台湾学生书局 1983 年版，第 333 页。

而下之情上‘见’。这所谓‘见’，并不是真见，而是从可见的形而下之情上推知其形而上之性之‘有’，由此证明形而上之性之‘存’。但在王阳明看来，性（即良知）情虽有体用之说，却并无形上形下之分，不仅形上在形下中，而且形下在形上中。”[①] 因此，切实的心性修养工夫，必须以情为基点，透悟天地万物之情，然后才可以明白何谓“性”。吕坤曾出于怜悯而注视一名在路上哀哀哭泣的少妇，因而遭到友人的责难，他辩解道，个体之心不可能无“感”：“子欲入市而闭目乎？将有所择而见乎？虽然，吾犹感心也，见可恶而恶之，见可哀而哀之，见可好而好之。虽性情之正，犹感也，感则人，无感则天。感之正者圣人，感之杂者众人，感之邪者小人。君子无能不感，慎其所以感之者。此谓动处见静，乱中见治，工夫效验都在这里。”[②] 与理气观的变化相应，学者认为情与性属为物不二的关系，情就是性，无情也就无所谓性。“有僧辨情辨性，杨起元曰：‘要晓得情也是性。’”[③] 杨起元的意思并非肯定个体可以任情自恣，而是意在指出性就是情之中正，正如季彭山所言，“由理之一者而言，虽耳目口鼻之欲，情或得正，亦性也”[④]。因此，士人不应将心性分为两件事物，空谈性理，而应从形而下的情切入做身心工夫，如此工夫才可落到实处（当然，心学以尊德性涵摄道问学，主张道问学以尊德性为目标，这种泛道德主义为关注形而下的情提供了条件）。张元忭曰：“夫惟析心与道而为二，是故舍我喜怒哀乐本然之情性，而求之于难穷之物理，舍我事亲敬长本然之知能，而索之于无常之事变，考之愈勤，讲之愈彻，而以

① 蒙培元：《情感与理性》，中国人民大学出版社2009年版，第118页。

② （明）吕坤：《呻吟语正宗》，王国轩译注，华夏出版社2007年版，第587页。

③ （清）黄宗羲：《明儒学案》，沈芝盈点校，中华书局1985年版，第813页。

④ 同上书，第274页。

之应感、酬酢，漠然愈不相关，此则学术之过也。”① 学者须关注自心，穷究个体之情，使其归于中和，如此，心便纯乎天理。宋儒性体情用的二分提法，本就显得赘余，王塘南有言：“悟心体者，则情识思虑皆其运行之用……且此心廓然充塞宇宙，只此一心，更无余事，亦不见有情识思虑之可言。如水常流而无波，如日常照而无翳，性情体用，皆为剩语。”② 焦竑亦认为，“未发”并非指无情，性离开情便不存在，“性之静，非离情以为静也，而不知性者常倚于情。夔夔齐栗，不敢离一丝焉。所以慎之也，慎独矣，而必系之喜怒哀乐者，何也？曰，圣人独能无情哉？喜怒哀乐虽其憧憧焉，皆未发也。……情亦性矣，何也？水可为波，而波未尝不水也。性可为情，而情未尝不性也。噫，非知性知天之君子，孰能辨之。”③ 吕坤直言：“七情总是个欲，只得其正了都是天理；五性总是个仁，只不仁了都是人欲。”④ 性、理离了情、欲也就不存在，言性理必须以情、欲为探讨对象，“舍自家性情，更无用功处”⑤。由于情与性、欲与理并非相互对立的两件事物，而是为物不二的关系，故不可用未发属性、已发属情等宋儒观点使情性分崩离析，这一观点在明末刘宗周与黄宗羲师徒处得到总结。黄宗羲在分析王门黄洛村时曰：“自来儒者以未发为性，已发为情，其实性情二字，无处可容分析。性之于情，犹理之于气，非情亦何从见性，故喜怒哀乐，情也；中和，性也。于未发言喜怒哀乐，是明明言未发有情矣，奈何分析性情？则求性者必求之未发，此归寂之宗所由立也。一时同门与双江辨者，皆从已发见未发，亦仍是析情

---

① （清）黄宗羲：《明儒学案》，沈芝盈点校，中华书局1985年版，第328页。

② 同上书，第480页。

③ （明）焦竑：《焦氏笔乘续》（卷二），1853粤雅堂丛书本，第28页。

④ （明）吕坤、洪应明：《呻吟语　菜根谭》，吴承学等校注，上海古籍出版社2000年版，第54页。

⑤ （清）黄宗羲：《明儒学案》，沈芝盈点校，中华书局1985年版，第345页。

于发，析性于未发，其情性不能归一同也。”①

因此，无情则性也就不得见，性不可言，论性只能就形而下的层面立言，这种观念对戏曲、小说的创作也产生影响。汤显祖即对这一哲学观念有清晰的表达：“夫道，视不可见，听不可闻，体物不可遗。讲者不知是讲体是讲物。讲物则不尽，讲体则不能。”② 由此，汤显祖“以人情之大窦，为名教之至乐”③ 的观点反映的并非汤显祖思想上的自我矛盾，而是显示了汤显祖在情性观上与心学相近，这也是他可以理直气壮声称“师言性，某言情”的根本原因。情即理，二者绝非处于对立、二分的状态，则世人自然可由人情达乎名教。相似的观点在晚明文人中颇为流行。倪元璐曰：“韵人管风弦月，壮士矩伦矱理，两氏遇于涂，必捽顶交唾而去。今使两手者，左执檀口，右执铁肝，兼写文献，所不能矣。夫文章之柔若媚狐，比于巧令者，莫甚元之曲子，而以为由其道之可以教忠，世培则有取尔也。”“宋人谈理，元人填词，原是一脉贯下，老生无穿钱索子，遂令分作两截。”④ 这种情性观的变化，在沈璟处亦可察见。沈璟在戏曲主张上与汤显祖不乏对立之处，其剧作更以重视礼法的道学气为重要特征，但这并不妨碍他对《牡丹亭》的喜爱乃至作字句音律上的修改。在他的《红蕖记》中，崔希周偶拾红蕖花，一心欲寻采红蕖的女子，下第回来，羁留于拾得红蕖之处进行寻访。同行魏枝甚为不悦。崔希周道：“魏兄，我崔希周本非荡子，休拟狂童。才与不才之间，乃见至人能处世；有意无意之际，总来我辈自钟情。既谓之人，身已生于六

① （清）黄宗羲：《明儒学案》，沈芝盈点校，中华书局1985年版，第450页。

② （明）汤显祖：《汤显祖全集》（2），徐朔方笺校，北京古籍出版社1999年版，第1465页。

③ 同上书，第1188页。

④ 杜云编：《明清小说序跋选》，广西人民出版社1989年版，第99页。

欲；若能无想，缘可断字三生。吾为怜香骨而殢柔肠，实以寄壮心而销侠气。"[①] 在沈璟看来，情与理之间亦绝非非此即彼的对立关系。

情即性，这一情性观亦说明，脱离情的理也便成为空洞的教条，沦为口耳之学。对于情尤其是真情持积极态度，使晚明文人与程朱在情性观上保持着明显的距离，"古称君门远于万里，谓情隔也。岂惟君门？父子殊心，一堂远于万里；兄弟离情，一门远于万里；夫妻反目，一榻远于万里。苟情联志通，则万里之外犹同堂共门而比肩一榻也"[②]。情为气，而无情也便无性，无情的枯槁之人，亦难与讨论性为何物，情被赋予了浓重的心性学意味。正如明末清初的尤侗所言："今道学先生才说着情，便欲努目，不知几时打破这个性字？汤若士云：'人讲性，吾讲情。'然性情一也。有性无情，是气非性；有情无性，是欲非情。如孰无情，无情者鸟兽耳，木石耳。奈何执鸟兽木石而呼为道学先生哉？"[③] 如果对心性之学的讨论，不能由情而始，由情而入，则终将流为不切身心的隔靴搔痒，"性"也难得分明，因此，歌咏男女之情的小说戏曲，亦具有心性学的功用。沈际飞即认为，男女之情是个体之情中最真诚自然的部分，在男女之情上都不真诚的个体，不可能在君臣父子的伦常关系中坚守道德之情，"人之情，至男女乃极，未有不笃于男女之情，而君臣父子兄弟朋友间反有钟吾情者"[④]。署名为"楚人中郎袁宏道题"的《花阵绮言题词》亦提出，孔子并不讳言男女之情，不能正视男女之情的性理已有拂逆人情、不切身心之嫌，"卓氏琴心，宫人题叶，诸凡传诗寄柬，迄今犹自动人，

① 徐朔方辑校：《沈璟集》，上海古籍出版社 1991 年版，第 40 页。

② （明）吕坤、洪应明：《呻吟语　菜根谭》，吴承学等校注，上海古籍出版社 2000 年版，第 36—37 页。

③ （清）尤侗：《西堂杂俎》，台北广文书局 1970 年版，第 129 页。

④ （明）沈际飞：《诗余四集序》，卓人月汇选《古今词统》，辽宁教育出版社 2000 年版，第 18 页。

而不删郑卫，即尼父犹然，何必如槁木死灰，乃称教也！昔王平甫云：‘闭目不窥，已是一重公案。’吁！此绮言之所由刻矣”[①]。罗大纮曾批评汤显祖的戏曲创作“过耽绮语”，建议他“息念”、求取心性大道的解悟，但汤显祖认为脱离“绮语”的解悟并不可靠，因为性不能离开情而单独存在，“但欲弟息念听于声元，倘有所遇，如秋波一转者。夫秋波一转，息念便可遇耶？可得而遇，恐终是五百年前业冤耳。如何？”[②] 采芝客在《鸳鸯梦·叙》中亦指出，男女之情止乎礼义，亦可起到教化世人的功用：“传奇以谕俗，意亦颇主劝惩，固《三百篇》之支裔也。自忠孝节烈，一变而为柔情曼声，而侠骨刚肠，化为绕指，议者不无诲淫之虑。而铜将军、铁绰板，唱‘大江东去’，苏学士亦以贻讥。二者聚讼，余有以平之曰：发乎情，止乎礼义；好色不淫，怨悱不乱，兼《风》《雅》而为骚，即仿遗骚而为歌曲，斯莫尚矣。……安在柔情曼声，而不足以扬忠孝、旌节烈也哉？”[③] 因此，笔者认为，晚明剧作家在写情传统上推出的重情思潮，其背景正是晚明情性观的变化。晚明剧作中的情极受重视，却并不与理处于对立的状态（理在晚明具有变动周流、贴近人情的特点，这误导当今学者得出情理对立的观点）。一个显著的例证是，如果将晚明一些经典的写情之作与《西厢记》细细比较，则不难发现，它们对于礼法的对抗性与实质破坏性要低于《西厢记》这部在才情上折服明人的剧作。

① 大连图书馆参考部：《明清小说序跋选》，春风文艺出版社1983年版，第21—22页。

② （明）汤显祖：《汤显祖全集》（2），徐朔方笺校，北京古籍出版社1999年版，第1401页。

③ 蔡毅编：《中国古典戏曲序跋汇编》，齐鲁书社1989年版，第1433—1434页。

二　情深方可体道

王阳明一门人因为失去孩子而悲痛得难以自已，虽然阳明认为父子至情可以理解，但是他并不赞同过度而泛滥的感情：

> 大抵七情所感，多只是过，少不及者。才过便非心之本体，必须调停适中始得。就如父母之丧，人子岂不欲一哭便死，方快于心？然却曰'毁不灭性'，非圣人强制之也，天理本体自有分限，不可过也。人但要识得心体，自然增减分毫不得。[①]

这种对待感情的态度，在阳明后学中并不少见，与程朱的情性观区别并不明显。事实上，晚明心学学者亦不乏因袭程朱"性其情"观点的言论。王畿曾言："情反于性，谓之'还丹'，学问只是理会性情。"[②] 博学的焦竑亦认为："波兴则水溷，情炽则性乱。波生于水，而溷水者波也；情生于性，而害性者情也。"[③] 因此他认为"君子性其情，小人情其性"[④]。朱熹在情性观上主张性体情用，认为个体须以性约束情，因为过度而不受约束的情会流向人欲之私，产生难以估量的负面作用。不过，他也指出，七情是人心中必然的存在，"喜怒忧惧，都是人合有底。只是喜所当喜，怒所当怒，便得其正。若欲无这喜怒忧惧，而后可以为道，则无是理。小人便只是随这喜怒忧惧去，所以不好了"[⑤]。这一观点，在王阳明甚至泰州学派的学者那里，基本上得到了继承。实际上，阳明虽承认七情是人心中必然的存在，但亦

---

① 陈荣捷：《王阳明传习录详注集评》，台湾学生书局 1983 年版，第 82 页。

② （清）黄宗羲：《明儒学案》，沈芝盈点校，中华书局 1985 年版，第 248 页。

③ （明）焦竑：《焦氏澹园集》，伟文图书出版社有限公司 1977 年版，第 2032 页。

④ 同上。

⑤ （宋）黎靖德编：《朱子语类》，王星贤点校，中华书局 1986 年版，第 347 页。

主张情不可泛滥，“喜怒哀乐惧爱恶欲，谓之七情，七者俱是人心合有的。但要认得良知明白。七情顺其自然之流行，皆是良知之用，不可分别善恶。但不可有所着。七情有着，俱谓之欲，俱为良知之蔽”①。这是学者们为论述心学触发、推动了情欲之解放而广泛征引的一段话。实际上，若据此认为阳明对情的态度与朱熹有本质区别，恐怕对朱熹不公，阳明也不会认同。

笔者认为，心学之所以引发了重情思潮，乃是因为它主张气即理、注重形而下日用的学术倾向。一如笔者上文所论，因为气即理的观念，情即性亦日渐得到学者的认同，指情言性的做法日渐流行。晚明的重情情思潮便是在这一哲学背景下发生的：情即性，当然不是指所有感性情感不分善恶皆可视为“性”，而是说，性与情为物不二，性是情的存在状态之一。晚明文人对心学的情性观加以发挥，强调情处于真情、至情的状态下便是性，这是晚明士人指情言性的重要推论结果。一些有着深厚儒学修养的剧作家亦借戏曲表达了个人的心性之思，强调了这样一个观念：情须是一往而深的至情、真情，如此情即可被视为性。宋儒克制情念、无动于衷的做法遂被视为不近情理而遭摒弃。

真，在晚明具有浓重的伦理色彩，与至善本心紧密联系在一起。在晚明心学中，个体之心纯为良知，才是心的真实状态，从理论上看，去伪、去妄亦成为回复本心的重要手段。良知心体被认为万理毕具、纯为天理，因此，恶被认为是心体蔽于外物才产生的不真实的存在。个体因为未能真诚地循良知本体而动，掺入物欲、习气，故其情感、言行脱离心体的真实发用，流于虚伪、人为。在心学中，伪，甚

① 陈荣捷：《王阳明传习录详注集评》，台湾学生书局1983年版，第432页。

至人为的思索安排都被斥为妨碍了本心自然发用的自私用智。“真”因而被纳入至善心体，就心体而言，真就是善，真善高度合一；“真”与至善的本心直接相连，足够真的必然是善的。在高拱那里，真心直接与儒家的“仁”相等，他曾“梦一伟丈夫，衣冠甚古，貌庄而和，弟子六七人侍侧。予问从者曰：‘此何人?’曰：‘孔夫子。’予肃然起敬，拜见之。因问曰：‘仁道至大，夫子每教人以仁，而不言所谓，敢以请!’夫子曰：‘只一点真心便是。’”[①] 吕坤亦曰：“能辨真假是一种大学问。世之所抵死奔走者，皆假也。万古惟有真之一字磨灭不了，盖藏不了。此鬼神之所把握，风雷之所呵护；天地无此不能发育，圣人无此不能参赞；朽腐得此可为神奇，鸟兽得此可为精怪。道也者，道此也；学也者，学此也。”[②] 晚明心学学者抨击闻见、义袭，一个重要的理论依据即闻见道理并非本心真实所有，因为本心万理毕具，真实的本心自然循于天则。这一理论正流露出心学理论对伪的绝对排斥。虽然泰州学派、王龙溪等学者主张的现成良知有遗失工夫的可能，但从理论上看，现成良知强调个体悟入良知后，良知本心在现实经验世界的存在与完满，因此，现成良知实为一种真善合一的道德境界，而“伪”则是善的破坏因素与良知发用的障碍。心学学者传达出这样一种信念：当个体足够真的时候，心体纯为良知；而且这一境界下的良知具有以虚应万物的灵明特性，这是宋儒致知穷理的工夫论下永远达不到的至高境界。

而真挚一直被文人视为情的基本特征，李梦阳曰：“天下未有不实之情也，故虚假为不情。”[③] 情的至真之性，决定它对心性学具有重

---

① （明）高拱：《高拱论著四种》，流水点校，中华书局1993年版，第34页。

② （明）吕坤、洪应明：《呻吟语　菜根谭》，吴承学等校注，上海古籍出版社2000年版，第134页。

③ （明）李梦阳：《空同集》卷六十六，文渊阁四库全书本。

要意义，可以说，真情既是气又是理，情既是天理本身也是悟得天理的媒介。以李贽的《读若无母寄书》为例，“若念佛名而孝行先缺，岂阿弥陀亦少孝行之佛乎？决无是理也。（其母之）言出至情，自然刺心，自然动人，自然令人痛苦……未有闻母此言而不痛哭者也。”① 因为若无之母在信中流露的母子至情，被深深打动的李贽放弃了自己支持若无弃母出家的观点，他认为若无之母的真情揭示了至性与天理。我们由此可以看到，真情是至善的，真情显露的时刻，便是个体悟入本心、扩充至善心体的契机。可见，晚明注重情之真，歌咏深情、至情，并非全为人欲解放而发，明末随着情性观的进一步深入，文人主张指情为性，虽然文人认为在现实层面“情有善有恶”，但真情发乎本心是纯善的，因此，对真情的坚持就是对天理的坚持。

晚明有识之士很早即激赏词曲抒发真情的特征，李开先曰：“正德初尚《山坡羊》，嘉靖初尚《锁南枝》……二词哗于市井，虽儿女初学者，亦知歌也……词意则直出肺肝，不加雕饰，俱男女相与之情，虽君臣友朋，亦多有相托此者，以其情尤足感人也。故风出谣口，真诗只在民间。”② 标举至情的汤显祖亦曰：“仆不敢自谓圣地中人，亦几乎真者也。”③ 晚明士人认为，各种文体皆以曲尽人情为根本。在《诗余四集序》中，沈际飞批评了世人以风气、体裁、音义等为标准贬低词之价值的做法。在沈际飞看来，晚明各种诗体皆备，“非体备也，情至也，情生文，文生情，何文非情”④。戏曲亦不例外，染指戏曲的晚明文人皆主张戏曲写出真诚的情感，如此方有感发

① （明）李贽：《焚书》，中华书局 1975 年版，第 141 页。

② 路工辑校：《李开先集》（上），中华书局 1959 年版，第 320—321 页。

③ （明）汤显祖：《汤显祖全集》（2），徐朔方笺校，北京古籍出版社 1999 年版，第 1305 页。

④ （明）卓人月汇选：《古今词统》，辽宁教育出版社 2000 年版，第 17 页。

人心的力量。《焚香记》总评曰："其填词皆尚真色，所以入人最深，遂令后世之听者泪，读者颦，无情者心动，有情者肠裂。"①

可以说，心学为戏曲歌咏至情提供了理论基础，晚明士人那里，情与善、真是三位一体的。圣贤经典虽有助于体悟心性，但与德行之纯粹间并没有必然关系，因为圣贤经典极有可能流为口耳义袭之学，难以对个体身心产生切实影响。形上之义理，必须落实于形下之情，若无真情至性，则忠孝节义的道德伦理亦无从谈起。陈洪绶在给《娇红记》作的序中对此有集中论述，"今天子广劝教化，诛凡衣冠而鸟兽行者。或曰：'是某某者，皆道学之士，所共推为贤者也。且其人亦既读书知理义矣，何至行同于狗彘若此？'余曰：呜呼，若人非不知理义之患也，惟知有理义而貌之以欺世。……盖性情者，理义之根柢也。苟夫性情无以根柢，则其于君臣、父子、兄弟、朋友、夫妇之间，殆亦泛泛乎若萍梗之相值于江湖中尔。天下残忍刻薄、悖逆乖睽之事，无不缘是而起。"② 因只能由情而谈性，故不仅不及情的人被视为腐儒，即使情不深、情不至的人，亦不能被视为心性的解人。陈洪绶在评点《娇红记》时指出，读《出师表》不落泪的人必然不忠，读《陈情表》不落泪的人必然不孝，读《娇红记》不落泪的人必然不节义，因为个体若是不能被真情打动的多情之人，其心已然趋于麻木，伦理道德亦失去存在的可能性。而戏曲以写情、重情为契机，参与了"心即理"的实现，对如何实现德性之纯粹提出了自己的观点。情真被视为所有伦理道德不可或缺的基本特征，男女之情则因其真挚无伪而具有了心性学价值，成为至性的表现。周铨曰："天下一情所聚也。情之所在，一往辄深。移之事君，事君忠。以交友，交友信。

① 蔡毅编：《中国古典戏曲序跋汇编》，齐鲁书社 1989 年版，第 1324 页。

② （明）孟称舜：《娇红记》，欧阳光注释，上海古籍出版社 1988 年版，第 269—270 页。

以处世，处世深。……古未有不深于情，能大其英雄之气者。”[①] 拘儒谈“风流”而色变，乃因他们不知情尤其是男女之情与伦理道德间并非对立的关系，不知真情乃所有伦理道德之基础。空谈义理，庄语责人而不及情，与世人身心毫无益处，实为假道学的症结所在，正如闵景贤所言：“予且快谈经济、谈道学、谈名理、谈禅、谈法，规规然抑何庄重，忽转而谈风流，人将曰妖淫之语不堪辱简册。亦知非鲜华人登风流座，庄重相责，语不相亲。当沈着冥结之境逗一风流语，不觉诸郁顿畅，立见名通。语云：凡忠臣孝子节义事功，莫非大有情人，则此情为位育真种子，比假经济、假道学、假名理、假禅、假法，皆不及情者也。此《鸳鸯谱》所由录也。”[②] 马权奇明确指出，深情之人方可为忠孝节义之事，孟称舜正因深于情、邃于理，故惓惓挂怀世教，借谈情以言性，“天下忠孝节义之事，何一非情之所为?故天下之大忠孝人，必天下之大有情人也”“得云子词读之，余知其深于情也于世无再，其能道其深情亦于世无再也”。[③] 赤城临海逸叟的《鼓掌绝尘叙》更以不无极端的语气指出，喜爱美景美色，人人皆同，老成端重的言行实乃伪作的表相，流连风月才是人情之真，“花红柳绿，飘拂牵游，即老成端重之儒，无不快睹而欣焉。乃知老成端重，其貌尤假；风花雪月，其情最真也”[④]。冯梦龙的情教说、孟称舜的“邃于理而妙于情”之所以成立，皆因心学语境下，形而下的情得到高度关注，情真具有了性善的意味，情真善三位一体，而男女之情因其入人之深、真挚强烈而尤得士人瞩目。晚明词人钱继章即认为，情

① （明）周铨：《英雄气短说》，致新主编《历代小品性灵》，崇文书局2004年版，第124页。

② 致新主编：《历代小品性灵》，崇文书局2004年版，第114页。

③ （明）马权奇：《二胥记题词》，孟称舜《新镌二胥记》，文献古籍刊行社1956年版。

④ 大连图书馆参考部：《明清小说序跋选》，春风文艺出版社1983年版，第5页。

与性本不可分，关键在于情是否足够深挚："夫人苦不情至耳。有至情必有至性……谓忠臣孝子之慷慨，羁人怨女之喁切，有情与性之分，知道者不作是歧观也。"[①] 这也许可以解释，何以晚明会"十部传奇九相思"，因为婚恋剧最能将情与善结合在一起。剧作者以孔子不删郑卫为歌咏男女至情寻得支持，他们不仅认为圣人承认男女之大欲为人性固有之部分，更进一步发挥，男女至情、闺房之爱中的纯真无伪，与一切伦理道德相通，且为伦理道德之基础。汪廷讷在《投桃记记序》中曰："惟深闺韶龀，涉世浅而天真，完心诚意，当毫无虚假，虽值势范威惕，竟不能夺其志，是以君子犹有取焉。"[②] 《洒雪堂》中，魏鹏于书斋思念贾云华，有人来求墓志铭，僮仆误将情诗给了来人，来人不依，僮仆揶揄道："如今的文章都是个套子，还只是这情诗到真切。"[③] 有责任感的剧作家在刻画男女之情时，情的浓烈和理取得了高度的一致（当今学者肯定晚明爱情剧有破坏礼法、追求恋爱自由的一面，但是笔者在前文分析过，这种破坏礼法的表象下，是对伦理道德更真诚的恪守），真情必然是至情、痴情，青年男女尤其是女性，一旦情有所属必然心如磐石，从一而终。

范文若的《鸳鸯棒》从反面论证了真情对伦理道德具有本质意味的重要性。秀才薛季衡本因贫穷而浪荡于乞丐之间，被人轻视，丐头钱盖出于好意，聘其为西席课子读书。不想薛季衡竟以诗挑逗钱盖之女惜惜，钱盖本欲逐薛季衡出门，薛季衡却要起无赖，以官休相威胁。身份低微的钱盖只得选择私休，将女儿嫁给薛季衡，并倾尽家财助薛季衡读书，几年之间，家产荡尽。薛季衡中举之后，流荡于秦楼

---

① 饶宗颐初纂，张璋总纂：《全明词》，中华书局2004年版，第51页。

② 阙名：《题汪无如投桃记序》，汪廷讷《投桃记》，商务印书馆1955年版，第2页。

③ （明）梅孝巳：《墨憨斋新定洒雪堂传奇》（下卷），商务印书馆1955年版，第18页。

楚馆，两月不归，以致惜惜郁郁而病。在薛季衡赴春闱之前，钱盖乞求其回家一趟，面对悲痛的惜惜，薛季衡假意盟誓，称“只是小生，原是道学中人”[①]。中进士后，薛季衡越发嫌弃惜惜的出身，在序齿录上将妻子一栏填为“已故”，并对不知情者故作悲痛，博得“信有情人也”的称誉。薛季衡甚至为“亡妻”大造水陆道场，以便“咒死鸳鸯，方便求凰”[②]。惜惜见丈夫高中却了无音信，遂与父亲寻薛季衡至其任地，薛季衡对外诡称惜惜是亡妻的婢女，将惜惜接入官衙，同时诬陷钱盖为光棍，使钱盖几乎殒命。在调任成都府途中，薛季衡先是哄得惜惜以为“两情欢好，依旧如初”，而后以赏月为名，将惜惜骗出船舱，推入激流，一边哭诉“兀的不痛杀我也”，一边又道“宦海沉身，情河委蚌，死者已矣，生者何堪”。命人不必打捞尸首，扬长而去。在激流中救起惜惜的成都府太守张泳，查知事件始末，令丫鬟霄练扮作惜惜鬼魂，前去吓唬薛季衡，以期唤醒薛季衡的良知。不料薛季衡谎称自己当日曾命人四处捞救，“俺号哭江边，几番欲自投江”[③]。霄练讽刺道：“怪道川江水添涨了，原来是你泪痕。”张泳认惜惜为义女，招薛季衡为婿，洞房黑暗之中，薛季衡方坦言：“小生与夫人千里会合，岂是偶然？若非把钱氏下手，焉得有此姻缘？”[④] 整个剧本之中，薛季衡的不仁不义，根本原因在其“不及情”，因没有真情，其内心是枯竭而污秽的，即使才高八斗、富于机变，道德伦理也只是被其玩弄、亵渎以满足私欲的工具。没有真情的人，也便没有至性，因此，自始至终，噩梦、棰楚，种种手段皆无法改变薛季衡的虚伪与狠毒。郑元勋的题词恰点明了真情与至善的关系：“或曰：‘先

① （明）范文若：《鸳鸯棒》（上卷），商务印书馆1955年版，第34页。
② （明）范文若：《鸳鸯棒》（下卷），商务印书馆1955年版，第2页。
③ 同上书，第46页。
④ 同上书，第57页。

生花骨绣胸，传其情至者足矣。恶取夫不及情者而歌舞之?’曰：‘不观夫诗之有美有刺乎？不知情之不及，恶知夫情至者之为至也。’嗟乎！人情百端俱假，闺房之爱独真。至此爱复移，无复有性情者矣。”①

因此，晚明戏曲尤其是爱情剧中的情有其自身特点，与儒家强调的中和之情拉开了距离。晚明士人强调感情的强度，情必须是深情、至情，而至情既是人情之自然，又不违背伦理道德的基本原则。汤显祖可谓标举至情的代表，“情致所极，可以事道，可以忘言。而终有所不可忘者，存乎诗歌序记词辩之间。固圣贤之所不能遗，而英雄之所不能晦”②。虽然汤显祖认为情有善有恶，但通过至情之说赋予情心性意味，《牡丹亭》中“生者可以死，死者可以生”的一往情深，便自然合于从一而终的女性道德，而《牡丹亭》亦往往被晚明士人解读为谈性之书。正如翠娱阁本评《牡丹亭题词》曰：“情之所钟，在我辈善用情耳。不极之死生梦觉，与不及情者何殊。”③ 情到了超越生死的地步，便能超越一己之私欲、私心，既具有感天动地的力量，又可跻乎伦理道德，具有永恒的价值。因此，晚明有相当一部分士人强调感情的深挚，对儒家怨而不怒、哀而不伤的传统情感观不置可否，袁宏道即言：“大概情至之语，自能感人，是谓真诗，可传也。而或者犹以太露病之，曾不知情随境变，字逐情生，但恐不达，何露之有？且《离骚》一经，忿怼之极，党人偷乐，众女谣诼，不揆中情，信谗齌怒，皆明示唾骂，安在所谓怨而伤者乎？穷愁之时，痛哭流涕，颠

① 蔡毅编：《中国古典戏曲序跋汇编》，齐鲁书社 1989 年版，第 1363 页。

② （明）汤显祖：《汤显祖全集》（2），徐朔方笺校，北京古籍出版社 1999 年版，第 1099 页。

③ 同上书，第 1154 页。

倒反复，不暇择音，怨矣，宁有不伤者？”[①] 汤显祖认为，蓄结的感情必然成不可遏制之势，必须经过淋漓尽致的宣泄方可复归平静，亦是情必有的特点，“万物当气厚材猛之时，奇迫怪窘，不获急与时会，则必溃而有所出，遁而有所之。常务以快其慉结。过当而后止，久而徐以平。其势然也。是故动孔冲樴而有厉风，破隘蹈决而有潼河。已而其音泠泠，其流纡纡。气往而旋，才距而安。亦人情之大致也。”[②] 主张淋漓尽致的感情宣泄是不可改易的人情必然，这与汤显祖对至情的标举是一致的。

值得一提的是，晚明戏曲对情真善一体的推崇，与心学学者贴近人情物理有关。也就是说，心学学者主张将性、理建立在百姓人情之上。与之相应，剧作者并不执定既有、僵化的外在礼法，而是由真情推出至性、真理，对不近人情的礼法进行调整。而情真善一体这一由心学扭结并强化的观念，在明末金圣叹那里，被极富矛盾意味地予以坚持。明末学者承续了晚明情即性的思路，但在社会危机中他们重提外在纲常伦理的价值，并强化礼法的尊严，主张人物外在行为须一丝不苟地合乎礼法。事实上，明末文人否认了天理须以人情物理为基础与时推移，这使文人在批评《西厢记》一类爱情剧时，必然要面对内在情真与外在礼法间的矛盾。金圣叹抨击好色不淫为“虚伪”，并坚持崔张皆为合乎礼义之人，崔莺莺是经得起推敲的千金小姐；但金圣叹同时不得不对自己喜爱的人物崔莺莺作捉襟见肘的辩护，甚至不惜操刀改动剧本中的个别字眼。而孟称舜在《贞文记》中更是借佛教思想否定了现实中男女之情欲的真实性。

① （明）袁宏道：《袁中郎全集》，（台湾）伟文图书出版社有限公司 1976 年版，第 179—180 页。

② （明）汤显祖：《汤显祖全集》（2），徐朔方笺校，北京古籍出版社 1999 年版，第 1099 页。

三　周流变动之“理”

朱熹虽强调理气不可相离，但他主张理在气先、以理为本，“有是理便有是气，但理是本”①。朱熹的理具有智识主义倾向，对引导学者探究自然事理、知识经验有积极作用，但就社会伦理道德而言，朱熹的理观却很可能引发礼法规则的僵化、进而成为百姓人情的对立面，因为朱熹将理放在了人情物理之前，“未有这事，先有这理。如未有君臣，已先有君臣之理；未有父子，已先有父子之理。不成元无此理，直待有君臣父子，却旋将道理入在里面？”② 朱熹同时认为，儒家之理体现为礼，学者克己“复礼”方为仁，学者若徒知克己则可能流入佛老，礼法规则因而被放在了极为重要的位置，成为学者需要体认、遵守的对象。可见，朱熹的理在气先，需要学者遵守知先行后的次序，这可能误导学者耽溺于格物致知以识理，进而脱离形下、流入空谈性理，而理一旦脱离人情日用，便极可能走向僵化。

晚明士人在推进理气观的基础上，对“理”有了不同于程朱的观点。他们强调，圣人因情而制礼，礼作为人情之节文，须以人情为基础，如果不能体会前贤往圣的真意而死守他们的行迹，必将拂逆人情，违背圣人制礼的初衷；天理不可脱离形而下的百姓日用、人情物理，天理须具有变动周流之义，随人情的变化与时推移。“后之儒者，不明一体之义，不能自信其心，反疑良知涉虚，不足以备万物。先取古人孝弟爱敬、五常百行之迹，指为典要，揣摩依仿，执之以为应物之则，而不复知有变动周流之义，是疑目之不能辨五色而先涂之以丹

① （宋）黎靖德编：《朱子语类》，王星贤点校，中华书局1985年版，第2页。

② 同上书，第2436页。

镬，耳之不能辨五声而先聒之以宫羽。岂惟失却视听之用？而且汩其聪明之体，不至于聋且聩者几希。”① 袁宏道在《衡山暑谭》中亦指出，孔孟之理本出于人情之自然，“孔孟教人，亦依人所常行，略加节文，便叫做理。若时移俗易，节文亦当不同”②。后儒遗落了孔孟的絜矩之道，强立一个理字拘束百姓，使理失去与时推移、周流变动之义，不能顺应百姓好恶之情的变化、强矫百姓之情，故难以收到平治之效，“孔子所言絜矩，正是因，正是自然。后儒将矩字看作理字，便不因不自然。夫民之所好好之，民之所恶恶之。是以民之情为矩，安得不平。今人只从理上絜去，必至内欺己心，外拂人情，如何得平？夫非理之为害也？不知理在情内，而欲拂情以为理，故去治弥远。”③ 吕坤亦主张礼应该以情为基础，“礼由情生，后世乃以礼为情，哀哉！”④ “人情天下古今所同，圣人防其肆，特为之立中以的之。故立法不可太极，制礼不可太严，责人不可太尽，然后可以同归于道。”⑤ 礼仪制度更不应被视为不容置疑的法则而失去与时推移、顺应民情的特征，“后儒不考古今之文，概云先王制作而不敢易，即使尽属先王制作，然而议礼制度，考文沿世，导民俗而调剂之，易姓受命之天子皆可变通，故曰刑法世轻重，三王不沿礼袭乐。若一切泥古而求通，则茹毛饮血，土鼓污尊皆可行之今日矣。尧、舜而当此时，其制度文为必因时顺势，岂能反后世而跻之唐虞？”⑥ 李贽肯定人皆有

① 吴震编校：《王畿集》，凤凰出版社 2007 年版，第 44 页。

② （明）袁宏道：《袁中郎全集》，（台湾）伟文图书出版社有限公司 1976 年版，第 684 页。

③ 同上书，第 677—678 页。

④ （明）吕坤、洪应明：《呻吟语 菜根谭》，吴承学等校注，上海古籍出版社 2000 年版，第 99 页。

⑤ 同上书，第 156 页。

⑥ 同上书，第 78—79 页。

私，贬斥道学、訾议六经，正为削弱既定礼法、道德教条的神圣性，强调执政者应以体察人情变化、切实保育百姓为己任，“唯是街谈巷议，俚言野语，至鄙至俗，极浅极近，上人所不道，君子所不乐闻者，而舜独好察之。以故民隐无不闻，情伪无不烛，民之所好，民之所恶，皆晓然洞彻，是民之中，所谓善也。……夫唯以迩言为善，则凡非迩者，必不善。何者？以其非民之中，非民情之所欲，故以为不善，故以为恶耳”①。正如杜维明先生所言，“与禁欲主义大不相同，儒学认为自我转化必须在人际关系的背景中才能得到表现。……从儒学的观点来看，人的真实性不是由社会的规范所决定的。事实上，人如不加区别地让自己臣属于社会的限制之下，那他就不能是真实的。”② 儒家主张士大夫躬行道德践履，但并不主张以苛刻的道德强求细民百姓。从这一角度看，即使朱熹亦不乏肯定人欲之词，“盖钟鼓、苑囿、游观之乐，与夫好勇、好货、好色之心，皆天理之所有，而人情之所不能无者。然天理人欲，同行异情。循理而公于天下者，圣贤之所以尽其性也；纵欲而私于一己者，众人之所以灭其天也。二者之间，不能以发，而其是非得失之归，相去远矣”③。与孟子一样，朱熹认为士人应由正视一己欲望，推己及人，满足普通大众的欲望。若能如孟子期待的那样，“王如好色，与百姓同之”，使天下“内无怨女，外无旷夫”，那么个体之欲、情便由私化公，成为天理。在《道古录》中，李贽以极为相似的词汇，重复了从孟子到朱熹的仁政思想：“孟子告齐宣曰：王勿以好色为疾也！王唯真知吾之好色，则一国之男女皆得所矣。毋以好货为疾也！王唯真知吾之好货，则一国之衣食皆有

---

① 张建业主编：《李贽全集注》（第十四册），社会科学文献出版社 2010 年版，第 281 页。

② 杜维明：《杜维明文集》（4），武汉出版社 2002 年版，第 30—31 页。

③ （宋）朱熹：《孟子集注》，徐德明校点，上海古籍出版社 2001 年版，第 255 页。

余矣。……夫人正赖有此实意，有此真知，故能推以及人，与人同其好，与人同其恶，便是王政了矣。使齐王自以为疾而欲去之，又安肯容人之疾，又安肯容百姓之疾耶！”[①] 可见，李贽对人欲的肯定有承继儒家传统思想之处，虽然他有感于官员不能切实实践这种思想而愤慨，并以不乏偏激的语调重申了这一儒家传统。袁宏道亦提出与李贽类似的人性观，在他看来，“孟子说性善亦只说得情一边，性安得有善之可名。且如以恻隐为仁之端，而举乍见孺子入井以验之，然今人乍见美色而心荡，乍见金银而心动，此亦非出于矫强，可俱谓之真心耶”[②]。人见金银美色而动心，就像见到无辜的孩子落井而心生恻隐一样，都是人心的真实反应。袁宏道强调，士人与百姓细民在人性上都有趋利避害的一面，并非为了鼓励士大夫纵欲自恣，而是为了强调士人应发挥推己及人、保育百姓的儒家本旨。所有的天理都应建立在百姓共同的好恶之上，而对于利益的追逐，即使豪杰天子也在所难免，自然不能苛责衣食难以周全的细民百姓，“汉高宋真皆英主也，一则以利之故忌其臣，一则以利之故忌其子，此一念可轻易责恒人乎？”[③] 袁宏道认为理只是后人所立的名相，士人无须执着于名相，更无须死守名教，百姓的真实好恶必须观之当下现实以定，如此方能顺应民情。唯有切实将自己视为与百姓一样，方能真切地感受他们的所欲所求、理解他们的好恶，如此方能真正推己及人，而不是执着于先贤拟定的“理”之条目，对百姓求全责备。这种观念将宋儒修身养性中的“尽除私欲”精进为“尽除私意”，其背后是心学屡屡阐扬的万物一

---

① 张建业主编：《李贽全集注》（第十四册），社会科学文献出版社 2010 年版，第 278 页。

② （明）袁宏道：《袁中郎全集》，（台北）伟文图书出版社有限公司 1976 年版，第 662—663 页。

③ 同上书，第 699 页。

体、廓然大公之情怀，也是至善的道德境界。与我们将晚明肯定人欲视为人欲解放、个性解放不同，袁宏道、李贽对人欲的肯定，其旨归依然在儒家的济世安民，是为了推进士人对天下百姓之欲的认同。一个佐证是，李贽虽然嗔性太重，但他立身狷介高洁，不近女色；袁宏道为官勤于官事、爱民如子。事实上，主张肯定细民百姓的合理之欲，并非李贽独创，主张气即理的罗钦顺即以辩证的态度看待人欲，主张人欲不可灭，也不可放纵，“后来诸公，往往将人欲两字看得过了，故议论间有未归一处。夫性必有欲，非人也，天也。既曰天矣，其可去乎！欲之有节无节，非天也，人也。既曰人矣，其可纵乎！”①就主张天理须顺应人情、人欲之同而言，“正统”士大夫高拱亦与李贽有相通之处，“天理不外于人情，若远人情以为天理，则非所以为天理也。是故治人以人，施人以己。”② 可见，李贽前后的学者，已对“存天理，灭人欲”的提法表示质疑，他们并不是认为人欲可以放纵，而是认为这一提法因过于割裂天理与人欲的关系，在晚明学者看来，若无人欲则天理亦成一悬空的存在，士人欲使此心纯乎天理，进而实现济世安民的用世情怀，便须在人欲上做工夫，由人欲之节制见得天理的存在。黄宗羲明确重申了天理与人欲的辩证关系：“周子无欲之教，不禅而禅；吾儒只言寡欲，不言无欲。圣人之心无异常人之心，常人之所欲，亦即圣人之所欲也。人心本无所谓天理，天理正从人欲中见，人欲恰好处，即天理也。向无人欲，则亦并无天理之可言矣。”③

心学关注形而下之人情物理，主张理随人情而与时推移，必然对

---

① （明）罗钦顺：《困知记》，阎韬点校，中华书局1990年版，第90页。

② （明）高拱：《高拱论著四种》，流水点校，中华书局1993年版，第108页。

③ （清）黄宗羲：《黄宗羲全集》（第十册），浙江古籍出版社2005年版，第370页。

既定的礼法产生冲击。因此，礼作为理的外在体现，在程朱理学中占有非常重要的地位，二程曰："视听言动，非理不为，即是礼，礼即是理也。不是天理，便是人欲。"[①] 朱熹亦认为，若只知克己而不知复礼，将流入佛老，学者必须克己之后做精细的复礼工夫，使行动合乎规则，"克去己私，固即能复天理。不成克己后，便都没事。惟是克去己私了，到这里恰好着精细底工夫，故必又复礼，方是仁。圣人却不只说克己为仁，须说'克己复礼为仁'。见得礼，便事事有个自然底规矩准则"[②]。因为儒家的理必须体现为外在的礼，否则便与佛教的"理"没有区别。"只说理，却空去了。这个礼，是那天理节文，教人有准则处。佛老只为元无这礼，克来克去，空了。"[③] 这与心学认为个体可以纯任本心、自然合乎天则的观点有明显区别。在晚明的心学讨论中，礼与理的关系发生了一定程度的裂变，作为外在权威的礼仪规则反而可能遮蔽良知本心。研究烦琐的礼仪制度，很可能被心学学者认为逐末而忘本的行为。在心学学者看来，体悟良知，考察形下之人情物理，才能赋予作为外在规范的礼本质意义，避免礼因僵化、形式化而成为非礼之礼。因此，在晚明，既定礼法的神圣性受到了一定程度的损害。王阳明关于舜不告而娶的辩解，是一个被心学学者广泛接受的显例，表明心学学者在排斥外在规范的权威化、绝对化上，具有一致性。"天下古今之人，其情一而已矣。先王制礼，皆因人情而为之节文，是以行之万世而皆准。其或反之吾心而有所未安者，非其传记之讹缺，则必古今风气习俗之异宜者矣。此虽先王未之有，亦可以义起，三王之所以不相袭礼也。若徒拘泥于古，不得于心而冥行焉，

① （宋）程颐、程颢：《二程遗书》，上海古籍出版社2000年版，第190页。
② （宋）黎靖德编：《朱子语类》，王星贤点校，中华书局1986年版，第1045页。
③ 同上书，第1048页。

是乃非礼之礼，行不著而习不察者矣。”[①] 刘宗周对此深表赞同，认为对于礼经，皆应持此态度。在黄宗羲整理的《孟子师说》中，刘宗周在评论“任人有问章”明确提出礼不是一成不变的外在形式，“任人不知礼，以礼是死板格套，故有此问。夫礼以义起，从吾心之安不安者权衡而出之，奚有滞而不通之处?”[②] 顾炎武明确指出了心学对礼学的冲击、礼学在心学大盛时的衰微。“《仪礼》之废乃自安石始之。至于明代，此学遂绝。”[③] “南渡以后，二陆起于金溪，其说以德性为宗，学者便其简易，群然趋之，而于制度文为一切鄙为末事。赖有朱子正言，力辩欲修三《礼》之书，而卒不能胜夫空虚妙悟之学。……沿至于今，有坐皋比，称讲师，门徒数百，自拟濂洛，而终身未读此经一遍者。”[④] 心学主张学贵自得、自信本心的风气，本身并不利于树立礼法的权威性、统一性。嘉靖帝甚至自己操刀，仿圣人制礼作乐，“上好更定礼制，欲绌孔子王号，去像为木主，于笾豆礼乐，皆有所抑损”[⑤]。虽然嘉靖帝本人反感阳明、湛若水等以学术收人望，有意修改礼制以强调自己的至尊地位，但他的行为客观上反映了礼在晚明的微妙境地。在礼法权威性降低的表象之下，是晚明士人对礼法本质的关注。孙应鳌曰：“仁者，天地生生之德。这生生之德，陈列之而有序便是礼，流行之而不乖便是乐。……人若不仁，则不序不和，心已丧失，其如礼乐何哉？可见用礼乐者不当强事，礼乐之文，贵在能探礼乐之本。”[⑥] 耿楚侗（定向）指出，宋儒重礼，致使礼日趋僵化，礼与理脱离了形下的人情、人心，阳明正是为了纠正这一弊端，“晋、

① 吴光等编校：《王阳明全集》，上海古籍出版社 1992 年版，第 202 页。
② 吴光编校：《刘宗周全集》（第五册），浙江古籍出版社 2007 年版，第 638 页。
③ 黄汝成集释：《日知录集释》，花山文艺出版社 1990 年版，第 349 页。
④ 同上书，第 350 页。
⑤ （明）焦竑：《玉堂丛语》，中华书局 1981 年版，第 93 页。
⑥ 龙连荣等点校：《孙应鳌文集》，贵州教育出版社 1996 年版，第 196 页。

梁而下，佛、老之教淫于中国，礼法荡然，故濂溪欲追复古礼，横渠汲汲以礼为教。执礼，便是宋儒学脉。礼非外饰，人心之条理也。流传既久，渐入支离，心理分为两事，故阳明提出良知以觉天下，使知物理不外于吾心"[①]。可见，以"仁"之精神为基础，避免纲常伦理的僵化，是阳明心学直承孔孟的主张，"圣人何能拘得死格"[②]。鄙弃礼仪形式化，本是儒家的题中之义。晚明士人在追问孔孟思想真谛的基础上，认为性不可离开形而下的百姓日用，必须将世人普遍、共通的情欲、物欲等纳入伦理道德讨论的范畴，士大夫应以保育百姓之欲为济世爱民的重要目标。这一倾向，在晚明学者中并非个例。人云亦云地讳言人欲、功利，可能被士大夫视为贪图美名的迂腐行为。朱国祯曾对李贽不乏批评之处，但是他亦批评了某些"道学先生"不切实际的空谈：

> 一山人多酒过骂人，辄自命曰："浮云富贵。"余曰："且与汝细讲圣人言语，切不可截了头尾轻用。只如此句，上有'不义'二字，故他是浮云；下有'于我'二字，故我可浮云。他若富贵而义，则彼是卿云，又对待是我，我者，孔夫子也。不是孔夫子，亦何可浮云？"其人嘿然，第曰道学先生。[③]

焦竑亦批评了世儒谈功利、物欲而色变的迂腐之处，"自世猥以仁义功利岐为二途，不知即功利而条理之乃义也。《易》云'理财正辞、禁民为非曰义'，而岂以弃财为义哉！……籍第令画饼充饥可济于实用，则贤良文学之谈甚美，庸讵而必区区于此哉！"[④] 在儒学修养

① （清）黄宗羲：《明儒学案》（一），沈芝盈笺校，浙江古籍出版社 1992 年版，第 277 页。

② 陈荣捷：《王阳明传习录详注集评》，台湾学生书局 1983 年版，第 343 页。

③ （明）朱国祯：《涌幢小品》，上海古籍出版社《明代笔记小说大观》，上海古籍出版社 2005 年版，第 3512 页。

④ （明）焦竑：《澹园集》，李剑雄点校，中华书局 1999 年版，第 272—273 页。

较深的士人处，正视并讨论物欲并非为了满足一己之私欲，而是主张由生生之仁出发，将众生共通之情与欲作为礼法的基础，避免拂逆人情。“理”因而失去宋儒中“天理”的绝对权威性，“他们所追求的是，和虚构的天则的自然不同的真正的天则的自然（即现实的性命），和虚构的非人们的规范不同的真正的人们的规范。他们之所以拒绝外在规范的严峻性，是因为它是虚构的严峻性。他们之所以拒绝宋学的天理，是因为它不是天之理，对明代的现实来说，它已不足为天之理。”[①] 因此，晚明士人往往对一些礼法规定提出异议，亦是以内心不容已之至情为出发点和根据。以顾起元成书于明神宗万历四十五年（1617）的《客座赘语》为例，顾起元在讨论人子如何对待被父亲休弃的母亲时，完全是从母子至情出发，对夫权、父权色彩浓重的礼法规定作了抨击：

> 齐之章子坐视其母葬马栈之下，临以君命而不肯改，余终不忍以其行为得中。赵苞之守城，嵇绍之绝裾，终不若徐庶“方寸乱矣”之言，可以亡愧于人子也。如以此言为不明大义，则或有为嫡母所子而遂不肯认其生母者，有为异姓人后而不为本生行服者，亦可以其知大义而称为孝子乎哉！……孝子仁人，不幸而处人伦之变，所以权于礼与情之中者，其当必有道矣。[②]

顾起元认为，士人面对情礼两难时，不可盲目遵从礼法，而须叩问良知，将礼法建立在至情之上。就人子而言，母亲犯了错误被父亲休弃，人子必然处于两难的境遇中。在这种境遇下，人子不可以既定

---

① ［日］沟口雄三：《中国前近代思想的演变》，索介然等译，中华书局 1997 年版，第 65 页。

② （明）顾起元：《客座赘语》，谭棣华等点校，中华书局 1987 年版，第 123—125 页。

礼法为借口与母亲一刀两断，更不该欣欣然唯父命是从，将母亲抛之脑后，而应该从内心顾念母亲的乳哺养育之情，力求兼顾父命与母情。顾起元高度重视“方寸之乱”的意义，因为对母亲有真情的人，方可谓“有人心”。诸如嫡庶、七出之类礼法，皆在母子至情面前露出荒唐非礼的一面。阳明心学的“心即理”，最终在其后学处蜕变为从当下情境出发，叩问个体良知的反躬自省，从而避免天理的形式化、僵化。以良知体察当下，赋予“理”以周流变动之义，是晚明心学学者的一致态度。“祖龙焚书，道脉未尝坏。至汉将圣门道学著为典要，变动周流之旨，遂不复见于世。是谓迹似情非，所以大坏。”① “理无定在，心之所安，即是理。”②“理”必须由人情而来、以人情为基础的观点得到学者的普遍认同，早年曾修习过阳明心学的高拱亦曰：“圣人以人情为天理，而后儒远人情以为天理，是故圣学湮、圣化窒。”③

男女之情，作为个体有生而来的大欲，亦得到了学者们的认同。“宇宙内大情种，男女居其第一。圣王不欲裁割而矫拂之，亦不能裁割矫拂也。故通之以不可已之情，约之以不可犯之礼，绳之以必不赦之法，使纵之而相安相久也。”④ 谢肇淛更认为，婚姻之礼一般设在冬末春初，然而贫穷之家无力嫁娶，挨到仲春婚事未能完成，为免出现怨女旷夫，圣人特意允许男女仲春之月私奔，“奔者，非必尽淫奔也，凡六礼不备者皆谓之奔。……昏期已过，即草率成亲，亦人情也”⑤。因此，剧作者歌咏青年男女的情与欲，便有心性之学的基础。而因为情性观的推进，剧作者进而认为，真挚的男女之情与忠孝节义的纲常

① 吴震编校：《王畿集》，凤凰出版社2007年版，第18页。

② （清）黄宗羲：《明儒学案》，沈芝盈点校，浙江古籍出版社1985年版，第537页。

③ （明）高拱：《高拱论著四种》，流水点校，中华书局1993年版，第3页。

④ （明）吕坤、洪应明：《呻吟语　菜根谭》，吴承学等校注，上海古籍出版社2000年版，第33页。

⑤ （明）谢肇淛：《五杂俎》，上海书店出版社2001年版，第259页。

伦理有相通之处，具有重要的心性学价值，对君臣、父子之间的伦理道德皆有所助益。杜维明说儒家“通过夫妇之别的强调，儒家巧妙地抽掉了性别关系中的浪漫色彩”“人们在习惯上认为夫妻之爱是天经地义的，因此他们把注意力集中在关于这种关系的防范措施上，目的是为了人类的繁荣昌盛。父子之间的失和、君臣之间的疏远是必须克服的，唯有这样，彼此之间的关系才会相互得利，而夫妻之间过分的如胶似漆则是令人担忧的”。① 与杜维明所言有所区别的是，晚明爱情剧极力渲染青年男女之间真挚缠绵的至情，恰凸显两性关系中的浪漫色彩，虽然这种浪漫色彩多停留在婚前青年男女的一见钟情、私自结合上，且由于剧作者多为男性士大夫阶层，因此剧作流露了强化男性中心主义、美化男性欲望的倾向。

以今天的眼光来看，晚明学者关注细民百姓所需，但并不主张学者本人放纵一己私欲，而是认为士人应该在体察一己欲望的基础上尊重群体欲望、克制个人欲望，这一转折发生的原因正是心学一再强调的万物一体之仁。沿袭晚明学者的理气观、情性观而来，明末清初学者以辩证的态度肯定情、欲乃是性理的载体，七情六欲固然不可放纵，但性理即人情、人欲的恰到好处。他们强调了情、欲存在的必然性，同时强调了天理的尊严，强调人与禽兽的几希之分。他们主张士大夫正视人性中欲望的存在，并不是为了导向自然人性论，而是与晚明士人的万物一体之仁一脉相承，强调士大夫应推己及人，尊重百姓的真实所需，避免树立固定的礼法道德约束百姓，甚至执一不化，以理杀人。为免拂逆人情，士人应将天理建立在人情之上，由形下之情、欲见出形上之性、理。虽然百姓当下之情与既定之理的张力一直

① 杜维明：《儒教》，陈静译，上海古籍出版社 2008 年版，第 89 页。

存在，但晚明学者以之为契机，一直努力赋予理贴近人情、变动周流之义，情即理一直是晚明学者对待情理的基本态度及努力目标。因此，晚明文人可能会以至情抗非礼之礼，但并不主张“以情抗理”。因此，晚明戏曲重情思潮中的情理关系实际上是不容拆分的，遑论互相对抗，在重视教化的戏曲中尤其如此，用“以情抗理”“情理合一”等概念总结晚明戏曲中的情理关系，虽然不乏理论的明晰性与深刻性，但似乎与晚明戏曲中真实的情理关系间存在微妙的误差。

参考文献

一　专著

A

阿英编:《晚明二十家小品》，河北人民出版社 1989 年版。

B

包筠雅:《功过格：明清社会的道德秩序》，林正贞译，浙江人民出版社 1998 年版。

C

蔡毅编:《中国古典戏曲序跋汇编》，齐鲁书社 1989 年版。

陈椰编校:《薛侃集》，上海古籍出版社 2014 年版。

陈曦钟等辑校:《水浒传会评本》，北京大学出版社 1981 年版。

陈荣捷:《王阳明与禅》，台湾学生书局 1984 年版。

陈荣捷:《中国哲学文献选编》，江苏教育出版社 2006 年版。

陈荣捷:《王阳明传习录详注集评》，华东师范大学出版社 2009 年版。

陈宝良:《明代文化历程新说》，陕西人民出版社 1988 年版。

陈宝良:《明代社会生活史》，中国社会科学出版社 2004 年版。

陈大康：《晚明商贾与世风》，上海文艺出版社 1996 年版。

陈来：《有无之境——王阳明哲学的精神》，北京大学出版社 2006 年版。

陈多、叶长海选注：《中国历代剧论选注》，上海古籍出版社 2010 年版。

程颐、程颢：《二程遗书》，上海古籍出版社 2000 年版。

程芸：《汤显祖与晚明戏曲的嬗变》，中华书局 2006 年版。

程华平：《明清传奇编年史稿》，齐鲁书社 2008 年版。

D

大连图书馆参考部：《明清小说序跋选》，春风文艺出版社 1983 年版。

邓豁渠：《南询录校注》，邓红校注，武汉理工大学出版社 2008 年版。

狄百瑞：《儒学的困境》，黄水婴译，北京大学出版社 2009 年版。

丁淑梅：《中国古代禁毁戏剧史论》，中国社会科学出版社 2008 年版。

东方朔：《刘宗周评传》，南京大学出版社 1998 年版。

董平整理编校：《邹守益集》，凤凰出版社 2007 年版。

董玚编：《刘子全书》，道光四年重刊本。

杜云编：《明清小说序跋选》，广西人民出版社 1989 年版。

杜维明：《杜维明文集》，武汉出版社 2002 年版。

杜维明：《儒教》，陈静译，上海古籍出版社 2008 年版。

F

方祖猷：《王畿评传》，南京大学出版社 2000 年版。

方祖猷：《黄宗羲长传》，浙江大学出版社 2011 年版。

冯梦龙：《墨憨斋定本传奇》，中国戏剧出版社 1960 年版。

冯梦龙：《冯梦龙诗文》，海峡文艺出版社 1985 年版。

冯友兰：《中国哲学史》，生活·读书·新知三联书店 2009 年版。

傅小凡：《晚明自我观研究》，巴蜀书社 2001 年版。

G

高拱：《高拱论著四种》，流水点校，中华书局 1993 年版。

耿定向：《耿定向集》，傅秋涛点校，华东师范大学 2015 年版。

沟口雄三：《中国前近代思想的演变》，索介然、龚颖译，中华书局 1997 年版。

龚鹏程：《晚明思潮》，商务印书馆 2005 年版。

古本戏曲丛刊委员会编：《古本戏曲丛刊初集》，上海商务印书馆 1954 年版。

古本戏曲丛刊委员会编：《古本戏曲丛刊二集》，上海商务印书馆 1955 年版。

古本戏曲丛刊委员会编：《古本戏曲丛刊三集》，文学古籍刊行社 1957 年版。

顾起元：《客座赘语》，谭棣华等点校，中华书局 1987 年版。

顾炎武：《日知录集释》，黄汝成集释，花山文艺出版社 1990 年版。

归有光：《震川先生集》，周本淳校点，上海古籍出版社 1981 年版。

郭英德：《明清文人传奇研究》，北京师范大学出版社 1992 年版。

郭英德：《明清传奇综录》，河北教育出版社 1997 年版。

郭英德：《明清传奇史》，江苏古籍出版社 2001 年版。

H

何良俊：《四友斋丛说》，中华书局 1959 年版。

侯外庐：《论汤显祖剧作四种》，中国戏剧出版社 1962 年版。

侯外庐：《宋明理学史》，人民出版社 1987 年版。

胡治洪编：《现代思想衡虑下的启蒙理念》，武汉大学出版社 2011 年版。

华玮编辑点校：《明清妇女戏曲集》，“中研院”文哲所 2005 年版。

黄宗羲：《黄梨洲诗集》，中华书局 1959 年版。

黄宗羲：《明儒学案》，沈芝盈点校，中华书局 1985 年版。

黄宗羲：《南雷文案》，浙江古籍出版社 1985 年版。

惠能：《坛经》，孙英、吕岗译评，吉林文史出版社 2010 年版。

J

嵇文甫：《晚明思想史论》，河南大学出版社 2008 年版。

季国平：《宋明理学与戏曲》，中国戏剧出版社 2003 年版。

焦竑：《焦氏笔乘续》，粤雅堂丛书本 1853 年版。

焦竑：《焦氏澹园集》，（台北）伟文图书出版社有限公司 1977 年版。

焦竑：《玉堂丛语》，中华书局 1981 年版。

金圣叹：《贯华堂第六才子书西厢记》，江苏古籍出版社 1985 年版。

金良年：《论语译注》，上海古籍出版社 2004 年版。

K

康保成：《苏州剧派研究》，花城出版社 1993 年版。

L

黎靖德编：《朱子语类》，王星贤点校，中华书局 1986 年版。

李贽：《续藏书》，中华书局 1959 年版。

李贽：《焚书　续焚书》，中华书局 1975 年版。

李泽厚：《美的历程》，中国社会科学出版社 1984 年版。

李泽厚：《中国古代思想史论》，生活·读书·新知三联书店2009年版。

李玫：《明清之际苏州作家群研究》，中国社会科学出版社2000年版。

李渔：《闲情偶寄》，杜书瀛评注，中华书局2007年版。

李玉、朱嵟著：《千忠禄　未央天》，中华书局1989年版。

李玉：《李玉戏曲集》，陈古虞等点校，上海古籍出版社2004年版。

刘献廷：《广阳杂记》，中华书局1957年版。

立人编校：《袁中郎随笔》，作家出版社1995年版。

梁辰鱼撰，吴书荫编校：《梁辰鱼集》，上海古籍出版社1998年版。

梁启超：《中国近三百年学术史》，上海三联书店2006年版。

梁启超：《儒家哲学》，岳麓书社2010年版。

柳素平：《晚明名妓文化研究》，武汉大学出版社2008年版。

龙连荣等编校：《孙应鳌文集》，贵州教育出版社1996年版。

陆德海：《明清文法理论研究》，上海古籍出版社2007年版。

路工辑校：《李开先集》，中华书局1959年版。

罗钦顺：《困知记》，阎韬点校，中华书局1990年版。

罗冬阳：《明太祖礼法之治研究》，高等教育出版社1998年版。

M

马积高：《宋明理学与文学》，湖南师范大学出版社1989年版。

毛晋编：《六十种曲》，中华书局1958年版。

毛效同编：《汤显祖研究资料汇编》，上海古籍出版社1986版。

么书仪：《铜琵铁琶与红牙象板——元杂剧与明传奇比较》，大象出版社 1997 年版。

蒙培元：《理学的演变——从朱熹到王夫之戴震》，福建人民出版社 1998 年版。

蒙培元：《情感与理性》，中国人民大学出版社 2009 年版。

牟宗三：《心体与性体》，上海古籍出版社 1999 年版。

牟宗三：《中国哲学十九讲》，上海古籍出版社 2005 年版。

P

彭国翔：《良知学的展开——王龙溪与中晚明的阳明学》，生活·读书·新知三联书店 2005 年版。

彭树欣编校：《刘元卿集》，上海古籍出版社 2014 年版。

Q

钱穆：《朱子学提纲》，生活·读书·新知三联书店 2002 年版。

R

饶宗颐初纂、张璋总纂：《全明词》，中华书局 2004 年版。

容肇祖：《李贽年谱》，生活·读书·新知三联书店 1957 年版。

容肇祖整理：《何心隐集》，中华书局 1960 年版。

S

上海古籍出版社编：《明代笔记小说大观》，上海古籍出版社 2005 年版。

沈德符：《万历野获编》，中华书局 1959 年版。

沈自晋：《沈自晋集》，张树英点校，中华书局 2004 年版。

沈泰辑：《盛明杂剧》，中国书店 1980 年版。

隋树森编：《元曲选外编》，中华书局 1959 年版。

孙奇逢：《夏峰先生集》，中华书局 2004 年版。

孙尚扬：《基督教与明末儒学》，东方出版社 1994 年版。

孙书磊：《明末清初戏剧研究》，社会科学文献出版社 2007 年版。

T

谭帆、陆炜：《中国古典戏剧理论史》，中国社会科学出版社 1993 年版。

谭佳：《叙事的神话：晚明叙事的现代性话语建构》，中国社会科学出版社 2009 年版。

汤显祖：《汤显祖戏曲集》，钱南扬点校，上海古籍出版社 1978 年版。

汤显祖：《牡丹亭》，徐朔方校注，人民文学出版社 1978 年版。

汤显祖：《汤显祖全集》，徐朔方笺校，北京古籍出版 1999 年版。

W

万廷言：《万廷言集》，张昭炜点校，中华书局 2015 年版。

王实甫：《新校注古本西厢记》，王骥德校注，富晋书社 1929 年版。

王利器：《元明清三代禁毁小说史料》，上海古籍出版 1981 年版。

王骥德：《王骥德曲律》，陈多、叶长海注译，湖南人民出版社 1983 年版。

王阳明：《王阳明全集》，上海古籍出版社 1992 年版。

王汎森：《晚明清初思想十论》，复旦大学出版社 2004 年版。

王威海：《中国户籍制度：历史与政治的分析》，上海文化出版社 2006 年版。

王宝峰：《儒学社会中的独行者：李贽儒学思想研究》，博士学位论文，西北大学，2007 年。

王国轩等整理：《吕坤全集》，中华书局 2008 年版。

魏同贤主编：《冯梦龙全集》，上海古籍出版社 1993 年版。

巫恕仁：《品味奢华：晚明的消费社会与士大夫》，中华书局2008年版。

吴承学、李光摩编：《晚明文学思潮研究》，湖北教育出版社2002年版。

吴泽：《儒教叛徒李卓吾》，华夏书店1949年版。

吴可为编校整理：《聂豹集》，凤凰出版社2007年版。

吴光编：《刘宗周全集》，浙江古籍出版社2007年版。

吴震编校：《王畿集》，凤凰出版社2007年版。

吴震：《泰州学派研究》，中国人民大学出版社2009年版。

吴震：《阳明后学研究》，上海人民出版社2003年版。

X

厦门大学历史系编：《李贽研究参考资料》，福建人民出版社1976年版。

夏咸淳：《情与理的碰撞：明代士林心史》，河北大学出版社2001年版。

萧萐父、许苏民：《明清启蒙学术流变》，辽宁教育出版社1995年版。

谢肇淛：《五杂俎》，上海书店出版社2001年版。

徐渭：《徐渭集》，中华书局1983年版。

徐扶明：《牡丹亭研究资料考释》，上海古籍出版社1987年版。

徐朔方：《晚明曲家年谱》，浙江古籍出版社1993年版。

徐朔方：《汤显祖评传》，南京大学出版社1993年版。

徐朔方辑校：《沈璟集》，上海古籍出版社1991年版。

宣朝庆：《泰州学派的精神世界与乡村建设》，中华书局2010年版。

Y

杨伯峻译注：《论语译注》，中华书局 1980 年版。

杨伯峻译注：《孟子译注》，中华书局 2008 年版。

姚才刚：《儒家道德理性精神的重建》，中国社会科学出版社 2009 年版。

杨国荣：《心学之思——王阳明哲学的阐释》，生活·读书·新知三联书店 1997 年版。

于琦、于慎行：《寓圃杂记　谷山笔麈》，中华书局 1984 年版。

余秋雨：《中国戏曲文化史述》，湖南人民出版社 1985 年版。

余英时：《儒家伦理与商人精神》，广西师范大学出版社 2004 年版。

余英时：《宋明理学与政治文化》，广西师范大学出版社 2004 年版。

余英时：《中国思想传统及其现代变迁》，广西师范大学出版社 2004 年版。

鱼宏亮：《知识与救世：明清之际经世之学研究》，北京大学出版社 2008 年版。

袁宏道：《白苏斋类集》，钱伯城笺校，上海古籍出版社 1989 年版。

袁小修：《游居杮录》，青岛出版社 2005 年版。

Z

臧晋叔编：《元曲选》，中华书局 1958 年版。

张宏敏编校：《黄绾集》，上海古籍出版社 2014 年版。

张昭炜编校：《胡直集》，上海古籍出版社 2015 年版。

张友鸾：《汤显祖及其〈牡丹亭〉》，上海光华书局 1930 年版。

张庚、郭汉城主编:《中国戏曲通史》,中国戏剧出版社 1980 年版。

张瀚:《松窗梦语》,上海古籍出版社 1986 年版。

张建业:《李贽评传》,福建人民出版社 1992 年版。

张学智:《明代哲学史》,北京大学出版社 2000 年版。

张毅:《儒家文艺美学》,南开大学出版社 2004 年版。

张永刚:《东林党议与晚明文学活动》,博士学位论文,华中师范大学,2006 年。

张建业主编:《李贽全集注》,社会科学文献出版社 2010 年版。

章世纯:《章大力先生全稿》,北京出版社 1998 年版。

赵园:《明清之际士大夫研究》,北京大学出版社 1999 年版。

赵利民主编:《儒家文艺思想研究》,中华书局 2003 年版。

郑传寅:《中国戏曲文化概论》,武汉大学出版社 1998 年版。

周明初:《晚明士人心态及文学个案》,东方出版社 1997 年版。

周群:《儒释道与晚明文学思潮》,上海书店出版社 2000 年版。

中国戏曲研究院编:《中国古典戏曲论著集成》,中国戏剧出版社 1959 年版。

朱熹:《孟子集注》,徐德明校点,上海古籍出版社 2001 年版。

朱颖辉辑校:《孟称舜集》,中华书局 2005 年版。

朱恒夫:《宋明理学与古代小说》,上海古籍出版社 2005 年版。

卓人月汇选:《古今词统》,辽宁教育出版社 2000 年版。

邹元江:《汤显祖的情与梦》,南京出版社 1998 年版。

左东岭:《李贽与晚明文学思想》,天津人民出版社 1997 年版。

左东岭:《王学与中晚明士人心态》,人民文学出版社 2000 年版。

二 论文

陈建华：《论晚明思潮——一个反儒文化断层》，《复旦学报》（社会科学版）1986 年第 3 期。

章培恒：《李梦阳与晚明文学新思潮》，《安徽师范大学学报》（人文社会科学版）1986 年第 3 期。

姚文放：《呼唤真情的理想之歌——论汤显祖的美学思想》，《文史哲》1988 年第 5 期。

郭英德：《论明清文人传奇的时代主题》，《北京师范大学学报》1989 年第 5 期。

刘和惠：《论晚明社会风尚》，《安徽史学》1990 年第 3 期。

郑传寅：《隆礼贵义的伦理精神与古典戏曲的道德化倾向》，《武汉大学学报》1990 年第 2 期。

蒙培元：《论中国传统的情感哲学》，《哲学研究》1994 年第 1 期。

王俊才：《论明末清初的社会矛盾与理学三大流派》，《河北师院学报》1995 年第 1 期。

陈永标：《汤显祖的戏曲观与晚明心学思潮》，《复旦学报》1996 年第 5 期。

郭英德：《向后倒退的革新——论明末清初的求实文学观念》，《湖北大学学报》（哲学社会科学版）1996 年第 6 期。

吴承学：《晚明心态与晚明习气》，《文学遗产》1997 年第 6 期。

郑传寅：《中国古典悲剧二题》，《武汉大学学报》1997 年第 6 期。

邹自振：《陆王心学对晚明文学的影响》，《福州大学学报》（社会科学版）1998 年第 4 期。

程芸：《论汤显祖“师讲性，某讲情”传闻之不可信》，《殷都学刊》1999 年第 1 期。

赵山林：《汤显祖与魏晋风度及文学》，《戏剧艺术》1999 年第 4 期。

戚淑君、张献忠：《晚明纵欲主义社会思潮的历史反思》，《天津社会科学》1999 年第 5 期。

黄文树：《阳明后学的成员分析》，《中国文哲研究集刊》第十七期（2000 年 9 月）

俞为民：《论明代戏曲的文人化（上）》，《东南大学学报》2002 年第 1 期。

俞为民：《论明代戏曲的文人化（下）》，《东南大学学报》2002 年第 2 期。

邹元江：《汤显祖以情抗“理”是宋明理学之“理”吗？——达观“接引”汤显祖‘的一段公案当议》，《中州学刊》2002 年第 2 期。

王记录：《论清初三大思想家对李贽的批判——兼谈早期启蒙思想问题》，《河南师范大学学报》（哲学社会科学版）2002 年第 6 期。

傅承洲：《“情教”新解》，《明清小说研究》2003 年第 1 期。

樊树志：《全球化视野下的晚明》，《复旦学报》2003 年第 1 期。

胡万年：《王阳明良知自律的研究——兼与康德意志自律比较》，《安徽大学学报》（哲学社会科学版）2003 年第 5 期。

郑传寅：《儒家文化的历史地位及其对古典戏曲的影响》，《戏曲艺术》2003 年第 4 期。

周群：《“二溪”卓吾关系论》，《东南学术》2004 年第 1 期。

左东岭：《20 世纪以来心学与明代戏曲小说关系研究综述》，《首都师范大学学报》（哲学社会科学版）2004 年第 5 期。

左其福：《汤显祖“唯情”文学观的文学史意义》，《求索》2004 年第 9 期。

戴峰:《论禅、庄对李贽“童心说”的影响》,《云南社会科学》2005年第4期。

程芸:《“道学”与汤显祖的文体选择》,《武汉大学学报》(人文科学版)2006年第5期。

叶长海:《理无情有说汤翁》,《戏剧艺术》2006年第3期。

王卫平:《袁黄劝善思想与明清江南地区的慈善事业》,《安徽史学》2006年第5期。

刘松来、乐帧益:《〈牡丹亭〉“至情”主题的历史文化渊源》,《文艺研究》2007年第3期。

袁光仪:《“为下下人说法”的儒学——李贽对阳明心学之继承、扩展及其疑难》,《台北大学中文学报》2007年第3期。

徐大军:《〈牡丹亭〉情理冲突的表现策略》,《杭州师范学院学报》(社会科学版)2007年第3期。

吴琦:《晚明复社的社会活动与社会思想》,《安徽史学》2007年第4期。

谢雍军:《杜丽娘的情梦与明清女性情爱教育》,《北京师范大学学报》(哲学社会科学版)2007年第4期。

刘晓东:《晚明科场风变与士人科举心态的演变》,《求是学刊》2007年第5期。

刘小梅:《理学的“穷理尽性”与杜丽娘的游园惊梦》,《艺术百家》2007年第6期。

周炽成:《从高攀龙如何面对王学看他在晚明儒学史上的地位》,《孔子研究》2008年第1期。

郑传寅:《〈牡丹亭〉与宗教智慧》,《武汉大学学报》(人文科学版)2008年第6期。

洪涛：《以情为本：理欲纠缠中的离合与困境——晚明文学主情思潮的情感逻辑与思想症状》，《南京大学学报》（哲学社会科学版）2009 年第 4 期。

陈永福:《从“癸巳大计”看明末东林党与内阁的对立》，《浙江大学学报》（人文社科版）2010 年 6 月。

方志远:《“山人”与晚明政局》，《中国社会科学》2010 年第 1 期。

白峥勇:《谈“良知”到“童心”的演化——兼论李贽在明季思想史上的地位》，（台湾）《人文研究学报》第 42 卷第 2 期。

吴震:《阳明心学与劝善运动》，《陕西师范大学学报》（哲学社会科学版）2011 年第 1 期。

后　记

这本专著是在博士论文的基础上修改完成的。

2011 年为完成博士论文，我选定了“心学与晚明戏曲研究”这样一个论题，最初的动机是不满于文学史、戏曲史对汤显祖《牡丹亭》反抗封建礼教的过度渲染。阳明心学往往被学者视为程朱理学的反动，“资本主义萌芽——阳明心学——王学左派——晚明进步戏曲”的因果序列几乎奠定了所有学者研究晚明文人戏曲的基调。但是，在面对晚明曲家澎湃的教化热情时，我们很可能会感到忐忑不安。因此，在细读《传习录》《明儒学案》、阳明后学相关文献的基础上，我借鉴传统思想研究领域的成果，尝试总结了阳明心学相对于程朱理学的“叛逆性”倾向，在此基础上，研究了阳明心学对晚明戏曲的影响。

关于博士论文的修改，是在 2017 年 9 月进入博士后流动站之后，修改主要集中在上篇的第一章、第三章以及下篇的第一章。著书都为稻粱谋，目前来看，因为时间仓促和个人水平所限，本书部分章节还有冲动有余、缜密不足之嫌，存在很多不尽如人意的地方，只能留待未来修订的时候慢慢打磨了。

最大的收获是,“心学与晚明戏曲”是一个有趣的论题,王阳明及其后学的文字讨论的是永恒的话题,很多时候,我在完成这个选题,这个选题也在塑造着我。

感谢我的博士导师郑传寅先生,感谢我的博士后流动站合作导师朱伟明先生,感谢我的老师谭邦和先生、戴建业先生。

是为记。

丁　芳

2018 年 1 月 15 日